周简段 著
冯大彪 主编

新星出版社 NEW STAR PRESS

总序一

让我为《神州轶闻录》这部很有分量的丛书作序，使我惶恐！虽然在我九十年的岁月中，七十年是住在北京的：我住过“天棚鱼缸石榴树”的四合院，从西直门骑驴到过卧佛寺，吃过赛梨的萝卜和糖葫芦……但是看起《神州轶闻录》，那几卷里的掌故、风土、艺文、名胜、人情等，大都是我所不知道的。首次到北京的外国朋友和国外华侨，往往问我：“你是老北京，请你告诉我逛北京要如何逛法？”我居然大言不惭地说：“你首先要去的是天坛公园，那座祈年殿，是我觉得在欧、美、亚、非的任何建筑，都不能与她相比的；再就是去登上景山之巅，俯看北京城全景，故宫的设计也全看到了。此外去吃顿全聚德的烤鸭、东来顺的涮羊肉。其他就是我认为可去可不去的地方，你再听听别人的意见吧。”

我自1980年伤腿之后，不良于行，新北京的建筑，我都没有看见过，但这不是古迹，也不在我们谈话之列了。

我所能写的，就是这些。

冰　心

1991年2月26日

总序二

我顶怵写序，怕没话找活，空空洞洞，所以我轻易不答应给人写序。唯独对周简段先生（我没见过这位，所以不便加个“老”字儿）的《神州轶闻录》，我不能推辞。一则是我翻阅了曾在香港出的五辑选本，简直叫人拿起来放不下，实在有看头儿，二则一沾北京的边儿，我就不好意思溜掉。在下到底是在这儿土生土长的呀。

我出生在东直门羊倌胡同，中小学都是在安定门大三条上的。最后，又在海淀戴了下学士帽儿——就是那种挂着穗子的黑绸方帽。刨去跟学校春游到过一趟南口，十八岁前我就没出过城圈儿。可后来当上了记者，就跑起江湖来啦。不但国内，连大半个地球都跑遍了。可是不论漂到哪儿，我怎么也忘不了我的老北京。

这着实是块宝地。不但历史悠久，掌故丰富，城里城外满是名胜古迹，而且叫人怀念的，是在这里活动过的非凡人物。北京城要是座五光十色的舞台，那么更叫座的当然是在这里驰骋过的显赫角色。那真是三教九流，行行出状元。这里有纵横捭阖的政客，也有学贯中西的学者，有书画名家，也有名噪一时的曲艺泰斗，以至身怀绝技的武术大师。《名人辞典》只能告诉你这些人物的官职履历，这本《神州轶闻录》却能通过遗闻轶事，活灵活现地描绘出他们的精神面貌。

不论是对像我这样怀念老北京，一心希望重温一下故都旧梦的老年人，还是对那些急于了解昨天的青年人来说，这都是一套可心的书，可以放在枕边或揣在旅行包里随身携带的好书。篇幅都不长，既能解闷儿又长知识，必然会越看越有滋味儿。

萧　乾

1990年7月10日

总序三

“文化”是一个很大的词儿，而本书中所选的文章却是短而又短，几乎都是身边琐事，细碎平淡，小到不能再小了。这与“文化”不是有很大的矛盾吗？

我认为，关键在于如何看待文化。

我们语言中有许多最常见的词儿，一看便明白，一问便糊涂。“文化”就属于这一类。一提到“文化”，谁不明白呢？然而，为什么据说世界各国学者对“文化”下的定义竟有五六百种之多，而且谁也说服不了谁呢？个中消息，耐人寻味。这就充分说明，“文化”是根本没有法子下定义的。

然而，我们用不着为此伤心失望。我们生活，我们读书，绝不是遵守某一个定义的。尽管学者用心良苦，下定义煞费精神，我们可以置之不理而心安理得地按照自己的常识去理解文化。

如果你同意我这个看法的话，那么你就会在本书所有的文章中发现文化。本书共分五个部分，哪一部分里没有文化呢？各文中所讲的故事，都看似烦琐细碎，平淡无奇；如果你愿意当作“闲书”来看，仅供茶余酒后消遣之用，从中寻求那么一点点儿小小的乐趣，你有这个权利，我也表示赞同。因为，不管这点乐趣多么渺小，它也能让你去除精神和体力的疲惫，重新抖擞精神，投入人生的或大或小的事业的搏斗中去。贤于博弈多矣。

然而，哲学家们常说：于一滴水中见大海，于一粒沙中见宇宙。难道在我们这些小的文章中不能见到大的文化吗？所有这一些戏曲、文玩、学府逸事等，又哪一个与文化无关呢？只不过在这里谈文化，不是峨冠博带，威仪俨然，不是高头讲章，而是涉笔成趣，理路天成，于琐细中见精神，于微末处见全面，让你读了以后，如食橄榄，回味无穷，陶冶性灵，增长见识。这种精神的享受，是别的文章无法代替的。难道不是这样子吗？

我就是本着这一点小小的想法，写了这一篇小序。

季羡林

1991年6月23日

序

出版社要我为《神州轶闻录》中的《民俗话旧》写序，可能因为其中百分之九十的篇幅说的是北京的民俗，而我是北京人，今年已九十余岁，老矣，要老北京人谈老北京的民俗，顺理成章吧。我便遵命了。

先谈谈我读这本书的感受。

首先是感到亲切。凡是熟悉的东西都是亲切的。书中所谈大多是我非常熟悉的，读起来备感亲切。虽然，有不少事情都已成为过去，甚至不复存在。而人的感情常常是矛盾的，对熟悉的东西，越是不存在的，越是有一种爱恋之情悄然产生。在迷茫中、在惆怅中、在惋惜中，流出一丝丝苦涩来，因为熟悉和亲切的东西竟离我而远去。那么，留在书中的文字便更珍贵了。

其次是觉得丰富。篇目多，涉及广，这也很难得。书中所叙，几乎全是日常生活中常见的事情，并不奇特，如果不是作者提起，也许完全会被人们忽略过去。正是这些一般人视而不见的事，专门地被提拎了出来，集中了起来，反而令人吃惊，叫人不得不佩服——佩服作者的好眼力，也佩服他的好记性！

我还欣赏作者的写法。完全是从个人的角度纪实，把个人的所见所闻如实地记录下来，缓缓道来，充满了感情色彩，颇似老人夏夜纳凉时的漫谈，平实自由，随便一张嘴，便是故事，但保证是真实的，都是亲身所见、所闻、所遇，信手拈来全成文章。正是这种随想式、即兴式和第一人称的描述，保证了此书的趣味性，同时也决定了上面提到的亲切感和丰富多彩。

民俗是绝对不可轻视的，不要因其“俗”而小看了它。为什么？

正是民俗的一个一个小单元构成一个民族。试想，如果没有春节、端午节、中秋节，能把中国人和朝鲜人或者日本人区别开吗？春节、端午节、中秋节可以把十亿人丝毫不费劲地拢在一起，不用任何人发令，一起吃饺子、吃元宵、吃粽子、吃月饼，是何等不可思议的、神秘的、伟大的力量！

民俗是文化。国家民族不论大小，凡是民俗越发达、越讲究的，其文化必定越高，越不可征服。因为，民俗是一种内聚力。这种内聚力越强劲，它的文化就越是出类拔萃、光芒四射，什么样的艰难困苦都能扛得过去。不信，把民俗统统取消，独特的文化色彩必定顿时消亡，民族绝对是一盘散沙。不要说八年抗战那样的大风大浪，就是小沟小坎也难以迈过，因为它是维系着亿万人的精神韧带。所以，民俗又是潜力，埋藏得挺深，而层次很高。

民俗是历史。一个民族总有一种历史的骄傲，这种骄傲便是民心团结的原动力。而民俗，正像伟大的古迹一样，便是这种心态的提醒者。各式各样小民俗经常地、周而复始地表演着，实际上是历史的再现和延续。民俗，在历史的串珠中，扮演着将珠子串挂在一起的那根绳索的角色。而且是在每个家庭中，在每个人的心中，无所不在。

民俗便是美。历史有两个车轮，一个是科学，一个是美。正好，前者是物质，后者是精神。而民俗是美的体现者，宛如一个方便的载体。北京人，有审美的天性，所以，北京人的民俗一向厉害。中国的希望，也许，就在于把科学的利用和美调和起来。那时，中国能产生出黄金时代。

这么说来，民俗真了不起。

应该热爱民俗，应该尽量多地保存那些优秀的古老的美的民俗。

应该多多地研究民俗，多写，多上镜头，多表演，多实行。

民俗万岁！它，真值得万岁！

胡絜青

1991年7月31日

北京，安定朴竹室

目　录

民俗偶记 1

时令记趣

109

市井闲趣

巷陌风情 251

巷陌风情

民俗偶记

minsu ouji

“书春”逸闻

每到腊鼓频催的时候，素有文化古都之称的北京，家家户户和买卖商铺都兴高采烈地准备过年了。这时候，在街头就会看到许多点缀过年的景色。

一过腊月初八，马路两旁的便道上便张贴出红纸条，上面写着“书春”“借纸学书”“结翰墨缘”“点缀年华”等字。这是当年一些潦倒文人借着除旧迎新，做一些临时性的笔墨生意，在街头预先贴出的广告。到了腊月二十三前后，书写春联的小摊一个个地林立街头。春联大都是一般内容，像“又是一年芳草绿，依然十里杏花红”“忠厚传家久，诗书继世长”等。

从我记事起，这种“书春”的生意是一年比一年清淡了。但是，也有一些例外。当时有些文人到临街各大商铺挨门逐户求写春联，其实这是“文丐”行乞于市。但文丐走进每一家商铺，都深受欢迎，春联写完后除了付笔资外，有的还备有烟茶招待。这种现象曾引起我的好奇心，便走到一家相熟的店铺去打听，闲谈中才知道这里有一段奥秘。

潦倒文人岁末走向街头商铺乞书春联，是天津的习俗，当地人把这种习俗呼曰“触黑”。清废帝溥仪被逐出宫，定居在天津后，常和清室遗臣铁良、罗振玉及庄士敦等人来往。通过这些遗臣向溥仪求书的政客很多，他们把溥仪的字当成最后一代皇帝的“御笔”加以收藏。溥仪听说天津有“触黑”的习俗，颇有感慨。他想，一个皇帝沦为普通百姓，与一般潦倒文人何异？又想到过去听过的一个传说：孔子周游列国时，穷困潦倒，曾以书法行乞于市。于是在岁末之际，他也化装成一个窘困不堪的文人，带着纸墨笔砚来到街头，向各大店铺乞书春联。商铺大多以白眼相待。

溥仪每写一副对联，索要铜钱三五枚。有的店铺付了笔资后，当着他的面儿便把刚写的春联撕得粉碎。溥仪忍气吞声接连走了几十家商铺，写春联七十余副，每副春联都署有“青巾”二字。

第二天，溥仪便派人以每副对联一百元的高价回收落有“青巾”下款的春联，结果只有四副保存完整的被买回。这消息传出后，人们才知道“青巾”原来是“清帝”的改写，所有让溥仪写过对联的铺商都追悔莫及。

这一消息不胫而走，很快传到北京。有的潦倒文人故意试学溥仪，各商铺唯恐再有第二个“青巾”出现，失去一个发财的机会，从此对书春的文丐再也不敢怠慢了。

新春话年画

说到新春，不禁联想起中国的年画来。

据历史记载，年画最早起源于门神画。汉《风俗通义》载："……画虎于门，皆追效前事，冀以卫凶也。"可见门神画在汉以前已经有了。晋《荆楚岁时记》又载："贴画猫鸡户上，悬苇索于其上，插桃符其旁，百鬼畏之。"与此相关的还有神荼、郁垒缚鬼的传说。人们迷信"门户画神荼、郁垒与虎，悬苇索，以御凶魅"，便用彩色画神荼、郁垒的形象，挂于门，以消灾纳福。这就是最早出现的门神画。到了唐代，门神普遍为秦叔宝和尉迟敬德的形象。相传唐太宗李世民梦中常常听到鬼的呼叫，夜不能寐。他把此事告诉群臣时，秦叔宝出班请命，愿与尉迟敬德立宫门把守，以防鬼魅。太宗准奏，当夜无事，于是画二人像于宫门，邪祟从此绝迹。后代沿袭此法，二人的画像就成了门神，并成为年画的一个传统题材。

现在，我们所见到的最早的年画，是南宋版画《隋朝窈窕呈倾国之芳容》。此图一般称为《四美图》，画的是王昭君、西施、貂蝉、杨贵妃四大美人。宋代出现的《岁朝图》可以划为年画之列，但它只是文人们所特有的年画形式，可称之为“书斋年画”。到了明清时，随着版画艺术的发展，年画艺术也越发繁荣起来。由于年画的出现，使绘画艺术开始从庙堂、书斋走向普通百姓之家，这是中国文明的一大进步。

到了清代康熙年间，随着社会的安定和经济的繁荣，年画作坊也逐渐发展和扩大起来。其中最著名的有天津杨柳青、苏州桃花坞、河北武强、山东潍县等，且各有其地方特色。

杨柳青年画精工细作，鲜艳雅致，题词讲究，可称北方之首。桃花坞年画严谨精致，讲究透视，注意明暗，可谓南派之魁。潍县年画也有很强的民间特色，造型夸张，色彩对比强烈，富于装饰性。

随着年画的普及，年画的题材也日益丰富，在原有门神画的基础上，又出现了财神、灶神、麻姑献寿、天女散花、麒麟送子、钟馗卫福等。

北京人买年货

中国人几千年来总把过年当作一件大事。过年之前要做很多准备，要买很多东西，吃的、穿的、用的、戴的、耍的、供的，干的、鲜的、生的、熟的，统名之曰“年货”。

《京都风俗志》云：“十五日以后，市中卖年货者，星罗棋布。”北京年货种类之多是全国各地都比不了的。赵冈先生在其《考红琐记》中说，曹雪芹的《红楼梦》在描写过年情景时，有满人风俗，令人感到奇怪。其实这是很自然的。北京在清代二三百年中，都是汉人、满人，北方人、南方人杂处的。在上层社会，即官僚阶层中，各种风俗交流更普遍。满人特意学苏杭人的饮食起居习惯，汉人刻意学满人的礼数、官派，这就从各个方面混合成特殊的“北京味”。复杂的年货，也是这种社会生活的反映。

北京的年货如按大类分，可分饮食、衣着、日用、迷信、玩耍、点缀六类。饮食中大路货如猪肉、羊肉、鸡鸭是最普通的；鹿肉、野鸡、冻鱼等则都是来自山海关之外的关东货；而水磨年糕、糖年糕、冷笋、玉兰片之类，则又是江南的东西。衣着各时代不同，那时除去“旗装”而外，也讲究南式。年货中日用品不少，来自南方的有纸张、竹器、瓷器等。祭祀用品是旧时年货的大宗，如线香、锡箔、木版印的门神和灶王爷、供佛的纸花和蜜供等，其中折“元宝”“锭子”的锡箔则全来自南方。玩耍的东西就更多了，儿童的、大人的玩意儿，都不分南北满汉。《春明采风志》云：“琉璃、铁丝、油彩、转沙、碰丝、走马、风筝、毽毛、口琴、纸牌、拈圆棋、升官图、江米人、太平鼓、响葫芦、琉璃喇叭，率皆童玩之物也，买办一切，谓之忙年。”文中所举虽说已经不少，但还遗漏了一些很重要的玩耍的东西。如一般人家都要买些爆竹——百响、麻雷子、二踢脚（即双响）、起花、太平花等，这又是介乎玩耍和迷信之间的东西；至于骰子、纸牌等，则是成人的玩具；点缀岁时的清供如水仙头、佛手，则都是来自南方了。

一进腊月，各闹市皆拥挤不堪，都是买年货的人。但各种东西也都涨价了不少，商人趁机做一笔好生意，故有“腊月水土贵三分”之谚。

北京人年关搪债

早年抄下一小段《债精老祖传》的序。原作很长，只抄下“序”段，其正文则模模糊糊，有记有忘矣。《债精老祖传》序言曰：

> 盖闻：无年不达，有债须搪。人握拳捋袖而来，我仍不给；抱头鼠窜而去，你算活该。债主之声，谁人不怕？敲门之响，半夜心惊。乃者，我债精老祖，以不忍人之心，行不忍人之事，不惜以身作则，教后代以妙法，且喜及时行之，使债主以头疼。今当岁暮，正搪债之佳期，恭录数行，作后人之榜样。如有怕债者，请往窟窿山。

昔北京每届年关，正穷人遇难之时，债主临门，气势汹汹。笔者昔日同院一家邻居，为给太夫人“做寿”，欠棺材铺款若干。每届年关，债主来家索债，恶语相加，威胁备至。此邻居胆战心惊，百般赔礼。笔者目睹，良感同情。其后于某刊物上读了《债精老祖传》一文，滑稽诙谐，大感兴趣，除将其序言抄下外，并将该杂志示给邻人看，不吝替“债精老祖”“传经”。

“债精老祖”传授搪债，确有妙方：其一，挺身而出曰：“我没钱！”说：打官司失感情，纵然押起来失去自由，对你也没好处，何况一押，我更没有办法还你了，不如容几天。万一不信，你可到我家看，爱拿什么拿什么。不过你拿去了，我就没的用了，既承情于前，你就好人做到底得了。照此说法，债主心也是肉长的。

其二，硬顶。是好小子不躲债，得搪债。三十晚上，大门不出，二门不迈。能坐在家里一文不出，把债主打发走，才算本领。讨债分文讨、武讨，搪债分软搪、硬搪。但人皆有感情，所以都是文讨、软搪为多。可说：生我者父母，救我者你债主，你既然待我好，我就应当报答你。债主说：你还钱就算报答了。他说：对呀！可我就是还不起，没有你不明白的，你比我明白得多。

其三，手持菜刀一把，去找债主，别等他上门。大声说：你借给我钱，感激不尽，我天天愿还清，老筹不出钱来，大恩大德，无以为报，今特登门自刎，愿来生变犬马，结草衔环。说完，等人家拉的时候再抹脖子，越拉得凶越要抹。见台阶就下，二大妈出来一劝，赶快回家。这笔债，明年见了。

搪债功夫如此，可谓绞尽脑汁矣。

门神·挂钱儿·窗户花儿

门神、挂钱儿、窗户花儿，这三样儿是老北京人欢度春节必不可少的年货。对于穷人来说，宁可不吃除夕的饺子，也不能不贴门神。

贴门神，是旧时驱恶避邪的迷信活动。门神由桃符演变而来，两汉后已逐渐成了人们避凶纳福的偶像。据汉刘安《淮南子》载：相传东海度朔山有一桃树，树下有鬼门，总管万鬼出入，门边有神荼、郁垒二神把守。恶鬼若为非作歹，二神即用苇索捆之喂虎。后人遂将二神像画在桃木板或纸上，置于门扇，因谓门神。

门神历来有各种版本，北京多沿用唐代传下来的"白脸儿"秦叔宝和"黑脸儿"尉迟敬德二位武将的木刻版画，大都来自天津的杨柳青。北京老式家庭皆讲究供奉福、禄、寿、喜、财诸神像，春节期间香火不断，供品满案。唯有二位门神冷冷清清地站在大门上，从来不受香火，更不曾享受果品、面点之类的供品，确实成了只讲奉献、不图索取的“公仆”。

旧时门神的尺寸分三种：一曰“大门之神”，高四五尺，宽二三尺，供府第和买卖人家贴于东门或整间大门上；二曰“街门之神”，高二尺，宽一尺，供一般家庭贴于小街门上；三曰“屋门之神”，幅小而精致，所绘除手执槊钺的黑白二神外，另有“麒麟送子”图——两个梳着太子冠并涂脂抹粉的胖娃娃，各乘麒麟驾祥云而来，象征大吉大利。

贴挂钱儿具有驱逐穷神的意思。传说周朝时姜子牙封其妻为“穷神”，怕她坑害穷人，令她“见破即回”。后人为避穷神，将纸剪破贴在门上，遂成贴挂钱儿之俗。

北京所贴的挂钱儿，有糙制与细制之别。糙制者，系用普通红灯花纸雕成，长一尺，宽五寸，中雕“吉祥有余”“四季平安”等吉祥语，四周连缀轱辘线儿，下方缀以穗子，贴于门檐、房檐下，或贴之于佛龛或财神洞前面。细制者则用红毛边纸雕成，刻工尤精，价亦昂，非殷实家庭莫敢问津。

另有一种满族家庭特用的白挂钱儿，是用“南连史纸”精雕而成。四周的轱辘线儿围着一个满文“灵”字，专供满族旗人贴在西墙所悬的“祖宗板子”上。此外，为已故父母“守制”的人家所贴挂钱儿为蓝色，而庙宇梵宫则贴黄挂钱儿。

与门神、挂钱儿交相辉映的是红彤彤的窗户花儿。早年之北京，玻璃尚未普及，门窗皆用木条插榫儿，糊以洁白的高丽纸。临近春节必换新窗纸并贴窗花儿，以点缀年景。其图案有简有繁，简者不外乎小猫、小狗、小公鸡，繁者则“莲生贵子”“合和二仙”“果老骑驴”“二龙戏珠”“凤凰戏牡丹”“狮子滚绣球”之类。白纸红花，色差鲜明，映带屋宇，喜气洋洋矣。

平民之家做年菜

北京的家庭主妇，大都心灵手巧，且能安之若素，一日三餐，崇尚节俭，一向讲究物美价廉。即使是春节期间的年菜，亦不求奢靡，总以好吃又不贵为原则。

主妇们自幼磨炼出来的一双巧手，每逢春节便越发有了用武之地。花钱有限，而做出的菜肴却是雕饰各样儿，样样儿漂亮，样样儿清香，样样儿可大快朵颐。

以甜凉菜论，当以“辣菜”“芥末墩”“玫瑰枣”“糖醋酥鱼”为绝妙之品。

辣菜是用芥菜头切片，大萝卜切丝，煮熟后连汤倒进小坛儿里，密封不透气，经三四日即成。食用时佐以香油米醋，其味辛辣钻鼻沁肺，汤味儿尤美，大有健脾开胃去油腻之功效，老少咸宜，无不喜食。

芥末墩本系满族小菜儿，以其味美而汉族竞相效仿。将叶儿多、帮儿嫩的白菜心切成一寸厚小段儿，以沸水焯半熟为度，撒以烘烤后的芥末面儿及白糖、高醋。俟凉透后食之，香甜而酸辣，清凉而爽口，佐酒下饭皆宜。

玫瑰枣以含糖量极高之密云小枣为主料，洗净后去蒂，拌以糖桂花煮之。其色紫红而油亮，味甘甜并有浓郁的玫瑰香味。

糖醋酥鱼非野生的小鲫鱼莫属，其味之鲜全在一个“野”字上。去其内脏，洗净置于沙罐中，调以葱、姜、蒜、酱油、米醋和白糖，微火焖三个多小时，则鳞刺皆酥，入口即化，甜酸适口，味道鲜美，实乃鱼中之佳品也。

主妇们泡制的“白肉”，荤而不腻，与众不同。其名又称“白片肉”或“白煮肉”，本是满族人祭祀及平时常吃的风味菜肴，汉族人亦多喜食之。主料选猪臀尖，切成大块入锅以清水煮熟，泡于汤中，待凉捞出，切成薄片，佐以蒜泥、酱油、韭菜花、辣椒油食之，其香嫩适口而远胜于炖肉。满族兴盛时，除夕必煮白肉两三锅，除祭祀所用少许外，其余皆赠予亲友及邻居品尝，分文不取而只重联络感情，盖古之遗风也。

“豆儿酱”与“炒咸什”，是颇为烦琐的两道年菜，其名称与内容已渐渐被人遗忘，而知其做法者，已寥寥无几矣。

豆儿酱之用料，有猪爪尖、熏豆腐干、青豆、黄豆、蚕豆、花生仁、甜杏仁、核桃仁、胡萝卜丁、腌水芥丁以及葱白、姜片、花椒、大料、酱油、料酒凡十六种，以铁锅或铜锅先后煮之合为一体，熟而不糜为度。然后倒盆内，凉后凝结得十分筋道（北京土语，谓食物有韧性）。

以铁铲切取入盘中，色彩斑斓，诱人食欲，味道之美难以言传。如今市场所售之“肉皮冻”与豆儿酱相比，当弃之垃圾桶也。

炒咸什者，即将酱瓜儿、酱萝卜、酱疙瘩等十样咸菜细切成丝，以凉水拔去咸味儿，加香油、芝麻、白糖、香菜用文火炒之可也。味道极其清香爽口，为满族传与汉族之绝妙年菜。

佳肴美酒醉除夕

北京人欢度除夕，必以茵陈酒为第一佳酿，百枝酒则次之，佛手酒又次之。酌饮时，在似醉非醉之间，意到辄止。如果喝得酩酊大醉，东倒西歪，那就未免有煞风景了。

茵陈即是青蒿的嫩枝，具有清利湿热的功效，用它泡制的酒就是有名的茵陈酒。遗憾的是，当年在北京酒店里出售的茵陈酒，由于加糖太多，常使此酒名不副实。要避免上述欠缺，最好的办法是亲手泡酒。过去一入腊月，常见到一些风尘仆仆的农家少年，站在前门外大栅栏的马路边上，手拿篮筐出售茵陈。那鲜嫩的茵陈青翠碧绿，还隐隐透出一股泥土的芬芳，因此极受顾客的青睐。往往是卖茵陈者刚一出现，眨眼工夫就已货净篮空。

除夕饮酒，第一要紧的是酒具。上桌的酒杯须是红花蓝边，晶莹雅洁。要透出红火，以示吉祥。其次是酒肴，应以时令为宾，颜色为主，素菜如温朴拌白菜丝、麻酱拌萝卜丝、炒黄瓜拌胡萝卜丝等，甜脆适口，色彩鲜明，能给人一种喜悦的感觉。荤菜如清蒸鳜鱼、红烧鲤鱼等，肉质鲜嫩，热气腾腾，能给人一种喜庆的感觉。此时，再能端上一盘炒蛤肉来，自然更会给夜餐锦上添花。须注意者，凡入席的菜肴均要十分充足，便于随吃随添，以示富足有余之意。

老北京的家庭欢度除夕，惯常借助酒的色、香、味来荡起家中的欢乐气氛。澄绿的茵陈酒、嫩黄的橘皮酒，皆以色媚人，爽神悦目。槟榔汽酒则香气四溢，小饮数口，唇齿生香。莲花白酒则蕴蓄醇厚，口味悠长。此外，葡萄酒、香橼酒、木瓜酒等亦可入席。但要尽力做到扬长避短，如能令餐桌上出现五彩缤纷、香气沁人的场面，那就是拼配得恰到好处了。

除夕晚餐，一般都是在夜幕重重、爆竹四起的时候开始。此时家人团聚，轻酌慢饮，其乐融融。待到夜深酒阑，人声渐寂，这时可以把房门打开，让清凉的空气将阵阵火药味携进屋来。然后关好门窗，添旺火炉，在隐约的鸡鸣声中甜甜睡去，而不知东方之既白。

爆竹声中一岁除

北京这座文化古都，集中国几千年民俗之大成。以春节期间所燃放之爆竹烟花论，那个中的文化、历史、沿革及诗一般的情味儿，足可以写出一部书来。

新春燃放爆竹的风俗始于汉代，至今已有两千多年的历史。古籍中描述北京元日情景时说:“闻爆竹声如骇浪轰雷，遍乎朝野，彻夜无停。”

古人放爆竹，相传起源于“庭燎”。庭燎即庭中照明的火炬。《诗经·小雅·庭燎》曾有“夜如何其?夜未央，庭燎之光”的记载。古之庭燎用竹竿，燃烧后，竹节里的空气受热膨胀，竹腔爆裂，发出“劈啪”之声，以驱逐瘟神疫鬼。据说，古时候有一种凶恶的怪兽，叫“年”，每逢除夕就出来害人。但它怕响，怕红，怕火，春节放爆竹就是为了驱魔逐年。现在云南少数民族中，还有一种用整根大竹做的“高升”，里面装上火药，长达几丈，重几十斤，要搭在架子上点燃，能高飞几十丈。

火药发明后，将其填充在竹筒里燃放，此即爆竹之始。据宋朝高承《事物纪原》所说，三国时的发明家马钧，是第一个用火药制作爆竹的人。

由爆竹演变而成的烟花，始于隋唐，盛于宋。北宋时烟花制造已很精致，出现了“用卷纸裹火药，燃之发声”的“起火”“爆仗”。这是当今火箭之雏形。有的爆仗还做成果子或人物的形状，成为玩具，燃放起来很有趣味。“爆竹声中一岁除，春风送暖入屠苏，千门万户除旧日，总把新桃换旧符。”王安石的这首《元日》诗也一直传诵至今。

后来，爆竹又发展成为能喷射火花的“花爆”“花筒”“花盆”之类，更是灿烂缤纷，美丽可观了。这在明朝的《帝京景物略》《陶庵梦忆》中都有记载。

自清至民国期间，从统治者到老百姓，无不以爆竹烟花点缀年景。宫廷所用花炮，皆由吉庆堂花炮史家特供。其作坊主史惠林巧思绝世，以所做“烟火城”“花牌楼”“八角美人亭”而备受慈禧太后青睐，赏六品顶戴内廷供奉，祖孙三代在京城牛气了几十年。到了袁世凯和徐世昌做大总统的时代，亦效仿宫廷旧制，于除夕和上元节时，在中南海等地广搭木架大放烟花，以示与民同乐。

俗话说：“姑娘爱花儿，小子爱炮。”确实如此。孩子们企盼了一年的春节，女孩儿要是不戴朵花儿，男孩儿要是不放点儿花炮，做父母的便会觉得心里难受，手头儿再紧也得应应景儿，不能让儿女过年时噘着嘴。

从北京人放花炮的规模即可透视贫富之悬殊。那些腰缠万贯的富翁们，时时处处总忘不了“摆阔”，以放花炮斗富者比比皆是——你放“麻雷子”，我放“二踢脚”；你放“五千头鞭”，我放“一万头鞭”；你放“炮打双灯”，我放“飞天十响”；你放俩钟头，我放多半宿。直放得烟雾弥漫、星辰暗淡，直斗得头昏脑涨、筋疲力尽，回屋睡觉心里也就踏实了。

贫寒之人放花炮，一律是“耳挖勺儿炒芝麻——小鼓捣油儿”。爱听响儿的，便买挂五百头的“小鞭”，拆散了，一个个地放，一声一声地听响儿。遇有“回芯儿”（引线烧完而不响）的，也舍不得扔掉，必撅成两截儿再放“刺花”。爱看花的，则买两把儿“滴滴金儿”或一包“耗子屎”，那火花在黑夜中蹿动起来，也溢彩流金，颇有新年的情趣。

响亮的爆竹、鲜红的春联唤醒了春天。尽管这时候北国还霜雪冰冻，但人们从雪花晶莹中看到了麦田金碧，从腊梅清香中闻到了桃李芬芳。时序从此转向阳春，万里乾坤生机萌动。爆声数响，“除旧年之琐琐，卜来岁之蒸蒸”（百一居士《壶天录》），人们正以欢畅、乐观、信心百倍的热情，迎接新春的到来。

迎春福、禄、寿

元旦之后，便是春节。按过去的说法，元旦叫“阳历年”，春节叫“农历年”。中国人习惯过农历年，尽管已改名为春节，但其热闹情况却远远超过元旦。新年来临，人们都爱听个吉祥话。人们见面，总不免互致吉祥语，说一声“恭喜！恭喜”或“恭喜发财！恭喜发财”。

当年北京民间如此，皇家也如此。道光十七年（1837）农历十二月二十七日，林则徐在日记中记道：

> 帮贵差曹正全回楚，奉到恩赏御书“福”字、“寿”字两幅，鹿肉一总封，恭设香案敬领。

这就是清代皇上过年赏大臣的吉祥话：“福”“禄”“寿”也。“福”“寿”是写两个字，而“禄”则是谐音，用鹿肉来表示。鹿肉滋补营养，名儿又好听，而且是由清朝的发祥之地——山海关外来的，所以意义更加深远。从清初一直到清末，过年时赏大臣鹿肉几成定例。

福、寿是写在纸上的。用什么纸呢？是印有细线泥金花纹的蜡笺。当年写字，按纸的性质分两大类：一是不同种类的生宣纸，如夹贡、玉版、六吉，以及染成梅红色或红、黄花斑的梅红宣、虎皮宣等；另一种是用宣纸加工而成，用蜡捶过的各色蜡笺。蜡笺如现代之有光纸，有亮光，十分好看，但不吸水分，因此写出的字墨色发亮，而年久墨会脱落。新科翰林写对联送人“打秋风”，都是用朱红、大红蜡笺裱好的现成书联纸来写，因其喜气洋洋，华瞻漂亮。但若干年之后卖给古董商，同样一个人的对子，用蜡笺纸写的却只及用宣纸写的一半的价钱。皇上赏给大臣福、寿字，照例用蜡笺斗方写，对角书写，尖向上，很大的福字、寿字写在中间。所谓“斗方”，就是老式斗口大小的正方形，约合市尺一尺五寸见方，四周都印有很复杂的花纹。京内大臣尚书以上至亲王，外省巡抚、总督、将军等一般都要赏赐。外省由折差按驿站递送，最远的如云贵总督、新疆伊犁将军都要送到。前引林则徐日记，就是他在湖广总督任上所记。道光十五年（1835）林则徐任江苏巡抚时，也受到赏赐，不过只有“福”字和鹿肉，少个“寿”字。

清代宫中十二月初一有开笔书福之典，后改为十二月廿日。赐福仪式如《养吉斋丛录》记云：“面赐福字者……以次入跪案前，仰瞻御书毕，即叩头谢，两内监对持龙笺而出。叩谢者，正当福字下……或加赐寿字，则预书也。”外大臣自难得到“面赐”，只好摆香案恭领了。

雍正四年（1726），有“朕手书福字赐内外大臣”的上谕，但够得上这种赏赐的大臣并不多，像《红楼梦》中贾府那样的皇亲国戚，也还够不上，所以书中没有写到。因为很稀少，所以得到的自然特别珍贵了。林则徐日记有：“即恭装匾额悬于二堂，九拜叩谢。”就是把福、寿字幅，精裱在一块木板上，挂在堂屋正中。旧时在北京，那些祖上做大官的旧家，在堂屋中挂着“圣堂”福、寿斗方，显示家族的荣耀。自然，也有的人家。家势衰微，子孙不肖，这些玩意儿便流落到琉璃厂古玩铺成为商品，甚至被外国人买去了。

现在很难见到这种御赐福、寿字幅，年轻人自然不知所以然了。前两年有一人突然来找我，拿着一幅给我看，问我这玩意儿值钱不值钱。细询其家世，是清代清江浦（江苏淮阴），那是清代河道总督驻扎的地方。但他自己说不清，只问“值钱不值钱”，令人感到可叹、可笑而且可厌。而我又深憾自己没有皇上赏“福”“寿”字的祖宗。这难道真如老子所说的“祸兮福之所倚，福兮祸之所伏”吗？

以哲学或宗教解释祸福，这对于常人来说，都没有必要。新年新月，说个吉祥话，“多福多寿，加官进禄”，讨个口彩，听的人高兴，生活中也增添一些欢乐的气氛。

旧时农历年在院中摆“天地桌”，后面供“天地马儿”

（即神像），或一座画着福、禄、寿“三星”的插屏：中间一位朱袍纱帽的“官”，两手展一小轴，上书“天官赐福”四字；一旁是南极寿星老儿，另一旁则是散财童子。这个“三神小组”总在一起，不分离。现在谁要感兴趣，还可以在瓷器店买到，那里有景德镇烧的细瓷福、禄、寿“三星”。

新春佳节，“福”字最普遍，我最怀念有些人家影壁墙上贴的大红“福”字。小时候给人家去拜年，一进大门，迎面影壁墙上，鲜艳的双红纸大斗方，乌黑油亮的大“福”字，首先像火一样映入你的眼帘。讲究的人家，是木制朱红漆金字斗方，“福”写成《圣教序》帖的行书，整个字向右上方挺起，显现了右军书法的劲俏之处，更使人感到古色古香。

用大红丝绒制成小“福”字、小“寿”字，那是簪在鬓边的花胜；由闽粤远道而来堆在果盘里的朱红果实，那是引诱儿童的“福”橘；还有印有“福”字、“寿”字的福寿饽饽……这些都是祝你多福多寿，加官进禄啊！

探亲访友话蒲包

五月节送粽子，八月节送苹果、葡萄、鸭梨，过年送苹果、橘子，都可以打蒲包。什么叫蒲包呢？简单说，就像现在塑料食品袋一样，是用来包装食品的。

过去，店铺用蒲草编成八开报纸大小长方形的片子，四个角呈圆弧形，一大摞、一大摞地放在那里备用。顾客来了，拿一张过来，四个角一折，成一长方形篓。如有鲜荷叶，里面再垫上一张鲜荷叶。三斤苹果、两斤鸭梨称罢，红的苹果、黄的鸭梨，衬在绿色的鲜荷叶上，要多美有多美，这就是当年北京人的艺术生活。放好之后，再盖一张荷叶，荷叶上再盖一张印着字号的商标，商标为红纸黑字，也有红纸金字的。版式为屋脊形长方，文字则一行横的，三行竖的。横的大多是“京都”二字，竖的中间一行是店名，如“宏兴果局”。右面一栏小字：“四时佳果，南北鲜货，童叟无欺，言不二价。”左面一栏小字：“开设南闹市口路东，认明冲天招牌便是。”全部盖放好之后，再用染成梅红色的单股麻绳一捆，拴上提梁，鼓鼓囊囊，又好看，又实惠。拿起算盘“噼啪”一打……你付钱吧，付完钱，就可提着蒲包喜气洋洋地探亲访友去了。这就叫“蒲包”。

女眷出门，大婶带着二丫头看三姨去，老太太看白头发义妹去，三姑奶奶看四舅母去，亲上作亲，亲上串亲，东一门子，西一门子。正像大观园中王熙凤所说：这中间连着四五门子亲呢。平常你来看我，我去看你也就罢了，大节下的，怎么好空着手去呢？最普通的，就是提上一个“蒲包”。因此，几十年前，“蒲包”在北京话中已经是礼品的代名词了。

打蒲包都是些“水货”，本来不值多少钱，一般都是五斤来重。但是寻常百姓家，大多日子并不那么宽裕，人情往来，固然少不了，但也不能不精打细算。这样就把蒲包打得虚些，三斤水果，也可打个像样的蒲包，可以省些钱。北京人送礼还讲究家庭经济状况，稍有余力的人家单送一个蒲包觉得拿不出手，除蒲包外，再配一盒点心。五月节，配上一盒玫瑰五毒饼；八月节，配上一盒自来红、自来白；过年，配上一盒蜜供，花不了多少钱，可就变成双了。

北京人吃饺子

报载，北京著名饺子馆“鸿兴楼”自重新恢复营业以来，一直生意兴隆。这不由得使我想起北京人最爱吃的饺子。

应该说，饺子在北方是极普通的食品。究其历史总有一千多年了。古时称为“牢丸”，水饺叫“汤中牢丸”，蒸饺叫“笼上牢丸”。大约在宋代以前，都用这个名称。宋以后，叫法就比较杂乱，又叫“粉角”“扁食”“水角”“煮饽饽”。统称为“饺子”大概已是清末民初的事了，用水煮的叫“水饺”，上蒸笼的叫“蒸饺”，用油煎的叫“锅贴”。它既是主食，又可做下酒菜，真是方便不过的食品。

“初一饺子，初二面”是北京人过年的老规矩。清人富察敦崇的《燕京岁时记》中记述京师大年初一的风俗云：“是日，无论贫富贵贱，皆以白面做角而食之，谓之煮饽饽……富贵之家，暗以金银及宝石等藏之饽饽中，以卜顺利。家人食得者，则终岁大吉。”这个风俗一直延续下来。每至除夕，一家人欢聚一堂，和面、做馅、擀皮、包饺子，说说笑笑，煞是热闹。大年初一的第一餐一定是饺子。

不仅大年初一，北京人平时也爱吃饺子。北京俗谚云:“好吃莫过饺子。”可见北京人对饺子的喜爱程度了。包饺子却是一件麻烦事儿，因此北京的饺子馆应运而生，罗布全城。不过大都不讲究花色，供应品种一般只有菜、肉和三鲜两种。菜随季节而变，有时白菜，有时韭菜，有时茴香，有时大葱。只有“鸿兴楼”与众不同。

“鸿兴楼”是以经营饺子为主的饭庄，当年设在菜市口，由于饺子花色多，做得好，售价公道，因此顾客云集。这里的饺子全以手工制作，做工十分精细。一般饺子馆一两面只捏几个饺子，“鸿兴楼”一两面捏二十几个。饺子有荤有素，有甜有咸，还有杂色什锦的。要高级的，饺馅用虾、用鱼、用鸡。顾客点什么，可以供应什么。水饺用高汤火锅煮，吃法同于菊花锅，所不同的只是“远远来了一群鹅，扑通扑通跳下河”罢了。蒸饺用小笼送上，同时上几个小笼，每笼一种或两种馅。

“鸿兴楼”是山东风味的饭馆，除供应饺子外，也供应高档菜肴，烹调海鲜尤为拿手好戏。葱烧海参、鸡茸鱼翅、锅塌鲍鱼盒，都不同凡响。酒蒸鸭、醋椒鱼、芙蓉鸡片之类，更是看家菜。

北京“杂拌儿”

俞平伯先生过去有一本文集，起了一个很好的名字，叫作《杂拌儿》。这个书名，外地人看了，感觉不到亲切，甚至还有些不理解。而北京人看了，却感到特别亲切。俞先生十六岁由苏州来到北京，后来虽然曾回过南方，并且在上海中国公学教过书，但那都是短时间的，其余时间都在北京。可以说是以南方人而久居春明，最后成为完全京朝化的学者了。所以书名亦起得富有京朝风味和春明乡土气息。

什么叫“杂拌儿”呢?

北京旧时过大年时，无论贫富，家家都要预备一种食品——“杂拌儿”。“杂拌儿”，简言之就是把一些甜的干果、芝麻糖之类的东西混合在一起。大体上有这样一些：瓜条、青梅、蜜枣、山楂糕、花生粘、核桃粘、麻片、寸金糖、豆沙馅芝麻糖、雪花馅芝麻糖、油枣、枇杷条、小开口笑、糖莲子、米花糖、虎皮花生、虎皮杏仁等。过去没有西式糖果，一直到清末才有进口的瓶装“摩而登糖”。至于什么太妃、牛轧、朱古力等，当年老北京是很少听到的。同“杂拌儿”近似的是“什锦南糖”，就是把麻片、寸金糖、黑白芝麻糖、各种灌馅芝麻糖混杂在一起。

对过年最感兴趣的就是一群孩子，他们除了穿新衣、戴新帽、给长辈拜年叩头、拿压岁钱外，更重要的就是有好东西吃。而在零食中，除去瓜子、花生，最普通的就是“杂拌儿”了。那些比较讲究的家庭，有高贵的客人来，就端上果盘，细细吃茶，像《红楼梦》中袭人家里招待宝玉一样。那亦是正月里接待客人的时候，有的是细果盘，而袭人还认为没有什么可吃的，给宝玉拿了几粒松子仁，吹去细皮给他吃。至于对待焙茗呢？那就不会这么细致了，最方便的，就是捧一大捧“杂拌儿”放在他衣袋里，让他自己摸着吃。

新年新岁，要喜气洋洋，“杂拌儿”在色彩上显示了这点，红的是山楂糕，绿的是青梅，金黄的是开口笑、油枣，粉红的是染了色的花生粘、核桃粘。不但色彩鲜艳，吃起来还又香、又甜、又脆。

多少年没有吃“杂拌儿”了，这么大岁数，难道真是那么馋吗？只是在这岁尾年头，苦苦地思念故乡那个情调。何况，那蜜枣亦真甜啊！

春节逛厂甸

几十年前在北京生活过的人，大概很少有人正月里没逛过厂甸，以及后来不怀念厂甸的。那一眼望不到头的画棚，那数不清的大大小小的书摊，那一个接一个的古玩摊，那火神庙中光怪陆离、炫人眼目的珠宝玉器摊，那海王村里里外外数不清的玩意儿摊，那喊破喉咙的各式各样的吃食摊，那挤来挤去欢笑的、潮水般的游人，那错综摆放的大糖葫芦，那几十个连在一起、彩纸哗哗乱响的大风车……这些哪一样不值得怀念呢？年年逛厂甸，年年逛不厌；时时想厂甸，时时想不厌。逛厂甸，真是迷人的事啊！

厂甸，简言之，就是琉璃厂中心的范围，以十字街为中心，东西南北各不过里许路，包括火神庙、土地庙、吕祖祠、海王村在内。乾嘉以前，此地尚未形成街市，还是“造内用琉璃瓦”的琉璃厂所在地。厂门楼名“瞻云楼”，厂内有官署，厂外多空地树木，有石桥、土阜。直到清末，空地还很多。1916年，北洋政府钱能训做内务总长时，在空地上盖了海王村公园。1924年左右，又在宣武门与前门之间的城墙上开了一个新城门，名“和平门”，沟通了南北新华街，逛厂甸就方便多了。

在20世纪30年代，逛厂甸的走法是：出了和平门，过铁路，走到北师大附中墙外，就是画棚了。一间画棚走完又是一间，等一间间地看过去，已经到了电话局门口了。首先看到的是一个大风筝摊子，路旁高大的墙上挂满了五彩缤纷的大风筝。风筝摊过去，是卖“艾窝窝”“驴打滚”等吃食的摊子。随着簇拥的人群再往南，到了海王村西面，马路边上就是接连的卖玩意儿的摊了。那里人头攒动，是厂甸最拥挤的地方。卖大糖葫芦、大风车、“步步噔”的都集中在这里。再到东琉璃厂火神庙看钻石摊、珠宝摊、玉器摊，这一部分要花不少时间。然后出来往南徐行，看那数不清的古玩摊。约走里许再折回沿路西看那数不完的书摊，还有最精彩的“哈记”风筝摊。再往北边走，就已踏上归途了。这只是走马观花，已尽一日之时，如要细看，那就非几日不可了。

厂甸摆出的小摊，最多的是书籍和字画。但是北京正月里天气寒冷，而且风沙多。别的东西露天设摊，可以把容易被风吹走的用重物压牢，即使冷点、脏点，也还勉强能行。独有字画，如果全部露天挂出来，一阵大黄风，势必吹它个七零八落，那卖画的哭黄天也不管用。因此厂甸设有“画棚”——贴着北新华街马路两侧原师范大学、师大附中的围墙搭的芦席棚，有顶有墙，上装活络玻璃窗，光线很好，一间连一间，逶迤而去，形成世界上最别致的大众画廊。

逛厂甸的人，一到师大附中墙外（当年附中校门不开在马路旁，而是开在电话局胡同里），就可以进画棚走走。棚中挂满了各种字画。论形式，有大小立轴、各种屏条、各种对联，摆在条案上的各种插页、各式扇面。论内容，有各种山水——青山绿水、写意山水、淡墨山水；花卉有工笔着色、工笔白描、没骨写意，有带草虫的，有不带草虫的；还有工笔仕女、工笔人物；书法中楷草隶篆、魏碑、章草各色俱全。论人物则是从古至今，所有的名画家，没有一个没有的，而且最多的是大名家——工笔仕女，不是唐寅，就是仇十洲；写意花卉，不是八大山人，就是白石老人；其他什么王麓台、恽南田、郑板桥、伍子贞、成亲王的墨迹，要多少有多少，真可以说是洋洋大观了。也许有人要问，哪里来的这些宝贝呢？老实说，这些画不少是假造的。

逛画棚的主要目的是看热闹，自然是外行多、贪便宜的多，掌柜的主要做的也是这些人的生意。琉璃厂名画铺、南纸铺库房里堆的那些平日无人问津的假字画，全靠正月里弄到画棚去“出笼”。不过假中也有区别，记得曾用一块钱买过一幅萧谦中的小立轴，就是乱真之作，颇有可观。谁能小看画棚中的东西呢？不少行家也都徘徊在画棚中淘宝，“慧眼识英雄”，淘到精品的也大有人在呢。

清代震钧《天咫偶闻》记厂甸云：“晚归，必于车畔插相生纸，以及串鼓，或连至二三十枚，或以山楂穿为糖葫芦，亦数十，以为游帜，明日往，又如之。”所谓“串鼓”，说的就是大风车，只是为了文字典雅，故意用了怪名词，实际大可不必。

厂甸的风车是别的地方看不到的，是地道的风土工艺品，都是北京近郊农民制作的。他们利用冬季农闲，用高粱秆先扎成“日”字、“田”字、“品”字形的架子，用高粱篾片圈成直径三四寸的圈，中间做一小轴，东昌纸条染成红绿色彩，把圈和轴粘成一个彩色风轮。用胶泥做成铜钱大小的小鼓框，用两层麻纸裱在一起做鼓皮，制成小鼓。然后把风轮、小鼓装在架子上，风轮小轴后面用麻线绞一小棍，风轮一动，小棍便击鼓作声。如果风轮在风中不停地旋转，则小鼓便不断咚咚作响。大型“品”字形架上，可装二三十个风轮，便有二三十面小鼓，随风吹动，则一片咚咚鼓声了。逛厂甸时，一走近海王村前门，便是一片风车声。古人说一池蛙唱可代半面鼓吹，记忆中那厂甸门口的风车声，真不下十面鼓吹了。

逛完厂甸，高擎一个大风车回来，迎着春风，一边走，一边听响，洋洋自得。到家往门口一插，风车仍在风中哗哗乱响。不用问，隔壁邻居早就知道你逛过厂甸了。

大糖葫芦和大风车一样，同样是厂甸的象征。《竹枝词》云："往人毕竟难忘俗，糖蘸葫芦一丈长。"又道："三尺动摇风欲折，葫芦一串蘸冰糖。"京西西山上农民做的糖葫芦，用长竹签把山楂（俗名"山里红"）一个个地串起来，串成三四尺长的一大串，上面抹些饧糖，顶上再插上一面彩色小纸旗。实际上北京蘸冰糖葫芦很好吃，而这种几尺长的大糖葫芦，却是不能吃的。试想，串的都是未洗过的山里红，抹点儿饧糖，立在风沙中吹上半天，沾满泥沙，如何能吃呢？大家争着买，只不过是为了好玩儿罢了。

厂甸的玩意儿千千万，但是逛厂甸如果不买风筝，那便是如入八宝山空手而回；写厂甸如不写到风筝，那也便是探骊失珠了。

风筝是特殊玩意儿，要摆摊出卖，很占地方，又怕人拥挤碰破，所以不在海王村里面设摊。风筝摊有两大处，一在新华街电话局门口，在高墙上钉钉子，拴绳子，再挂上五彩缤纷的风筝。另一处在西琉璃厂路北，那里平时是一家粥店，早上起油锅，开炉卖粥、烧饼、麻花。到了正月里，粥、烧饼和麻花停业，专卖风筝，这就是有名的"哈记风筝"。近人孙耀卿《琉璃厂小志》中有云："哈记风筝，厂中路北仁威观。"可能这里过去有个小的道观，但是留给人深刻印象的，却只是"大沙燕""花蝴蝶"，而不是"牛鼻子"老道了。

厂甸的风筝可以说是天下闻名的，如果详述，那是要编一部专书的。近人沈太侔《春明采风志》记云:“风筝摊，即纸鸢也。常行沙燕，一尺以至丈二，折竹结架，作燕飞式，绘青蓝色，中安提线三根，大者背着风琴，或太平锣鼓，以索绕。顺风放起，昼系纸条，夜系红灯……三尺以上，花样各别，哪吒、刘海、哼哈二圣、两人闹戏、蜈蚣、鲇鱼、蝴蝶、蜻蜓、三阳开泰、七鹊登枝之类。其最奇者，雕与鹰式，一根提线，翱翔空中，遥睹之，逼真也。”

这也只是约略地说一说。厂甸的高级风筝不但五彩缤纷，美不胜收，而且材料也很特殊。六七尺的风筝往往是用绢糊成的，架子是整根藤条扎成的，色彩都是用石青、胭脂、泥金、泥银等颜料彩绘的，放风筝的绳子都是黄麻、青麻搓了又擦过蜡的。这样的风筝在当年要卖十块、二十块现大洋一个。

前些年发现曹雪芹的作品《南鸢北鹞巧工记·风筝谱》，传说厂甸“哈记风筝”用的是曹雪芹创作的谱。“哈记风筝”的制作者是回民，回民尊称人曰“爸”或“把”，原是有音无字的，因而习惯叫“哈爸风筝”或“哈把风筝”。哈家自乾嘉以来，世代相传做风筝，名满都城。到20世纪二三十年代，已传了六七代了。哈家世居西城石虎胡同内果匣子胡同，数间小屋，世代为业。这里离清代的石虎胡同“右翼宗学”很近，曹雪芹在“宗学”做过教习，与哈家来往是极有可能的。“哈记风筝”中的“瘦脚大沙燕”最著名，现在说起来，也是华胥一梦了。

厂甸是读书人神往的蓬山。《同治都门纪略》中的《厂甸》竹枝词云:"新开厂甸值新春,玩好图书百货陈。裘马翩翩贵公子,往来都是读书人。"从乾嘉以来,二百余年中,在京的那数不清的大师名儒、经学家、史学家、金石家、书家、画家,从李南涧到缪艺风、从翁方纲到端午桥、从黄丕烈到傅沅叔、从林少穆到张香涛、从越缦堂主人到苦雨斋主人,可以说没有一位没有和厂甸结下不解之缘的。鲁迅从1912到1926年在北京住了十五年,没有一年不逛厂甸。最多一年,在短短的半个来月会期中,接连去了七次。可见厂甸与学人关系之密切了。

厂甸又是都城妇女正月里的游乐胜地。在嘉庆年间,得硕亭《群珠一串》竹枝词就写道:"琉璃厂甸又新开,异宝奇珍到处排。妇女摩肩车塞路,都言看象早回来。(每逢得幸过象之日,车马尤多,故云尔——原注)"厂甸有数不清的首饰摊、玉器摊,各种玩意儿,各种甜食,还有数不清的游人。爱赶热闹的都城仕女,大正月里,哪一个不争着去逛逛呢?清代咸丰、同治之后,曲院勾栏都移至南城,离厂甸近在咫尺。近人陈莲痕《京华春梦录》云:"每当辰巳之交,游人已集,勾栏姊妹,辄薰沐靓妆,至此招摇,少年好事,又多追随香车,甚至夹毂调笑,亦所不禁。"

厂甸更是孩子盼望了一年的乐园。正月里,学校放假,家中无事,每个人口袋里又多少有几个压岁钱,逛厂甸去，买“黑锅底”“大沙燕”，买“步步噔”，买空竹，买大糖葫芦。爷爷带着孙子，姥姥带着外孙女，男女老幼，呼亲唤友，整个京华九陌，皆倾城而出矣。

夕阳西下，厂甸路上游人络绎归去，有的乘车，有的步行，但都扛着大糖葫芦，大风车在扑面的春风中哗哗乱响，个个都像得胜回朝的将军一样。

晚清官场拜年习俗

晚清时，官场人物除至亲同族外，朋友与一般亲谊非有丧嫁事宜或职业上之关系，平时很少往来。而每逢春节来临，便借拜年之机以联系情谊。

官场中拜年，对于上司，以愈早为愈敬。大都清晨即至，一个个衣冠整齐，手持梅红大名片，上印黑字姓名、别号，并加盖朱色印章，章下另有一小方戳，例为八字："专程拜谒，不作别用。"翰林所用名片，长一尺，宽六寸，富丽堂皇，其一张价值相当于五口之家三日生活费。

拜年者一般请求门房听差转致敬意后，即可不必谒见而离去。特别关系者，则由听差回禀，等候拜谒。各达官显贵的客厅，除素奉基督教、伊斯兰教以及科甲出身为孔子教徒者外，无论满汉均设一供佛之桌案。所供奉者多为关帝或财神，桌上满布香炉、蜡扦、蜜供、鲜果等供品，香烟缭绕，昼夜不绝。拜年者至，即在佛前大叩其头，主人在旁陪叩。若特别要好者，拜佛已毕必再请其尊长出堂受礼。斯时宾主口中所言均为“升官”“快升官”“连升三级”等诵祷之词，喃喃不绝。

叩拜后就座少息，主人即敬以红枣桂圆肉之白糖水一碗，无论如何必须小饮，因为传说此日来宾不能空坐，否则宾主均蒙不利。

宾主寒暄之际，奴仆皆须上堂向来宾拜年。来宾对于主人的幼子稚孙以及仆役奴婢均有馈赠，赠其子孙者，以红缎荷包内装一两重之金银小元宝等物；赠其奴仆者，则视其身份与关系，分别为白银二两、四两以至二十四两不等，馈赠完毕即辞主人而去。职位平等之官或地位稍低之官，如尚书对尚书或尚书对侍郎以及一切不相隶属之官，则可派子弟为代表而互贺。

都察院衙门独不拜年。大凡御史公馆门前也贴以红贴，上书“都察院某寓”，其下附一帖，文曰：“谨遵功令概不贺年。”

除上述个人酬酢外，尚有同寅团拜、同年团拜、同乡团拜。其日期须在正月十五以前任择一日举行。同寅团拜即在本衙门举行，照例预备酒饭。同年、同乡团拜则在各会馆举行，因专为联络年谊、乡情，故不限官职，不问等级，凡同年、同乡诸人均可到会。除预备酒饭外，尚邀集梨园唱戏。开场时艺人必须加演《跑加官》，将“天官赐福”“一品当朝”的条幅逐次向台下展示，以示庆贺祝福。

侗族春节习俗

侗族生活在湘、桂、黔边境，他们过春节，有大年和小年之分。侗族称农历十二月二十九日为小年，又叫“姑婆年”，是纪念姑婆的节日。意思是祖宗各代的姐妹出嫁后，年边要回家探亲团圆。农历三十过大年，除夕晚上，送旧迎新，灯火通宵，高高兴兴吃“年更饭”。

过大年这晚，村村寨寨的青年男女在本村寨互相串门、吃“年茶”。吃“年茶”是很有趣的，那时各家的姑娘（或妇女），挑水桶到井旁，等老人家敬井以后（意思是吃水不忘掘井人），便一起拿勺子舀水，舀到井里有白泡沫为最吉祥。姑娘们用这一担水给客人和家里人煮上香喷喷的油茶，这就叫作吃“年茶”。

新年初一凌晨，侗家人要抢“头水”。当全寨响起一片迎春接福的鞭炮声时，后生们就飞快地挑起水桶，手举火把，冲向井台，打上一担水飞速地挑回家。因这是新年的第一担水，所以叫“头水”。侗族人把抢来的“头水”

奉为吉祥圣洁之物，家家户户都遵守古老的习俗，只抢一担水。挑回来的“头水”要专门贮放，不能用来洗东西，只能做饭、炒菜。姑娘、媳妇们把“头水”煮沸，冲上糯米酿制的糟酒加荷包蛋，泡上芳香的侗家油茶，款待贵客。相传，吃了“头水”煮的饭、炒的菜、泡的油茶，能消病祛灾。如果误用“头水”洗了东西，不能把水泼出去，只能洒在灶膛里，以示将吉祥留在家里。后生们抢完“头水”，各家主妇就用竹篮提着煮好的米饭、猪肉，来到井边，斟上米酒祭水。她们将酒慢慢地注入井中，表达侗家人的心愿——愿井水四季不断，让全村百姓在新的一年里喝上更加清澈甘甜的水。

新年初一这一天，侗家人首先是拜祭祖先。姑娘们开门的头件事，便是相邀女伴，同到山崖水畔去采摘映山红。采完花回到家中，把一枝最美丽的映山红插到鸡笼上，献给雄鸡，以报答雄鸡啼叫司晨之恩。然后，再把其余的花朵插到房中床头、桌上，把新春打扮得像映山红那样红火热闹。

春节期间，侗族家人要走村串寨拜年做客，叫“行年”，又叫“乡客”，这是别的民族所没有的独特年俗。姑娘佩戴闪闪发亮的银质装饰品，手提小巧玲珑的蜡篮；小伙子身着节日的盛装，头缠侗帕，手举灯笼（有的手持芦笙）；老人腰插长长的烟斗；小孩打着各种各样的花灯，簇拥在烛光闪闪的龙灯四周，在一片喧闹的爆竹锣鼓声中，浩浩荡荡的做客队伍兴高采烈地出发了，少则二三十人，多则上百人。到了对方村寨，主人在寨口的风雨桥上敲锣打鼓，燃放爆竹表示欢迎，之后便主动去接客人的灯笼，让客人休息。小伙子接姑娘的蜡篮，并帮助姑娘点燃被风吹灭的蜡烛。到了寨中的鼓楼坪，锣鼓声、爆竹声齐鸣，有的还吹起芦笙、舞起龙灯助兴。随后便挨家挨户去贺新年。贺年完毕，好客的侗家人便将龙灯挂在寨中德高望重的老人家中，拉着客人到自己家里去做客。哪家拉的客人多，说明这家富有、热情。当然，小伙子是绝对不会待慢远道而来的姑娘的，因为“做客”认识的姑娘，大多数能够结成终身伴侣。

春节话青田年糕

“忙了一年，炊糕过年。”这是浙江青田城乡的传统习俗。回想起来，还是挺有趣味的。

进入腊月的下旬，屋外或是雪花飞舞，或是滴水成冰，难得遇上晴朗暖和的好天气，可是家家户户的屋内却是热气腾腾的。看吧，成年人胸系围裙，卷着袖子，碾糕粉、备蒸笼、劈柴火、烧锅灶……都在紧张地忙乎着。欢蹦乱跳的孩子走家串户，不时回来报告各家的炊糕信息。

乡人称年糕一笼为一格，蒸笼是竹匠用本地盛产的毛竹劈成篾片拱卷而成，外呈圆形，三五格为一幢。笼盖也是竹篾编制，犹如一个大帽，盖上严严实实，不漏气。制作年糕时，每格选用糯米二十多斤，先浸泡一昼夜，漂清后碾成细粉末，俗称“糕粉”。再把糕粉倒进大木盆内，与红糖、橘饼丝、橘皮丝、花生米、红赤豆等配料搅拌均匀，加水揉得软硬适中。在洗净晾干备用的蒸笼边上，缚上几个透气用的小竹筒（土名“糕隔”），在笼内铺上用汤水洗净的叶，便可将拌好的糕料舀入蒸笼。中间铺上一两层切好的肉称“肉糕”；放上豆子称“豆糕”；如果中间不放其他东西，便呼“糖糕”了。拌好的糕料全部装入笼内后，糕面上用糖水抹平。讲究的人家还取红枣、桂花、芝麻等小料在糕面上摆成图案，如“凤采牡丹”“龙凤呈祥”“恭喜发财”“五谷丰登”等，也有的撒些红绿丝。糕蒸好后，色、香、味俱全，非常喜庆。

炊糕烧火很讲究。糕上锅前，锅里的水先要烧得滚开。蒸笼上锅，烧两个钟点光景，火不能烧得太旺，防止糕料溢出蒸笼或肉浮上糕面。烧到七个钟点，就可将火熄灭。利用灶里的余热，闷三至五个钟头。之后把蒸笼端出锅灶，放置通风处冷却两天。最后从蒸笼内屉倒出来，就成为完整的大圆糕了。

蒸好的一格年糕，足有五十多斤。瞧这“庞然大物”，用手掰不开，提不动，怎么个吃法呢？食用时须用刀切，切第一块时称“开格”，就是开始吃这格糕了。再将大块切成一方方的小块，凉嚼津津有味，香甜可口；放锅里蒸热，上嘴柔软，清香扑鼻。

大年正月，友邻互相致贺后，可听到“到我家吃糕去”的热情邀请。亲朋上门，礼品里少不了年糕。餐桌宴席上也先摆上满满一盆切成小条块的年糕，开宴时相呼“吃糕”或互祝新年丰收康乐。

漫话“初五开市”

北京过大年，最少要过五天。由初一算起，到初五为止，才算过了年，俗称“破五”。

在这五天内，商店停市，戏馆子封箱不唱戏，各衙门封印不办公。在这几天里，东四、西单、前门大街、大栅栏、廊房头条等繁华热闹的去处，大大小小的店铺，一律上着门板，用大红纸、梅红纸写了告示贴在门上：初五开市。《燕京岁时记》云：“初五日谓之破五……新嫁女子，亦于是日归宁……诸商亦渐次开张贸易矣。”把新嫁女子归宁和商店开市写在一起，喜气洋洋。

但是“几家欢乐几家愁”，就在这喜气洋洋的新年新月里，在商店渐次开张贸易的时刻，总有一些人是愁容满面的，这就是被各商号辞退出店的伙计。在生意萧条的年月，这些人多些；在生意兴隆的年月，这些人少些，但多少总是有一些的。

旧式商业的会计年度是以农历计算的，人事变动也是按农历计算的。如果一家店铺大年初五、初六开不出市来，那就等于告诉人们，这家字号关门大吉了。腊月底各家字号把账结好，开出总清单送给东家。是赚啦还是赔啦，赚多少赔多少，东家一目了然。再把钱分好，用红包包好送到大掌柜、二掌柜以及大小伙计手中，多少不等，人人有份。

三十晚上吃敬神酒，初一给东家拜年，初二祭财神，这些都是欢乐的事。而最最紧张的是大年初四或初五晚上开市之前那顿酒席了。这是一顿使人提心吊胆的便宴，这顿便宴行话叫“说官话”，俗名“吃滚蛋包子”。这顿晚宴是比较丰盛的，有菜有酒，酒后吃饭时，照例是吃包子。上席时，东家、掌柜、大小伙计各就各位，小伙计依次把酒斟满。当家的举杯祝贺，吃上几口酒菜之后，便要开腔了。如果生意好，便当众宣布人事照旧，大家开怀畅饮；如果生意不好，就要辞退人。按老年规矩，辞人也十分注意礼貌。在席上当家的叹完“苦经”之后，等到包子端上来，便亲自夹一个包子放在某人碗中。此人便明白了，饭后自己就得收拾行李带着辛酸和热泪告辞走了。“吃滚蛋包子”由此得名。

元宵之夜灯如昼

春节后的第一个隆重节日，便是正月十五元宵节。此节在唐代称为“上元”。从唐代诗人王维的“游人多昼日，明月让灯光”，苏味道的“火树银花合，明月逐人来”，以及宋代女诗人朱淑贞的“去年元夜时，花市灯如昼”等诗句看，自古以来元宵节的庆祝活动便集中在夜间，而其特有的景致是花灯与烟火。

曩年北京元宵节之盛况，犹历历在目。家家户户除了煮食元宵或汤圆外，更讲究点花灯。花灯的造型，花鸟虫鱼各异，争奇斗巧；其颜色，赤橙黄绿有别，绚丽斑斓。

当团团素月度云而来时，老北京们便携妇将雏，呼朋引伴，纷纷走向街头，共尽良宵之欢。天真烂漫的顽童，提着鸡灯、鱼灯、梅花灯、走马灯，或者拉着装有四个小泥轱辘的马灯与羊灯，彼此欣赏着、品评着、嬉闹着，全然不顾小手被冻得通红。插在灯芯里的红色小蜡烛，跳动着闪烁的火焰，与那腾空而起的“起火”及“炮打灯”交相辉映，为古老的北京城增添了无限活力与生机。

最引人注目的花炮，要算是“火神爷”了。这是一种大型烟火，用胶泥捏成钟馗模样的人物。点燃之后，先是七窍生烟，旋即喷射出一株两丈多高的火树，把乌蓝的天空照如白昼。盒子花最称奇观，但燃放必在亥时之后，盒径六尺，凡六层，下为活底，导线系之。又假铁丝吊一转花，名曰“金盘落日”。点燃后，火迸花旋。升触导线时，忽见光芒一闪，彩弹升空，美如璎珞。之后则为葡萄、为花篮、为宝塔、为人物、为翎毛，种种形象，妙趣横生。其收尾往往更出人意料。如当地更夫、水夫所制之花盒，末层多嵌龟、仙、兔，其上大书伙计姓名。一爆升空，冉冉而降，笔画分明。观者忽睹怪像，不免捧腹大笑。

灯市上到处是欢乐的人群，到处是闪亮的花灯，到处是刺眼的烟火。徜徉在这灯与火的海洋里，自然会撩起一种对自己民族生活的深厚情感，并且会情不自禁地吟诵起唐代诗人郭利贞的《上元》绝唱:“九陌连灯影，千门度月华。倾城出宝骑，匝路转香车。烂漫唯愁晓，周游不问家。更逢清管发，处处落梅花。”

上元良宵，京华最热闹的地方，莫过于灯市口与前门外棋盘街一带的灯棚，以及什刹海迤西原宛平县胡同的冰灯棚。在灯棚里，悬各式花灯，有“三阳开泰”“四季平安”“五子夺魁”“八仙过海”“富贵有余”“鹤鹿同春”等不下百余种。灯上绘人物、山水、花鸟，无不惟妙惟肖，各具情态。形状有大的、小的、圆的、方的，色彩有红的、绿的、黄的、花的，质地有纸的、绢的、玻璃的、木头的，令人眼花缭乱。

至于冰灯，更是别具一格。其品类有人物、仕女以及桥、塔、动物，丰富多彩，尽态极妍。那水晶般玲珑剔透的灯身，配上红彤彤的蜡烛，宛然碧天中的星斗，闪闪发光。置身其中，犹如神游仙境。

南城白纸坊一带，风俗又自不同，因其地域开阔，“武焰火”便可大展神通。所放盒子花呈伞形，内中藏灯无数，放时必以巨型炮仗相衬托。一经点燃，即见火龙踊跃，万箭钻空，雷声隆隆，震天撼地。内城焰火，午夜一过，烟散花消。此时登城南眺，辄见灯山人海，气象万千，爆竹时发，红透天幕。

舞狮与耍龙灯

在电视上曾看过舞狮子和耍龙灯，有一次甚至看到马尼拉街头亦在耍，感到十分亲切，似乎是见到老乡亲一样。舞狮和龙灯在中国各地都有，虽然造型稍有不同，但大体上都差不了多少。从塞北到江南，以至西北、东南，风格都是一致的。

先说舞狮。舞狮的历史很久了，它是来自西域的玩意儿。到今天，南北各地狮子的造型已稍有不同。我童年时熟悉的门头沟的狮子，完全是按照北京寺庙宫殿门前蹲着的那对狮子的形状制作的。狮子的头部先制成上下两片简单的木架子，在木架子上，用竹篾编成弧形的狮子头骨的轮廓。上面再用老式旧账纸，即麻纸或东昌纸，一层层地裱糊好，晒干。轻轻敲打，像鼓皮一样，嘭嘭发响。眼睛是两个圆洞，再嵌上一个黑油漆圆球。在裱糊好的纸上，先刷桐油，再上绿油、描金、勾黑线，全部油新之后，就是一个亮光光的威武凶猛的狮子头了。

狮子尾部亦有竹木圆形架子，同样裱糊好，油漆成绿色，再装上象征性的尾巴，这样便很像狮子的臀部了。狮子整个身体实际上是一块布，上面一排排钉好青麻，拖得很长，全部用绿颜色染过，一抖动，毛茸茸的，好像狮子的长毛一样。

舞狮子的时候须两个人。一个高个子，把狮子头套在自己的头上，狮头内有两根带子，可以挂在两肩，分量不太重。狮子内还有两个架子，各有一根横木，右手握住上面横木，左手握住下面横木，这样上下一开一合，就如同狮子的嘴在不停地张动了。两手握横木左右摇摆，那就是狮子在摇头了。那块钉满绿毛的布，前端连在头上，后端连在尾部架上。另一个小个子的，把狮子尾部的架子背在背上，低头蒙在那块布中，弯下腰，两手揪住前面那个人的腰带，随着他的动作，做狮子腰部摆动和摇尾的动作。老实说，扮狮子尾巴是份苦差事，又闷又累，玩不了多长时间，就一身臭汗。

说完了舞狮，再说龙灯。

龙灯亦是南北各地都有的。虽然不少地方是白天出来耍，纵不点灯，亦可以龙灯名之。各地龙灯亦是大同小异。有的地方制作得太简单，龙头不像龙头，龙身只是涂了颜色的大长布条子。大白天在街上绕来绕去，显得十分寒碜。老实说，这样的耍龙灯，是没什么好看的。

而北京山乡的龙灯很值得一看。先说龙头，是木架、竹篾扎成的龙骨架子。外面糊纸，装上龙角、龙须，再画上龙头，十分逼真，看上去高大威严。架子里有几处插蜡烛的地方，晚上舞，点起蜡烛，光闪闪的。因为龙头高大，所以要起来时要一位彪形大汉来掌握，力气小的人是舞不动的。

龙身、龙尾共八节，加龙头为九节，每节二三尺。每节龙身，是一个横着的筒状架子，下面有三尺多长的柄。架子两边糊纸，画上龙鳞，上面中间留口，可以插蜡、点蜡。节与节之间，以白布连接，并彩画龙鳞。这样一节节连起来，由龙头到龙尾，鳞甲片片，便像一条真龙了。

龙不能只有一条，所谓“二龙戏珠”，必须要有两条龙，而且颜色不能一样。我少时常见的山乡的龙灯，一条画青鳞片，曰“青龙”；一条画黄鳞片，曰“黄龙”。每节一个人来撑，一条龙九个人。两条龙鱼贯前行。舞起来，龙头对龙头，探首、盘旋。随着锣鼓点，撑“珠”的那个人要把“珠”按节奏在二龙的头部晃动，引逗得两条龙翻江倒海般怒斗，这样就把观众的情绪引向高潮了。

不管舞狮，还是耍龙灯，都是晚上玩的玩意儿。似乎有的东西，在光天化日之下并不好看，而在月光下或不大明亮的烛光下，就会产生一种十分神奇或缥缈的感觉。在北京的街头看走会的太狮、少狮，带着大串铃，哗啦哗啦地跳动，只觉得热闹、好玩，并不觉得美。而在山乡中，在朦胧的月光下，围着密密的人群，大家提着小纸灯笼，在密锣急鼓声中，一对庞大的狮子带着串铃翻滚着、跳跃着……人堆中忽然有人放起“太平花”，那耀眼的白色火星溅到狮子绿毛上，人们欢呼着、雀跃着，那才是美妙的童话世界！

“竹马舞”琐谈

“竹马舞”是春节民间的一种花会形式，多在元宵节前后表演。“竹马舞”亦名“布马舞”，俗称“跑竹马”“竹马落子”。早在宋明年间，社火中就有这种舞蹈形式。明代阮大铖编的剧本《双金榜》中，也安排有“跑竹马”的舞蹈表演。“竹马舞”在中国许多地区流行，除冀中农村外，广东、广西、福建、中国台湾亦有“跑竹马戏”。

早年，笔者曾多次欣赏“竹马舞”。表演者腰间系着马形道具，分马头与马尾两截，舞时像是骑在马上，马儿忽而徐行、忽而疾驰、忽而跳跃，边歌边舞，生动有趣。

“竹马舞”与冀中一带的“跑驴舞”大同小异，队伍有“长蛇开阵”“龙摆尾”“跑圆场”“蝶采花”等十余种。传统的“竹马舞”大多化装为历史故事中的人物或地方戏曲中的角色，生、旦、净、末、丑各行当齐全。演员手中的道具，或马鞭，或刀枪剑戟，或棍棒，根据人物身份选定。常看到的剧目有《三打祝家庄》《昭君出塞》《状元游街》《杨八姐游春》《千里送京娘》等。表演者通过表情、姿态和唱腔，表现剧情和人物性格。只舞不唱的称“跑竹马”“竹马舞”，载歌载舞的称“竹马落子”。元宵节夜间表演“竹马舞”，在马头和马肚中安放上蜡烛或彩灯，在马脖颈系上五彩串铃，舞起来铃声清脆，灯火辉煌，非常壮观。

一次，我路经河北省高阳县，曾欣赏过一段表现一个小妞驯马的“竹马舞”。四个身着艳丽服饰的小妞骑着“枣红马”上场，时而挽缰漫步，时而纵马奔驰，以健美的舞姿表现少年驯马手的飒爽英姿。突然，一声嘶鸣，一匹骏马狂蹦乱跳，惊奔而来。马上的小妞紧勒缰绳，马下的小妞紧追不舍，最后终将烈马制伏。这创新了的“竹马舞”给我留下了深刻的印象。

冀中平原和渤海一带的农村，“竹马舞”尤为盛行。每逢新春佳节，民间艺人就用竹劈子扎绑成马形骨架，糊上五颜六色的绒布，经过精心设计，制成尾巴、嘴巴、耳朵、眼睛均能活动自如的小“布马”，多则几十匹，少则五六匹，成群结队地随民间花会队伍拥上街头，浩浩荡荡，气势磅礴，热闹非凡。

曲阜元宵点天灯

几十年前，笔者曾在孔子故乡曲阜古城过过一次元宵节，与北京相比，迥然不同。印象最深刻的是“点天灯”“放天炮”。

当年的北京，每至元宵，家家户户皆在大门前挂花灯，或左或右，或多或少，总是要有的。曲阜则不然，除在门前挂灯，还在院子正当中埋上一根高大笔直的朝天杆，将花灯挂到杆子顶上，名曰“点天灯”。而声名显赫的衍圣公府，则从正月初一开始，就在号称“大观园”中心的前上房大院举烛“点天灯”了。红木雕架的大玻璃穗子灯，日夜不熄，一直点到正月十五之后。因孔府的朝天杆最高，所以在元宵节这天夜里，环顾曲阜古城，一灯之下，万灯竞放。灿烂的灯火，与明晃晃的月亮交相辉映，人间天上，尘寰碧空，令人难分。

“放天炮”也是曲阜元宵特有的奇景。元宵之夜，家家户户把一串串、一挂挂的鞭炮悬挂在朝天杆上点放，从黄昏一直放到第二天天明。真乃家家火树，户户银花，此起彼消，彻夜不绝。举国之内，唯曲阜有此独特的元宵风俗。

追本溯源，据百姓讲与孔子有关。自古以来，人们把孔子看作中国历史文化中的一盏光焰万丈的明灯。孟子曰："天不生仲尼，万古如长夜。"孔子学说历史之悠久，影响之深远，举世无二。正因如此，曲阜百姓对孔子的敬仰也远非他乡他地可比。当地百姓尊称孔子是"文曲星"，说他是"魁星下凡"，"主管文事"。曲阜群众感谢玉皇大帝派孔子来曲阜，所以，在祭祀玉皇元君的上元之夜，"点天灯""放天炮"，一则表示曲阜是圣人之乡，非等闲之地；二则禀报玉皇大帝，曲阜因有孔子而殊荣，百姓以隆重的祭祀礼节来报答。世间最讲究一个"诚"字，曲阜百姓祭天，至诚之至。天灯、天炮燃放半月之久，数量之多，耗量之大，在神州大地，哪一个县城都不能与之媲美。

"点天灯，放天炮，礼花对着龙灯照。"这是曲阜元宵节的一大特点。曲阜人耍龙灯，技艺十分高超。耍龙灯的，在焰火四射的烟雾中穿行，火不得烧身，龙灯必须丝毫无损。艺人稍有疏忽，那灼热的火星便把衣服烧个大窟窿。非精明强干的小伙子，难以胜任耍龙灯的游戏。因此，耍龙灯的高手，倘若未婚，就成了少女们极为注目的人物。

曲阜"龙灯会"的另一特点，是必须到"天下第一家"

的孔府去汇演。全县所有村镇，只要耍龙灯，就要准备赴孔府表演一次。如此一来，孔府自然成了名副其实的“龙灯艺术中心”。为使村镇居民都有机会进孔府表演耍龙灯，孔府主人明文规定：自正月初一到正月十五，孔府全天开放，自由进出，真正做到“金吾不禁，玉漏无催”。耍龙灯的地点，通常选择在悬挂着“圣府”和“恩赐重光”匾额的孔府第二庭院。届时，衍圣公高坐庭院正北的大堂之上，从华丽的暖阁处向外观看。那气派，那风度，颇有些帝王“御楼观灯”“与民同乐”的味儿。龙灯会历代在孔府汇演，据说也是出于对孔子的热爱和尊敬。曲阜人视孔府为“圣人之家”“风水宝地”，在“圣土”上隆重祭祀上帝，是再合适不过的了。

十八罗汉闹元宵，也是曲阜独有的风俗。元宵之夜，孔府到处红灯高悬，烛香点燃，红毯铺地，彩棚满院。明珠在金光中闪耀，碧玉在银彩里争辉。当华灯齐放时，锣鼓家伙一敲，表演十八罗汉的游戏就开始了。仆人们身着十八罗汉的衣冠，戴着十八罗汉的面具，表演杀贼、除贪、灭奸、受供等种种扣人心弦的节目。罗汉本是佛家供奉的神仙，一般讲是不能耍弄的。但儒家不信佛，故有让罗汉在儒家圣地供玩耍的游戏。

曲阜元宵风俗，很多与孔子有关，“提灯上学”就是其中之一。孔子是中国历史上最伟大的思想家和教育家。尊师之风在曲阜源远流长，经久不衰，“花灯敬师”就是典型事例。至少在明代之前，曲阜城乡各类学校，逐渐形成了“春节放假，元宵开学”的制度。腊月二十三，学校关门，老师回家过年，学生为感激老师一年的辛勤培育之恩，免不了赠送些过年物资。开学之日，适逢一年一度的元宵佳节，细心的家长或亲自制作，或用钱购买，让学童提着精致的花灯返校，请老师点燃。一则期望日后孩子学业有成，前程光明；二则表示对老师的敬爱，报答老师对孩子的教诲之恩。见到那五彩斑斓的花灯，老师很高兴，学生也认为尽了一份心意，整个校园自然充满了欢乐的气氛。

曲阜花灯，历史相当悠久。据说宋代就有专为孔府制作花灯的人家，名曰“花灯户”，可见花灯之盛。据花灯师介绍，花灯主要靠“扎架”。俗云：“灯架扎得巧，花灯做得好。”贵重的灯架，要在上面雕龙刻凤、镶珠嵌玉。灯架扎好后，才贴纱、装玻璃、钉羊皮、剪纸、刻皮影、写诗作画，进入灯画工序。最后在灯上涂金抹银、串珠吊玉、缠丝悬缨，做成美观的花灯。

春节接姑奶奶之俗

昔日京华，每到春节就有接姑奶奶住娘家的习俗。接姑奶奶一般在正月十六日，也有在十八日、二十日的，必择双数，单日很少。

接姑奶奶回娘家，为的是骨肉团圆以叙天伦之乐。那时，姑奶奶出嫁，平日不能随便住娘家，趁着正月过新年，在夫家一年受了不少劳累，借住娘家的机会舒畅地休息一下，并且安慰家人的相思之苦。

娘家接姑奶奶，父母兄嫂必携带几包礼品，最低也要有个蒲包。到了夫家，向尊亲长辈声明来意，给姑奶奶“告假”。如蒙允许，再“请示”住的天数。夫家规定四天、六天、八天、十天不等，也都是双数。经尊亲长辈“批准”，姑奶奶即梳妆打扮，整理包袱什物。凡接姑奶奶都兼接外孙子，有大姑、小姑的也要谦让一下，实际上大姑、小姑绝不跟随，自有婆婆代表致谢。临行之际，要向夫家的长辈请安，对大姑、小姑也要打招呼，方能动身。

把姑奶奶接到家里，娘家特别优待，平素爱吃的东西尽量供给，有钱的富户水陆杂陈，筵宴丰腴。亲友听说姑奶奶住娘家，也都来问候。因为姑奶奶出嫁，亲友一般不与夫家交往，乘此姑奶奶住娘家的机会可以聚会一堂，恣意笑闹，斗趣抓哏。姑奶奶除应酬娘家亲友外，抽暇可以听听戏、逛逛庙会、看看电影（早年没有电影时就谈不上看电影了）。不愿出门，在家可以叫几个盲艺人唱唱曲儿，或找演傀儡戏的，以消遣解闷。娘家亲友也邀请姑奶奶吃尝春酒，叙旧合欢。从前姑奶奶别看在夫家像个“小可怜”，处处看人眼色行事，只要回到娘家便身价十倍。

转瞬“假期”将满，临别时，姑奶奶不免要掉几滴伤心泪。父母当然有一番劝解，无非说什么不能比未出嫁时舒适，第一要谨慎侍候公婆，大姑、小姑也要敷衍面子，对夫婿要温柔体贴，对下人也要和气。诸般嘱咐已毕，再备几色礼品，把姑奶奶送回婆家去。

每到正月初十后几天，北京街头常见浓妆艳抹的少妇，后边跟随白发老妪、青年男子，手中携带包袱，怀抱小孩，有坐车的，有步行的，这就是接姑奶奶的情形。

斗转星移，时代前进，今日京华风俗已非昔比，老一套的家规渐渐已不存在。小两口没有那么些规矩了，男女平等，姑奶奶也不当“小可怜”了。

正月十六妇女走百病

过去，春节前后对妇女的戒律束缚是很多的。

从腊月起，腊月二十三“祭灶”，不许妇女主祭，有“男不拜月，女不祭灶”之说。除夕夜，妇女只负责做年夜饭的炊事工作，同样不准到祭神拜祖的供桌前做主祭人。守寡的女人更不能接近供桌，而是由长子主持祭祀仪式。

在天津还有一种习俗，妇女无论老幼，从腊月三十夜晚向佛祖点香上供起，就进入禁锢期，不准外出串门。连自己家亲戚处也暂不往来，只准你在自己屋里、本家院内活动。说是除夕夜“诸神下界”，妇女要回避，这是为了自身安全。不去别人家，是因为人家“忌人”，实际只忌女人。当然也不欢迎外姓女人来自己家，这包括了嫁出去的姑奶奶。年三十的晚上，姑奶奶必须住在婆家或自己家。就连腊八和祭灶那两天，住娘家的姑奶奶也必须回婆家。

除夕守岁后，在家里过初一。初二早晨邀请一位夫妻双全、儿女满堂的妇女，来家说些吉祥话，称为“开市”。这才宣布家里已经开放，妇女可以自由出入了。

妇女们不能去亲友家，却可以去影剧院或寺庙。天津当年的影剧院在除夕夜办“迎春场”，招徕了不少妇女观众。天津的天后宫是著名的过年烧香的地方，有些妇女许愿求顺，除夕夜去那里烧香拜佛，还有人去争烧初一黎明的第一炷香。

一般家庭妇女，在正月要守在家中接待亲友拜年，直到灯节过后的正月十六，才可正大光明地外出，称为“走百病”。就是说妇女这天出门散散心，可以走掉各种疾病。娘家在这一天要接出嫁的姑娘回来轻松游乐些天。可见当年，正月十六才是妇女们的节日。

朝日坛与太阳糕

昔日的老北京人，在欢度春节与上元节之后，紧接着便在农历二月初一举行祭祀太阳神的活动，曰“中和节”。

提起民间中和节祭日之举，首先得说说朝日坛。朝日坛简称日坛，系旧时皇家祭日之处。日坛在北京朝阳门外，与位于阜成门外的月坛东西对称，遥相呼应。它是明嘉靖九年（1530），朝廷据《礼记·礼器》“大明生于东，月生于西”的记载，分别在北京城中轴线的东西两侧圈建的。

日坛方五丈，高五尺九寸，九级台阶用白石砌成，唯坛面用红琉璃以象征太阳。坛西向，绕以垣墙，正西有白石棂星门三座，其余三面各一座。西门外有燎炉、瘗池；东为神库、神厨、宰牲亭、灯库、钟楼；北为遣官房，外有天门两座，北天门外为礼神坊，西天门外迤南为陪祀斋宿房五十四间，护坛地一百亩。

明清两代均于每年二月初一遣官致祭。清制遇甲丙戊庚壬年由皇帝亲祭。清朝灭亡后，日坛即逐渐荒凉。

不过，民间祭祀太阳神的活动，并未因封建王朝的灭亡而终止。正因为太阳把它的光和热恩赐于人类及万物，所以人们对想象中的太阳神极为虔诚。祭祀的仪式虽远不及皇家那样复杂而隆重，但非常严肃，一丝不苟。

昔年北京人祭祀太阳神所用的主要供品是“太阳糕”。这是一种用大米面和绵白糖蒸成的圆形小饼儿，上面印着一只朱红的（传说中的鸡神）引颈长啼的鸡，仿佛呼唤天下之鸡齐鸣，为人间报晓。

北京的糕点铺元宵节后便开始制作太阳糕。一些食品小贩亦自制太阳糕，于二月初一的前三天开始出售。每到这时，“供佛的太阳糕啊”的叫卖声随处可闻。家庭主妇们一听到这声音，即使手头拮据也总要买几块应个景儿。

中和节这天，晨光微熹时，家家户户开始祭祀活动。太阳糕整整齐齐地放在盘子里，置于供桌的中央，盘子前面摆一尊铜香炉，内插一炷高香，全家依辈分大小排列，面东肃然跪拜，以此来报答太阳神的恩泽。

天真的孩子们最感兴趣的是那盘中的太阳糕。那糕凉凉的，甜甜的，味道确实甘美。

二月二，龙抬头

相传武则天废唐立周称帝，惹怒玉皇大帝，遂降旨龙王三年不许下雨。龙王不忍人间遭难，偷偷降了一场大雨，玉皇大帝便将龙王拿下天宫，压在大山下。黎民百姓感激龙王之恩，天天为龙王祈祷，最后感动了玉皇大帝，于农历二月初二将龙王释放。于是便有了"二月二，龙抬头"的传说。

关于"二月二，龙抬头"的民俗，明代沈榜的《宛署杂记》中就有记载："宛人呼二月二为龙抬头。乡民用灰自门外委婉布入宅厨，施绕水缸，呼为引龙回。"龙在中国人的心目中有着极其崇高的地位，古时认为龙是天子的象征，是祥瑞之物，是和风细雨的主宰。"二月二，龙抬头"这句谚语表示春季来临，万物复苏，蛰龙开始活动，预示着一年的农事活动即将开始。

民间年画《天子耕地》画面题词为："二月二，龙抬头，天子耕地臣赶牛，正宫国母来送饭，五谷丰登太平秋。"

农历二月初二前后是一年二十四节中的“惊蛰”，冬眠蛰息的动物被春雷惊醒，开始活动，民间认为龙在这时“抬头”，故二月初二又称“春龙节”。明清时代的皇帝在中和殿备耕，事先检查御用农具。北京的先农坛，就是明清两代皇帝沿袭古制祭祀先农，举行春耕仪式的地方。

其实惊蛰本名启蛰，汉代为避景帝讳改为“惊蛰”。“惊蛰一声雷，农家春耕勤。”中国大部分地区以这个节气为标准，开始春耕生产。现在“二月二，龙抬头”只不过是一句气象谚语，是说自即日开始，降雨量逐渐增多。

“二月二”也叫迎富日。据唐代《岁华记雨》载：“相传有生子者，邻家于二月二日求其子归养之，邻家因此大富。”后以此日出野田采蓬，兹向门前以祭之，以迎富。这与唐代民间流行的“送穷”风俗相联系。据史书记载，于正月晦日（正月最后一天）扫除粪污及屋内尘秽，人未行时，以煎饼七枚覆其上，弃之通衢，或投于水中，谓之“送穷”。也有的于是日弃破衣于巷，还有的结柳、缚草为船以除穷。所以在唐代送穷的同时，又有“二月二”的迎富。南宋诗人魏了翁有诗云：“才过结柳送穷日，又见簪花迎富时。”其实，从即日开始春耕生产，辛勤耕耘，岂不是送走穷日子、迎来富生活吗？

二月初二这天黎明，老人未起床前嘴上念叨：“二月二，龙抬头，金子银子往家流；二月二，敲炕旁，珍珠玛瑙往家淌；二月二，敲炕沿，蝎子蚰蜒不见面。”人们不仅送穷、迎富、祈望丰收，还盼望龙出，镇住毒虫，除祛病疫，以得健康。

二月初二这一天，有“引进勤龙，送走懒龙”一说。这天清晨，家家户户用柴灶里积存的柴灰，连续不断地在地上撒成一条长龙，直延伸到附近的河边或井边，用意是把懒龙送走。然后又用黄土从河边或井边开始，撒成长龙，直到自家门前，用意是把勤龙引回。因为龙可行云治水，这种“引龙”活动，用意是希望春暖后有几场好雨，以利春耕。

有些地方在“二月二，龙抬头”这天，妇女们必须停止针线活，以防“扎坏龙眼”；还要停止洗衣，恐怕“伤了龙皮”。

由于二月二这天已是惊蛰之后，阳气上升，各种冬眠的昆虫陆续复苏，所以，这一天还有一个驱除毒虫的活动。明人于奕正、刘侗《帝京景物略》卷二记载：“二月二曰龙抬头，煎元旦祭余饼，熏床炕，曰熏虫儿。”这天清晨，家里的老年人要有一人早起，手执小棍，挨房敲打炕沿，嘴里念叨着：“二月二，敲炕沿，蝎子蜈蚣不见面；二月二，龙抬头，蝎子蜈蚣不露头。”认为这样一来，蝎子、蜈蚣等害虫就不能复苏了。

至于二月二这天的吃喝，一改春节期间大吃油腻之风，天津、河北等地这天应时素食是煎焖子。焖子是淀粉熬成胶状块，把它切成小碎块，放在平底锅上用油煎炒，煎到有一层黄色脆皮时，盛在碗里，把芝麻酱调稀，撒上蒜末，拌好后即可食用。佐以主食大饼或烧饼，非常可口。

在北京，这天各家各户要吃“懒龙”，说是吃了“懒龙”，可以解除春懒。所谓“懒龙”，是用发面蒸的一条长形卷体，做法是把发面擀薄制成长片，放上和好的肉馅，然后卷成长条形，盘于笼屉中，蒸熟后切开，家人分而食之。这一天，吃米饭名为“吃龙子”，吃面条名为“吃龙须”，吃春饼名为“吃龙鳞”，吃饺子名为“吃龙耳朵”，喝茶要喝龙井茶。总之，是取吉祥之意。

蟠桃盛会三月三

“三月初三春正长，蟠桃宫里看烧香。沿河一带风微起，十丈红尘匝地扬。”这是晚清《都门杂咏》关于古刹蟠桃宫的一首七言诗。虽非佳作，但当年庙会之盛况，倒也令后人管中窥豹——可见一斑。

提起蟠桃宫，久居京城的老者如数家珍。此宫又名太平宫，全名“护国太平蟠桃宫”，系道教宫观，坐落于北京东便门外桥南。始建于明代，后残毁几成废墟。康熙元年（1662）经工部尚书吴达礼重建，殿宇两层，供奉西王母。其堪称世界之最的是那座建筑在前殿墙壁上的鳌山，所塑众仙形态各异、栩栩如生，或驾云，或徒步，从四面八方赶来为王母娘娘祝寿。

传说农历三月初三是西王母娘娘的寿诞，循例举行声势浩大的蟠桃盛会。宫内所居道士，遂举行法事，每年三月初一至初五日，举办五天庙会。倾城士女，争先拈香，并在送子娘娘神龛前用红线绳拴泥娃娃以求子嗣。

蟠桃宫地处护城河南岸。开庙期间，自崇文门外沿河东行三里之遥，两岸桃柳掩映，席棚林立，百戏杂陈，红男绿女，人声鼎沸。倘雇毛驴代步，所费无几即可直达宫门，令人顿有八仙中之张果老之感，兴冲冲赴瑶池谒见王母娘娘，喝她一壶仙酒，吃她两个仙桃，听她几曲仙乐，然后再骑驴回归自己的洞府。

既懒得步行又不愿意骑驴者，则可乘船。从崇文门桥头上船，春风和煦，水波不兴，船行款款，偶见鱼虾蹦出水面，有时惊动匿于苇丛中的水鸟扑棱棱飞起盘旋于天际，别有一番诗情画意。至于那技术娴熟的船家，皆系漕运士兵的后裔，不仅水性好，而且深谙早年漕运的故事，如贪官如何虚报、“花户”如何冒领、水贼如何劫夺，种种骇人听闻的事情均讲得头头是道，滔滔不绝，于是生意十分火爆。

游船行至蟠桃宫对面石桥下为一大站，稍事停泊，待上满人后继续东行二里至庆丰闸。此闸俗名二闸，乃当年漕运之要道，河宽水深，波涛汹涌澎湃，冷气森森，凡涉足其间者每每毛骨悚然。久居此处之男童，个个深谙水性，每年趁庙会之际，赤条条聚于闸口，以高超的戏水技艺博取游人的赍赏。浓施粉黛的太太与小姐们，毫不避讳那些光屁股的“野孩子”，随意将所佩戴的首饰抛入湍急的水流中，孩子们恰似一条条蛟龙即刻潜入水下，弹指间便将镯子、戒指、耳环摸上来，物归原主而笑脸请赏。更有艺高胆大的顽童，像猿猴般栖息于树杈间，相机行事，一旦发现水中目标，遂凌空翻着跟头扎进波涛中，动作之迅捷，体态之优美，真不亚于《水浒传》中的“浪里白条”张顺，其所得赏赏自然丰厚。

全城各档进香朝圣的花会，亦沿两岸鱼贯而行，临河献艺，载歌载舞。另有千百面杏黄色会旗飘荡于人群中，使蟠桃盛会更显得热气腾腾。

清明时节话上坟

三月里来是清明，
桃红柳绿百草青。
别家坟上飘白纸，
我家坟上冷清清。

这是民间广为流传的孟姜女寻夫时所唱《十二月小曲》之一。古人有描写清明扫墓的诗："南北山头多墓田，清明祭扫各纷然。纸灰飞作白蝴蝶，泪血染成红杜鹃。"情景俱见，且寄哀伤。

清明扫墓，是中华民族崇本尊亲、"慎终追远"之孝道的具体表现，已成为相沿已久的习俗。然各地清明也有不同之处。

老北京人特别重视清明节。清代潘荣陛《帝京岁时纪胜》云："清明扫墓，倾城男女纷出四郊，担酌挈盒，轮毂相望。"扫墓时，除了坟前陈列酒食、叩头祭扫外，还需竖纸幡、培新土、烧纸钱。清明这天还要采摘新柳，制成柳圈，戴在头上。民谚云：“清明不戴柳，来生变黄狗。”其实，清明戴柳的风俗缘起很早，正如清人富察敦崇的《燕京岁时记》所云：“至清明戴柳者，乃唐高宗三月三日祓禊于渭阳，赐群臣柳圈各一，谓戴之可免虿毒。今盖师其遗意也。”杭州的清明，据明代田汝成《西湖游览志余》载：“是日，倾城上冢，南北两山之间，车马云集，樽酒担食，山家村店，享遨游，或张幕籍草，并舫随波，日暮忘返。”这是既去上坟，又作春游。浙南有一地方，清明那天，亲朋毕集，家家户户都备办馔肴酒饭，供客人饮食。不论识与不识，也不问哪一家的，可随意入席，一律受到主人的款待。到了奉化则又不一样，把清明上坟当作一年一度的大事。节日将到，家家户户除了买鱼买肉外，还要做一种上坟必不可缺的食物，俗称“麻粢”。早在清明之前，各家妇女就到四处田野采青艾嫩苗。采归蒸熟，经石臼捣、棍压、刀切而成，三四分厚，四五寸方。相传，上古的人有十节尾巴，随着年事增长，尾巴逐节变黄，到第十节黄了，寿命也就告终。于是，在所谓“十节尾巴九节黄”时，做麻粢为干粮，大块的兼做盖被，然后进入坟穴，吃以待死。后来，子孙就效此，把麻粢切成小块，作为祭祀和分赠之物。奉化上坟的纸幡也比较讲究。凡是辈分高远的祖坟，插的纸幡也更为长、大、美观，有龙、凤、鲤鱼、如意等多种花样，素色为主，加以彩纸。因为剪制颇费工夫，每年清明之前，许多妇女，特别是剪纸巧手，为了剪幡，往往忙到深更半夜。上坟的日子，即使遇到天雨，也从不推迟。在祭扫时，刈除荆芜，整刷碑刻，添加新土，插上纸幡，供奉馔肴，炷香祭酒……然后按长辈到晚辈的次序谒拜，确有“祭如在”的虔诚。归来时，各人还分到麻粢。

至于最为隆重热闹的，要算上祖坟的那天，沿途男女老少络绎不绝。在外从事各项事业的族人，大多赶到。祭扫既毕，凡中等学校以上毕业者，一同聚餐，互述景况，共话桑梓，意兴盎然。

端午拉杂谈

端午节是汉族传统节日，又称端阳节、端五节、重五节。“端”“初”同义，“五”“午”相通，按地支顺序推算，“五月”为“午月”，故“初五”作“端午”。因“午时”为“阳辰”，亦称“端阳”

端午节起源，说法不一。现代学者闻一多的《端午考》，曾列出有关典籍中的一百零一条记载，并推断，端午本是吴越之民举行祭龙图腾的节日。

明清以来，北京人过端午节，素有吃粽子、驱五毒、挂菖蒲、缠五色丝等习俗。

“粽”名最早见于晋代周处《风土记》。明代李时珍《本草纲目》云：“古人以菰叶裹黍米煮成尖角，如棕榈叶心之形，故曰粽。”晋代刘义庆《世说新语》等古籍说，食粽是为纪念楚国爱国诗人屈原端午投江的壮举。粽子正式作为商品出售始于唐代。宋代以后粽子制作愈发精巧，花色品种蔚为大观。粽子有南方粽子、北方粽子、广东粽子之别。南方粽子咸的居多，如火腿粽、咸肉粽等，味道鲜美，此外还有莲子、枣泥、豆沙等甜馅的粽子。北方粽子只有红枣、豆沙和净米的三种，风味不如南方的。广东的枕头粽呈长方形，体积比北方粽子大三四倍，馅更复杂，除普通枣泥、豆沙外，还有莲蓉、椰子、蛋黄的。蛋黄还有鸭蛋黄、鸡蛋黄之分。也有把咸肉和小豆、江米掺合一起做粽子，吃起来不同凡响，与北方粽子味道迥然不同。不过北方的净糯米粽子冰镇后，剥到盘里，放些白糖和玫瑰花的汁，或再蘸上点桂花，又凉又甜，米香和花香混在一起，也另有一番风味。清宫中有“奶子粽”，即用奶酪浸米一夜后煮之，味美绝伦。民国后，北海仿膳曾有出售。

驱五毒之俗亦由来已久。清代吕种玉《言鲭·谷雨五毒》载：“古者青斋风俗，于谷雨日画五毒符，图蝎子、蜈蚣、蛇虺、蜂、蜮之状，各画一针刺，宣布家户贴之，以禳虫毒。”北京糕点铺届时特制刻有五毒图案的甜馅儿点心，名曰“五毒饼”。此俗反映了劳苦大众除害防病的良好愿望。而行之有效的办法则是饮雄黄酒，雄黄为中药，有解毒杀菌之功效。酒和以雄黄，挥发的气味可驱虫除秽。神话故事中的白娘子，便是喝了法海和尚的雄黄酒才现了原形，以致吓死了许仙，遂引发盗仙草一场恶战。

挂菖蒲习俗，亦有实际意义。菖蒲，又名“剑水草”。据《本草纲目》载，菖蒲乃蒲类之昌盛者，故曰菖蒲。其根茎可做香料。此草具有提神、通窍、杀菌之功效。每逢端午，人们即至郊外采集菖蒲，挂于门户；或将其根茎刻成“小人儿”“小葫芦”等饰物，挂于儿童脖项；或用菖蒲泡酒而饮，据说喝了能延年益寿。唐代元和（唐宪宗年号）进士、侍御史殷尧藩诗曰：“少年佳节倍多情，老去谁知感慨生。不效艾符趋习俗，但祈蒲酒话升平。”

缠五色丝之俗，约始于汉代。南朝范晔所撰之《后汉书》中已有朱索连桃印饰门户之记载。汉代流行五行阴阳之说，据说五色丝象征五色龙，可驱邪避瘟。五色丝又叫“朱索”“避兵缯”“长命缕”“续命缕”“百索”“花花绳”。端午当天，人们把它缠于手腕与足腕；或用彩丝垂金、锡重物挂于脖项；或扎作人形，插于发髻；或缠纸帛折成菱角方，缀于胸前；或缠粽子，相互馈赠。

北京人把端午节俗称“五月节”。而据康熙年间《大兴县志》载，是日少女须佩灵符，簪榴花，已嫁之女亦各归宁，故又称“女儿节”。端午节大家都吃粽子、插蒲艾。但是北京民间从来没有“龙舟竞渡”的风俗。《帝京景物略》就有过“无竞渡俗，亦无竞游耍”的记载。在清代中叶之前，端午节还有外出赏游的事，所谓“女儿节、女儿节，耍青去，送青回”。北京人习惯要到天坛“避毒”，天坛墙外走马。金鱼池、草桥、高粱桥等处游人很多，大家在树阴下席地而坐，饮酒作乐。这种风俗，很像西洋人的郊外野餐，在康熙年间的《大兴县志》还有记载，可惜后来没有了。

六月六天贶节

农历六月初六俗称天贶节（意为天赐节）。传说唐僧历尽八十难终于从西天取来佛经，在回国途中经大海时佛经坠入海中，为水所湿。皇天感其艰辛，便在六月初六这天赐以炎晴天气，将被水所湿之佛经全部晒干，于是这天被定为天贶节。

明朝沈德符《野获编》记载："六月六日，内府皇史曝列圣实录御制文集诸大函，为每岁故事。"居家百姓纷纷效尤，于是日暴晒书帙衣裘，以杀蛀虫。

相传这一天，晒衣衣不蛀，晒书书不蠹，家畜洗澡不生虱子。所以这天把猫、狗也赶到河里去洗澡，以防蛀夏。民间也称这日为猫狗生日。

老北京人常说："六月六，看谷秀。"其实这是指郊区农民在夏天观察庄稼的长势，以卜丰欠而言。在商界，估衣、皮货、喜轿铺等均于是日大张旗鼓地晾晒衣物。估衣、皮货全要挂在通风处；喜轿铺的轿围子绣片、执事旗伞、鼓围子、桌围子，轿夫、鼓手们的衣帽，一律都搬到院内或街门口晾晒，以防霉防蛀。因为店伙计们忙碌一天，十分劳累，掌柜的照例给他们预备一顿丰盛的酒饭，谓之“犒劳”。

昔日沪谚云：“六月六，晒得鸭蛋熟。”认为这一天最炎热，生鸭蛋暴晒可成熟鸭蛋。村民还在这一天晒伏酱。邑庙城隍寝宫，于是日开箱晒神衣，并为神换新袍，称“晒袍会”。沪城居民还在这天包煮菜肉馄饨吃，认为可免蛀夏。这日，有不少善男信女茹素，叫做“六月素”。

六月六，有些地方有吃面食的习俗。江苏东台民谚云：“六月六，吃了糕屑养了肉。”认为吃了用麦粉和糖油做的面食，可以长肉。

云南宣威地区在这一日大杀猪羊，上祭土地庙神，可使“土地不开口，老虎不吃人”，求得耕牛不被豺狼所害。

有些地方，妇女在这一天洗头沐发，以为这一天洗了发，可使头发不腻不垢。居民砖木结构的房屋，每年此日以桐油涂门窗、柱梁，据说可以防水拒烂，效果最好。

“七七”鹊桥会

农历七月初七夜晚，相传是牛郎和织女天河相会的日子。唐代大诗人杜甫就在《牵牛织女》诗中写过：“牵牛出河西，织女处其东。万古永相望，七夕谁见同？”五代词人和凝的《宫词》生动地描绘了宫廷妇女乞巧的情景：“阑珊星斗缀珠光，七夕宫嫔乞巧忙。”

据《荆楚岁时记》载：“传玄《拟天问》云：‘七月七日牵牛织女会天河。’”又说：“七月七日为牵牛织女聚会之夜。是夕，人家妇女结彩缕，穿七孔针，或以金银瑜石为针，陈瓜果于庭中以乞巧。”

旧时，每逢七月初七，北京的各京、评、梆子戏班，纷纷贴出“牛郎织女”的演出海报，只是剧名有的叫《牛郎织女》，有的叫《天河配》罢了。在《天河配》的戏剧中，多表现喜鹊为织女搭桥的故事情节。这正符合唐人权德舆的《七夕》诗“今日云骈渡鹊桥，应非脉脉与迢迢”所表达的世人的愿望——夫妻团圆，合家欢乐。

若干世纪以来，人们一直对牛郎织女的故事津津乐道。庾肩吾《七夕》诗云："倩语雕陵鹊，填河未可飞。"《岁华记丽》载："鹊桥已成，织女七夕当渡河，使鹊为桥。"李商隐诗："星桥横过鹊飞回。"说的都是喜鹊搭桥以使牛郎织女渡过天河相会，倾诉一年别情的故事。至于《尔雅·翼》说得更有趣："涉秋七日，鹊首无故皆髡，相传以为是日河鼓与织女会于河东，役乌鹊为梁以渡，故毛皆脱去。"笔者虽从未于任何七夕去查看喜鹊的头上有毛无毛，但相信很难有人查得出喜鹊光着头顶。还有，《五色线》载："郭子仪从军沙塞间，至银州数里，将宿，既夜，忽见空中骈车绣幄中有美女自天而下。子仪拜祝曰：'今月七日，必是织女降临，赐长寿富贵。'女笑曰：'大富贵，亦寿考。'言讫升天。"笔者认为此事离奇，很可能是郭子仪自己编造出来往脸上贴金的！此外，白居易《长恨歌》曰："七月七日长生殿，夜半无人私语时，在天愿为比翼鸟，在地愿为连理枝。"《乐史·太真外传》："侍辇避暑骊山宫，秋七月，牵牛织女相见之夕，密相誓心，愿世世为夫妇。"可见七夕无论如何都是个不平常的日子，自古以来，上自帝王，下至百姓都非常重视这个日子。

记得幼时在京华，七夕之晚，与老人共坐院里纳凉，父辈尝指天上的银河说，河畔某某星是牛郎、某某星是织女。每年七夕前后，戏园大都演出《天仙配》。记得20世纪30年代，一次偕未婚妻看戏剧于庆乐戏院，演到天将奉王母命强令织女回天，织女苦苦哀求“……可怜我一双儿女，乍离娘怀……”时，未婚妻居然哭了。到了王母画一道天河，把牛郎织女隔离开，牛郎担挑着两个孩子，向天上的织女哭别时，她又哭了。就这样，洒泪离开了戏园。

几十个七夕过去了，也记不清是怎样过来的。但是，每到这个日子，一想起在京的情景，心里仍不免有些怅然。今天，七夕仍旧，景物全非。想到幼年时玩的“七巧板”，现在恨不得找一副“七巧板”来玩玩，以重温儿时甜梦。《事天类聚》云：“七月六日有雨，谓之洗车雨，七日雨则云洒泪雨。”但愿七夕无雨，否则，我几将洒泪以思念京华了。“七月七日天河配，天上织女会牛郎。”这个在中国民间流传很广的美丽神话故事，几千年来一直盛传不衰，因为它寄托了人们的美好愿望。任何力量，哪怕是象征天庭最高权威的王母娘娘，企图硬将牛郎与织女隔开也是徒劳的。人们那样热切地期望着，鹊雀搭成的天桥把银河沟通，永远不再有隔河相望的哀愁与怅惘。自然，人为的隔水相望，又何能久长。

放荷灯与烧法船

农历七月十五，是中国汉族传统节日中元节。此节初为佛教节日，称“盂兰盆会”。传说释迦弟子目犍莲，为救在地狱中受苦的母亲而求佛超度。后演变为民间追念祖先的日子，故亦称是日为“鬼节”。

旧京之中元节，庙宇僧众举行盛大的佛事活动，民间则举行放荷灯与烧法船的活动。

放荷灯亦称放河灯，其含义是导引鬼魂进入极乐世界或及早托生转世。荷灯之样式，其上半部皆为彩纸叠成的莲花儿，下半部的载体各异，或西瓜或冬瓜或南瓜或倭瓜，取其半并掏空瓤肉，中插点燃之蜡烛，于夜幕初降时放入河湖。其时，烛影摇曳，随波荡漾，与水中倒影上下映衬，灿若繁星。正如清道光皇帝的《养正书屋全集》（道光三年刻本）之《中元河灯》诗所云：“万盏莲灯水面浮，中元佳夕荡轻舟。繁星朗月光同映，点缀前汀一段秋。”

清末民初以来，每逢农历七月十五，北京人照例要到北海公园参加一年一度的盂兰盆会，大放河灯。是日夜晚，北海太液池之上，南迄双虹榭边，北至五龙亭畔，碧波涟漪之上，灯火闪耀，如银河群星，景色极为壮观。

这天黄昏，明月初升，北海漪澜堂两侧的走廊和北河沿岸的四周以及金鳌玉蝀桥边，真是人山人海，好不热闹！

北京什刹海、积水潭、御河桥、护城河水关等处，也有放荷灯之盛举，故清宗室文昭（号紫幢，博学工时，负有才名）的《京师》竹枝词曰："坊巷游人入夜喧，庄连哈达右前门。绕城秋水河灯满，今夜中元似上元。"

中元节烧"法船"，其用意是超度幽冥孤独之魂。此种冥器，俗称"烧活"，小者丈余，大者数丈，由冥衣铺匠人以秫秸扎架、彩纸裱糊并绘画而成。法船用料虽廉而工钱甚昂，故凡烧法船者，非殷实之家莫敢问津也。

法船之船头，为猛虎虎头图案，船身持叉之开路鬼站于前，其后相对而立者，系黑白无常。"白无常"也称"活无常"，身着白袍，头戴白色高帽，上书"利见大人"四楷书大字，手持哭丧棒若挥舞之状；"黑无常"又称"死有分"，身着皂袍，手持"勾魂牌"，上书"你可来了，正要拿你"，并用朱笔圈点，其狰狞之貌，令人望之不寒而栗。

法船舱内糊十殿阎君，即秦广王蒋、楚江王历、宋帝王余、五官王吕、阎罗王天子包、卞城王毕、泰山王董、都市王黄、平等王陆、转轮王薛。中为地藏王菩萨，正襟危坐，接受十殿阎君朝拜。神鬼以外，尚有掌舵者一人、持桨划船者数人至十余人不等。船之桅杆上挂一面旗子，正面书“盂兰圣会”，背面书“慈航普渡”。

如此庞然大物，系由四五节组合而成。送至法会现场，需由冥衣铺临时雇佣十余人（俗称“拿烧活的”）举送，丝毫不得损坏。送船者列队而行，穿街过巷，稚子顽童出于好奇，每每尾随追看，并极愿为雇工代劳，体验一番举送烧活的滋味儿与情趣。

旧时焚烧法船，皆在午夜举行，先由和尚奏法器诵经文，而后于水畔焚之。彼时，火舌冲天，光焰晃眼，煳味儿熏鼻。虽如此而观者如堵，不饱此眼福誓不罢休。恰如《都门离咏·中元》云：“朵朵莲灯放满河，烧船拯溺诵弥陀。夜深妇女归家去，萤火惊飞鬼火多。”

月到中秋分外明

中秋，农历八月十五，这是中国传统的喜庆节日，又叫“团圆节”。关于中秋，古往今来留下了诸多诗赋。“人逢喜事精神爽，月到中秋分外光。”这是京剧《龙凤呈祥》中刘备的唱词。

《天宝遗事》记有唐明皇与甲天仙“中秋游月宫”的事。郑綮的《开天传信记》云：“吾（唐玄宗自称）昨夜梦游月宫，诸仙娱以上清之乐，嘹亮清越，殆非人间所闻也。”又说：“玄宗见天府榜曰：‘广寒清虚之府。’傅咸文曰：‘月中何有？玉兔捣药。’”唐代诗人唐彦谦有诗云：“蟠拿对月吸深杯，月府清虚玉兔吼。”宋代的胡宿也有“杯酒易销残梦断，却疑身在广寒宫”的诗句。

刘侗《帝京景物略》载：“八月十五日祭月……女归宁，是日必返其夫家，曰团圆节也。”八月中秋，望日，月最圆，中国民间有以月饼祭月、拜月和赏月的风俗。

一进八月，北京的各点心铺生意开始兴隆。前门大街正明斋、观音寺蕙兰斋的京味月饼自来红、自来白、翻毛、提浆，以及稻香村、桂香村、聚顺和的南味月饼，便供不应求。卖水果的鲜货店，两百支光的大灯泡，照耀着挂着白霜、色鲜甜脆的苹果、鸭梨、葡萄、石榴。店主用鸡毛掸子轻轻拂去水果上的微尘，高声吆喝；一有主顾，立时满面含笑招呼；遵主顾吩咐将水果打成方方正正的蒲包，上盖红绿商标，送客出门。生意出奇地好！

中秋之夜要摆供拜月。一般百姓比不得豪门大户的铺排，但恪守“男不拜月，女不祭灶”的古俗。除月饼、水果外，家家还蒸团圆饼，图个吉利。团圆饼用上好的白面发酵，搓成圆形薄片，每层放入红糖、玫瑰、桂花，一层层叠加，厚达十几层。最后用一张大而圆的薄面片包好，表层上置青丝、红丝、瓜子、杏仁等果料，上屉蒸熟，成直径盈尺、高达数寸的大蒸糕。然后切成块，全家老少分食，以示团圆之意。

逢节必有应节戏，这也是老北京的规矩。中秋前，各戏园演戏也多以月亮和兔儿爷为题材，如《嫦娥奔月》《唐王游月宫》等。舞台上出现欢蹦乱跳的活兔儿爷，勾脸豁嘴，足踏朝靴，手执玉杵做兵刃，在台上蹿跃做兔状，常常博得大家一笑。

旧日北京农历八月，大街小巷的店铺、小摊都摆设着各式各样的泥塑兔儿爷肖像。有的身着蟒袍，腰围玉带；有的披挂铠甲，背插靠旗；有的凤冠霞帔，簪环佩玉；有的方巾皂履，神态端肃……小者犹如玩具“不倒翁”“泥叭狗”，不足三寸；大者尺余以至数尺，亚赛庙寺神佛泥胎，真是叹为观止。

清《帝京岁时纪胜》说：“京师以黄沙土做白玉兔，饰以五彩妆颜，千奇百状，集聚天街月下，市而易之。灯火荧辉，游人络绎……”《燕京岁时记》在《兔儿爷摊子》一段中也写道：“每届中秋，市人之巧者用黄土捏成蟾兔之像以售出，谓之‘兔儿爷’。有衣冠而张盖者、有甲胄而戴旗者、有骑虎者、有默坐者。大者三尺，小者尺余。其余匠艺工人，无美不备，盖亦谑而谑矣！”把动物中的白兔，以人格化手法描绘一番，确为中国民俗文化增添了奇异的色彩。

杜甫的名句云：“露从今夜白，月是故乡明。”还在异乡的游子，每逢中秋赏月的时候，能不忆起故乡的明月吗？以超脱豁达的态度赏月，还是要数苏东坡，他的《水调歌头》曰：“人有悲欢离合，月有阴晴圆缺，此事古难全。但愿人长久，千里共婵娟。”让多少漂泊在外的游子生出几多温馨和感怀。是啊，明月几时有？就让这轮明晃晃的中秋月，普照所有怀念家乡和家人所怀念的亲人吧！

九九登高倍思亲

传统习俗，人们常在春回大地的清明节远足踏青，而秋高气爽的重阳节，则要登高望远，思亲怀旧。

农历九月古称阳月，九日古称阳日，九月九日二阳相遇，故称“重阳”。据魏文帝与钟繇书云：“岁月往来，忽复九月九日，九为阳数，而日月并应，俗嘉其名，以为宜于长久，故以享宴高会。”杜甫诗有：“旧日重阳日，传杯更放怀。”可见重阳节之来源远自汉、唐。重阳这一天，除登高以外，还有饮酒赋诗、插茱萸，以及琴棋竞艺等活动。这是一个士林雅集的节日。

北京人登高，近者到景山、北海、法塔，稍远则去万寿山、玉泉山、香山、西山八大处，再远则至居庸关、八达岭。

登高地点除了人们熟悉的北海揽翠轩、景山顶端的碑亭以外，天坛东墙外迤东，还有一座历经八百多年沧桑的古塔——法藏寺弥陀塔。据《北京案内记》记载，这座塔共有七级，中空可登。昔日每逢重九登高之日，北京城的老幼纷纷登塔观光。“居庸叠翠”为“燕京八景”之一，此地苍松翠柏，山峦起伏，游此既可登高，又可赏景；而去香山碧云寺的游客必以攀登最高峰“鬼见愁”、欣赏满山“红于二月花”的红叶为乐事。

登高的“高”与“糕”字同音。故每逢九月九，北京人均买各种满汉糕点，欢度佳节。旧时，北京的芙蓉糕、萨其马以正阳门外正明斋制作得最为精细味美。

芙蓉糕以米花、蜂蜜、白糖等原料做成，表面上染以粉红色，其色若芙蓉花，故名“芙蓉糕”。萨其马则是满族糕点的名字，是用鸡蛋和白面做成细条，过油煎炸，再加入蜂蜜、白糖、瓜子仁、金糕条，糕面撒上青红丝。其味尤为甜香可口。

北京的蛋糕分槽糕、碗儿糕、喇嘛糕数种。槽糕为桃形、扇面形、银锭形、圆形，以模槽制成。碗儿糕则是以蛋、面和成糊状，掺以瓜子仁、核桃仁、松子仁、杏仁、花生仁，灌入碗中，蒸制而成。喇嘛糕是蛋糕中呈黄色者，面上印以红色“福”“寿”篆字，以其色调如喇嘛僧衣色而得名。也有说雍和宫供佛均用此种糕点，故名。

冬至大如年

关于冬至，在北京有两种说法：一是“冬至不算节”，一是“冬至大如年”。这是两种截然不同的说法，其故安在？因为北京是六百多年的古都，做官的人各地都有，这样，北京城里的风俗习惯就比较复杂了。

明代赵可与《孤树裒谈》记云：“京师最重冬节，不同贵贱，贺者奔走往来。家置一簿，题名满幅。自正统己巳之变，此礼顿废。”

所谓“正统己巳之变”，是明英宗朱祁镇在土木堡被俘，历史上称为“土木堡之变”。就是说，民间风俗的变化，也常常受到时局影响。但是“冬至大如年”这句话一直在民间流传着，小时候还常常听到老人们这样说。

清末《燕京岁时记》云：“冬至，郊天令节，百官呈递贺表。民间不为节，唯食馄饨而已，与夏至之食面同，故京师谚曰：‘冬至馄饨夏至面。’”这段记载中提到“民间不为节”，可见清末与明代风俗已有很大的变化，但是宫廷中还是十分重视冬至的。除去百官互贺而外，官场中最重要的一件事，就是这一天一律要戴暖帽（有皮檐的帽子）。当然“翎子”“顶子”照旧，但是要有皮檐，由皇帝到官吏都是如此。再有从这一天开始，按官品够得上穿“貂褂”的人都要穿起来，谓之“翻褂子”。貂褂是毛朝外穿的，好像现代女士的翻毛皮大衣一样。一件貂褂价钱很贵，又非穿不可，这在有钱的王公大臣中自然不成问题，而有些冷官，如礼部、翰林院、御史台等清水衙门的官员怎么办？那就要到估衣铺买旧的，不管如何光板无毛，只要是件貂褂就可以了。因而，有的貂褂实际还不如一件棉袄暖和呢。

在京的京官，都按各人的家乡习惯来过冬至。林则徐在翰林院做编修时，家住虎坊桥，年年过冬至，都在日记上记着“夜搓丸”（即做汤丸），这是按照福建的风俗过冬至。李越缦同治元年（1862）住在宣外大街，冬至那天日记记云：“天未明即醒，早起盥漱毕，焚香张烛，拜祖宗遥敬。”冬至祭祖，这又是包括绍兴在内的江南人的规矩。至于北京人呢？谚云：“冬至馄饨夏至面。”吃顿馄饨就行了，同过年吃饺子差不多，不过换换花样罢了。

北京人冬至吃的馄饨，多为猪肉馅，羊肉馆也有卖羊肉馅的。笔者幼时也吃过人家的素馅馄饨。素馅也可以说是甜馅，作料包括红糖、白糖和青红丝。这种馄饨煮不得，而是蒸熟。蒸熟的甜馅馄饨很好吃，如果把它晾凉了再吃，则又别有一番风味。后来，甜馅馄饨在市上渐渐绝迹了，一般都是肉馅的，用猪骨汤或鸡汤来煮。馄饨用的作料也日渐发展，从过去的香菜、虾皮、紫菜、冬菜，又进一步增添了辣椒油、味精、胡椒等。有的卖馄饨的还附带卖自制的火烧、酱肉，更受人欢迎。

福州冬节搓丸风俗

福建历来重视冬至，有“冬至大如年”之说。宋代梁克家《三山志》有“冬至，州人重此节”的记载。

明代冬至最热闹，王应山《闽火记》中说：“冬至日，粉米为丸。”现在福州流行的“搓丸”“贴丸”“馈丸”，就是那古老风俗的遗韵。

搓丸，是团圆的象征。冬至前一天晚上，福建人在祖先神龛前陈列三盆簪花的寿面，炉喷香，台插烛，还放一个插着金橘的花瓶，五彩缤纷，洋溢着吉庆的气氛。在堂中另摆一张圆桌，桌上放着一只大竹箩，箩中盛着糯米磨成的粉面，点缀福橘数枚和新购红筋一副，筋的两端各簪有一朵四季花和绸制的长春花。此外还有一只泥塑的裸体胖娃娃，叫作“孩儿弟”。

准备好了，全家男女老幼洗净手，穿上整洁的衣服，就围坐在大竹箩周围搓捏米粉团。搓出来是圆的——或大或小的粉丸，捏则不拘。大人喜捏蝙蝠（福）、鹿竹（禄）、寿桃（寿）、山羊（吉祥）、如意、鲤鱼（有余）等象征吉利的东西，小孩们却喜欢捏老虎、雄狮、白兔等小动物。小孩子每捏出一件东西来，大人都用吉利的语言来表扬一下，叫作“喝彩”。即使小孩捏了一只乌龟，大人也要喝彩说:“长寿！长寿！”这种全家团聚一堂、欢欢喜喜搓米团的场面，是其他节日所没有的。

小粉丸煮熟后，调糖就可以吃；大粉丸煮熟后，要放在掺糖的豆粉中滚一滚，味道十分芳香可口。除当夜吃些外，第二天清早还馈赠亲戚朋友，作为贺节礼物。至于所捏的形形色色的粉丸，煮熟后小孩们都抢着吃，特别是自己捏的。

在搓丸的时候，人们一边搓还一边唱，唱的歌谣内容很多，一般流行的词是：

搓丸试搓搓，年年节节高。
红红水党菊，排排兄弟哥。
大人增福寿，妮子唱诗歌。

搓丸时点烛的烛台称为“回进宝”，也有写成“火儿母”的。这是搓丸时特制的烛台。用泥土捏塑，塑的是一对胸围红肚兜、手抱聚宝盆的胖娃娃，盆上可以插烛。外敷彩色，极逗人喜爱。因为是用模翻的，价格也便宜。这种“回进宝”是回回进宝之意。福州早在宋元时期就与阿拉伯国家通商，这些商人多是崇奉伊斯兰教的阿拉伯人，又称回回。凡与他们通商的人，大多发家致富。因此，“回进宝”烛台便成为吉利发财的象征了。

《九九消寒图》

在北方，按时节说，一到冬至，就进入严冬期了。人们计算着，九九八十一,八十一天之后，九个“九”过完了，就算熬过严冬，天气转暖了。据《津门杂记》记载：十一月冬至日，绘消寒图，食馄饨。

我幼年时，逢冬至日，吃不吃馄饨不大在意，但《九九消寒图》却是每年必画的。回想起来，那确是一种非常有趣的过冬方式。记下“九九八十一天”的天气变化，也可以供事后有某种需要时查看消寒图上阴晴风雪的记载，帮助记起发生过的某些事情。甚至有人把历年的消寒图积存下来，对比几年中天气变化规律。但那是对气象学有爱好的人所为，我可没有作过积攒和比较。

明朝人刘侗编写的《帝京景物略》有一段记载：“日冬至，画素梅一枝，瓣八十有一，日染一瓣，瓣尽而九出，则春深矣。”说明《九九消寒图》的绘制由来久矣。

我画消寒图没有画过梅花。私塾老师教过我两种画法：一种是横竖交叉各画十条线，成为九九八十一个方格，每格中画一个仿古铜钱状，按照下面的歌诀，每天把天气变化画在铜钱中。歌曰："冬至一阳生，滴水冻成冰。上黑是天阴，下黑是天晴，心黑天寒冷，心白暖气升，满黑纷纷雪，左雾右刮风。"另有个简易歌诀是："上点天阴下点晴，左风右雨雪当中。"

第二种是写九个大字，每字九笔，如"庭前垂柳珍重待春风"，用笔把每个字每笔双勾，留下白空，成为九个空心字体。每个字代表一个"九"，逐日逐笔填黑，到九个字都填完，"九九"都过去了。这句话又含有在冬季盼望春来的诗意，我很喜爱它。

年岁老了，愈觉寒暑更迭得快。居港多年，这里气温较高，不像家乡入冬后寒气逼人。但是寒冬岁暮，终免不了季节更替的心情。在年终换置日历之前，我首先绘制了铜钱形的《九九消寒图》置诸桌头，以重温童年生活的情趣。

腊八节的来历

在中国民间的节日中，腊八节虽不及春节、中秋、端午、重阳那样隆重热闹，但由于历史悠久，传说故事动人，还是颇有影响的。

腊八节本是佛教节日。据印度佛经记载，释迦牟尼在成佛之前，曾经出家修道，但是经过了六年的苦行生活，仍然没能在精神上摆脱人生的各种苦恼。这时他已经饥饿疲惫到了极点，幸好有一个牧女给他送来了乳糜（奶粥）使他恢复了体力。然后他又到河中沐浴，洗去了身上的污垢，最后在菩提树下静思七日七夜，终于觉悟成佛。于是佛教便把这一天作为“成道节”来纪念。佛教传入中国后，中国佛教徒认为释迦牟尼成佛是在十二月（即腊月）初八，遂以“腊八”为成道节。古时候，每逢这一天，各寺院都要诵经纪念，并且仿效牧女献乳糜事，以各种香谷、果实煮粥供佛，称为“腊八粥”。

后来随着时间的推移，这一习俗便从寺院扩展到了民间。据《东京梦华录》记载，在北宋时期，这一天各寺院都要办浴佛会，还要煮七实五味粥供佛并赠施主。是日，民间各家亦将果子杂料煮粥而食。明朝时，皇帝在这一天要向文武百官赏赐宫内煮的腊八粥，其用料自然十分讲究。到了清朝，这一风俗更为盛行，不仅家家煮腊八粥，而且有钱人家还用果料做成各色禽虫来装点粥面，相互赠送。自乾隆年间开始，皇帝赐给文武百官的腊八粥，都是在雍和宫煮成的。雍和宫内有一口直径约两米、深一米五的大铜锅，是专为煮粥用的。当年雍和宫总共要煮六锅腊八粥：前三锅供佛和献给皇家及王公大臣们享用，所以粥料特别精美，还要添放奶油、羊肉丁等；第四、五锅是送给百官及众喇嘛吃的；第六锅是施舍给老百姓的，质量自然就差多了。据说这口熬粥的大铜锅现在还保存在雍和宫前院的西鼓楼旁，也可以算是一件文物了。

腊八粥的原料，可多可少。小户人家用大米、小米、江米（即糯米）、红小豆、豇豆、红枣熬一锅粥，颇为香甜可口。昔日豪门大户若煮腊八粥，讲究起来可就无尽无休了。除上述几种普通原料以外，还要增添珍珠米、薏仁米（即苡仁）、菱角皮、鸡头米、赤豆、绿豆、豌豆、芸豆、莲子、花生仁、松子仁、榛子仁、核桃仁、白果、栗子、桂元肉、荔枝肉、红枣、金丝蜜枣、青梅、瓜条、橘饼、金糕条、梨干、桃脯、苹果脯、蜜饯温朴、蜜饯海棠，再加上瓜子仁、炒芝麻、青红丝、红白糖等，加上外用果料几乎上百种之多。

每逢腊八节，民间除煮腊八粥外，还有泡腊八蒜、酿腊八酒等习俗。腊八蒜是将蒜头去皮后泡在米醋内，月余后蒜呈浅绿色，味道鲜美，说是食后可驱疾病、避瘟邪。腊八酒，是腊八节用糯米酿制的酒，越年后酒呈暗红色，晶莹透亮，点滴成丝，酒味浓郁，饮后唇齿留香。可惜这种民间酿制的酒，一般数量不多，仅供家用，市场上很难买到。

“小年”祭灶

依照中国的传统风俗，农历腊月二十三日叫作“小年”。之所以如此称呼，恐怕是因为再过几天，作为“大年”的春节就要来临了。因此，也可以说“小年”是“大年”的前奏或序曲吧！

小年祭灶是大江南北共同的习俗。过去，到这一天人们都要在灶屋（厨房）锅台的附近墙壁上供奉灶王爷和灶王奶奶。佛龛神像的两侧还要贴上一副对联，上联写“上天言好事”，下联写“下界保平安”或“回宫降吉祥”，横额是“一家之主”。古人云:“民以食为天。”所以人们把灶王爷恭恭敬敬地奉为一家之主，这是可以理解的。

昔日北京，每逢农历腊月上旬，大街小巷的油盐店、杂货铺、南纸店、百货摊都代卖灶王爷。这种木版水印的神像，大多来自华北“版画之乡”——天津杨柳青。那和蔼、肃穆、善静的灶王爷、灶王奶奶盛装端坐，给人们以庄重的感觉。

每年一度，人们都要“请”回一幅新的灶王像（不能说“买”），来代替被烟熏火燎一年三百六十五天的陈旧不堪的旧灶王像。这似乎是在向人们预告，除夕马上就要到了。

给灶王爷、灶王奶奶奉上的供品，不需鸡鸭鱼肉、干鲜果品之类，更不需用牛羊三牲，好像灶王爷是“两袖清风”，不需什么珍贵的供品，只需一些“糖瓜”（用麦芽糖制作的像鸡蛋大小的瓜状糖块）就可以了。稍讲究一点儿的人家，再供上一碗用糯米蒸熟的莲子八宝饭。灶王爷骑的神马，还要供以香糟炒豆和清水。

俗云:“腊月二十三，灶王爷上天。”这天人们称为“祭灶日”。在北京，这一天晚餐之前，每家家长都要先把糖瓜在灶门前烤化，然后抹在灶王爷、灶王奶奶的嘴唇上。即使灶王爷不馋，人们也硬要把烤化了的糖饴放在他老人家的嘴边，看来灶王爷贤伉俪都是喜欢吃甜食的。至更尽时分，家家院内立杆，悬挂天灯，燃放鞭炮，举家男子跪拜，祝以抑恶扬善之词，送灶王爷上天去向玉帝启奏人间一年之善恶。而妇女不能参拜，只于内室扫除炉灶，燃灯默拜。

“糖瓜祭灶，新年来到。闺女要花，小子要炮。奶奶要新鞋，爷爷要毡帽。”祭灶过后，新年就临近，家家男女老幼迎新的欢乐和忙碌，各自对新春佳节的美好向往，都从这首童谣里反映出来。

其实，祭灶的风俗由来已久。《礼记·月令》郑玄注云："祀灶之礼，设主于灶陉。"灶陉即灶边承器之物，以土为之者。那时祀灶被列为五祀之一。《战国策·赵策》云：复途侦谓卫灵公曰："臣尝梦见灶君。"唐代罗隐《送灶诗》亦有"一盏清茶一缕烟，灶君皇帝上青天"的名句。可见两千多年前已有祭灶之礼，且历代相沿成习。

时令记趣

shiling jiqu

春饼、春菜和春酒

北国天寒，长城内外白雪皑皑，千里冰封。京津虽然不算高寒区，却一冬平均气温总在冰点左右，所以人们盼春的心情可谓甚渴。立春标志着一元复始，万象更新。立春这一天，讲究吃春饼、春菜，喝春酒，以点缀节日，抒发迎春的愉快心情。

立春吃春菜是古已有之的。据《四时宝鉴》载："立春日，唐人做春饼、生菜，号春盘。"《武林旧事》载："春前一日，后苑造办春盘，翠缕红丝，备极精巧。"

北方的春饼是薄烙饼，不同于平日吃的家常大饼。有的有夹层，有的像大型的饺子皮，比平时的大饼小得多，亦薄得多，卷春菜吃。春菜是把新青韭、豆芽菜、细粉丝、胡萝卜丝、肉丝等混合炒，有荤素两种吃法，又叫炒合菜，鲜香适口，正符合"翠缕红丝，备极精巧"的春菜形象。有的人家，在春菜之外，往往再配上几盘菜，如炒鸡蛋、麻酱蒜拌黄豆芽、炒豆腐干、炒肉丝或炒藕片之类，全属淡雅菜品，不动鱼肉大荤。

吃春酒之风，除一般市民家庭外，尤盛行于各行各业的商店中。当年的大商店立春吃春酒之风极盛。春节前商店结账、催欠、清仓、盘存，大忙特忙。一过了除夕，百事完毕，整个休市。于是，不问立春是哪一天，吃春酒习惯都从新年正月初一开始。同行间互请，一直吃到正月十六过完灯节为止。

商店请吃春酒，首先请银行、钱庄，酬谢资金融通上的支持；其次是同业互有交往之家；再有就是掮客，感谢生意上的互助，并约定新一年的合作。当年，天津旧法租界杨福荫路各钱庄，六号路益友坊附近各棉布庄，针市街、竹竿巷杂货业的“老四号”，估衣街“祥”字号以及各业批发商等，在新年正月的上半月中，天天摆酒排筵，觥筹交错，极尽热闹。

后来，抗日战争的战火席卷全国，商界衰微不振，这种吃春酒的排场也就逐渐消弱了。

春回大地话风筝

久居城里的老北京人，不论穷富，总是一辈子也离不开玩乐。刺骨的严寒迫使他们闷在家里“忍冬儿”，一俟迎来“沾衣欲湿杏花雨，吹面不寒杨柳风”的春天，便兴高采烈地大放风筝，以散发一冬蕴蓄的内热，并舒展几乎待撒了的筋骨。

风筝，古称“纸鸢”，是一种既可做玩具又可供观赏的传统工艺品。考其源，与军事有关。据明代王三聘的《古今事物考·风筝》云：“汉高祖之征陈也，韩信谋从中起，故做纸鸢放之，以量未央宫远近，欲穿地遂入宫中，今谓之风筝。”

其实，“风筝”一词本来含有声响的意思。据明朝陈沂所撰《询蒭绿·风筝》记载：“初，五代汉李业于宫中做纸鸢，引线乘风为戏，后于鸢首以竹为笛，使风入作声，如筝鸣，俗呼风筝。”由此可见，民国期间在北京尚可见闻的“簧鼓风筝”，系由五代后汉之竹笛纸鸢演变而成。

北京的三四月份，是放风筝的旺季。从杨柳枝头泛出隐隐的绿意到桃花乱落如红雨霏霏的暮春，民间的风筝艺馆与四九城的风筝摊，生意格外兴隆，到处可见风筝浮动，随时可闻簧鼓之声。

素有“藏龙卧虎”之誉的北京城，风筝艺人也层出不穷。善做八卦形风筝的李三爷，以糊猴儿、八戒而出名的“猴儿常”，因善制苍鹰而誉满京华的“四龙”，博采众长、誉满全球的“风筝哈”，以及只为自娱不图赢利的儒生王振亭，各以其迥异的风格独树一帜。此外，尚有内务府造办处（清代皇宫内掌管手工作坊的机构）绘制上品风筝的能工巧匠，因在宫中当差而其名不显也。诸多怀巧夺天工之艺的风筝艺人中，以雕虫小技而历久不衰且世传四代者，唯有“风筝哈”。据孙建中《琉璃厂小志》载：“哈记风筝，在琉璃厂中间路北仁威观。今数十年，以哈氏制售之风筝为最著。”

“风筝哈”者，其名哈国梁，乃光绪年间京都南城寒门人氏。清末民初，即以匠心独具之造型奇特、形态迥异、色彩斑斓的哈记风筝而享誉朝野。其子哈长英，自幼受其熏陶，青出于蓝而胜于蓝，所制风筝曾于1915年在美国旧金山和巴拿马万国博览会上荣获银质奖。其孙哈魁明，家学渊源，各类风筝作品均以彩绘见长，既可放飞，又可悬于大雅之堂作为陈列，故曾数十年称雄于京城。至于其曾孙哈亦琦，以其家传技艺而就任北京风筝厂副厂长，厂中所产大批风筝常年出口，颇受世界各国风筝爱好者之青睐。

北京之风筝，形式各异，尺码有别。以其造型分，包括人形、拍子形、蜈蚣形三大类；以其尺码分，大则三十丈，小则若手掌。

人形类之风筝，其原型即“沙雁”，而由此行化者，则有哪吒、刘海、钟馗、孙悟空、猪八戒、哼哈二圣、合和二仙以及蝴蝶、蜻蜓、鲇鱼、龙睛鱼、鹰与雕等变形。拍子形大都呈八卦、三阳开泰、七鹊登枝、单双喜字诸形态。最奇者为蜈蚣形，由百余个环节组成，分量重且之间容易互相缠绕，故极难放。

好玩乐的北京人，因其经济状况不同而分三六九等，而各类人的风筝做工自然也有糙细之分。有钱的大爷于大庭广众之中玩风筝时特别讲究出人头地，于是每每不惜以重金定做。不仅对材料的选择、尺寸的比例、图案的彩绘要求极为苛刻，而且必须使某些风筝的眼睛和翅膀在空中颤动不止。就连那线桄子，也要选用红木或金星乌木所制。囊中羞涩者放个“黑锅底”（普通小沙雁），照样可以尽兴过瘾。至于一个子儿没有的穷孩子，大都自己动手用旧报纸糊“屁户帘儿”（一种长方形的简陋风筝，下缀长纸条做飘带，因形似小儿屁帘儿而得名），劈柴上缠些棉线便是线桄子。三五成群迎风而放，也能飘起一丈多高，彼时社会对此讥笑为“穷人乐”。

曩年的北京城，空旷之处颇多。天安门前、什刹海畔、鼓楼左右、天坛内外，以及东单草地，均是放风筝的理想之地。酷爱风筝的儿童或成人，一俟购妥心爱的风筝之后，便呼朋引伴，成群结伙地择地去放飞。大大小小的风筝迷，沐浴在明媚的阳光与和煦的春风里，说着、笑着、跑着。随着竹桄子和红木桄子的哗哗作响之声，数百只形形色色的风筝渐渐腾空而起，大有遮云蔽日之势。黄瓦的宫殿、苍翠的松柏、拂地的绿杨、荡漾的碧波，以及隐隐约约的一带远山，同那些被温和的春风送上天宇的风筝组合成一幅迷人的图画。而风筝的主人们，连同那些悠闲的围观者，无一不在画中游。如此之雅兴，非至黄昏而不收。故旧京《放风筝》诗云：“不知黥索弄东风，只讶轻雷走碧空。试立御河桥上望，纸鸢无数夕阳中。”

最爱吃喝玩乐的慈禧太后，也是一位风筝迷。其所玩之各类奇巧风筝，除由“造办处六十一行”协力精制外，亦慕名以重金猎奇于民间。这位被朝野都尊称为“老佛爷”的女皇，每年总是刚赏罢上元花灯即下谕旨筹办风筝之事。而放风筝之地点，或宫中，或中南海。届期，自有深谙风筝之道的太监纷纷在春风中大显身手。

立夏尝新

春去夏来，万物欣欣向荣，多种时鲜纷纷上市。我国许多地方都有“立夏尝新”的风俗，有的地方还延至夏至，成为华夏饮食文化的一大特色。

“吃立夏蛋”是全国最为流行的，至今仍然存在于汉族饮食风俗中。立夏之日，男女老少都爱吃煮鸡蛋或咸鸭蛋。民间认为，“吃立夏蛋”能使人强身健骨，格外有精神。民谚道：“立夏吃蛋，石头都踩烂。”

江苏、浙江一带至今仍有人保留“立夏日，吃补食”之风俗。补食中较考究的是“五虎丹”（红枣、黑枣、胡桃、桂圆、荔枝）和“三两半”（党参、黄芪、当归各一两，牛膝半两）。

浙江的杭州地区有“烧夏夏饭”之俗。逢立夏前一日，儿童们乞一碗米（叫兜夏之米），在立夏日将米集中野炊，并于熟饭上置青梅、樱桃等，然后分送赠米之各户人家。据说，吃了可免疰夏（指夏日发烧的病，患者多为小孩）。

也有从田中采摘新鲜蚕豆，拌入鲜笋、咸肉等做“烧夏夏饭”的。

江苏苏南地区最重视立夏尝新。苏州人是“立夏见三新”，即在立夏日以樱桃、青梅、新麦来供神祭祖，之后举行的家宴上时鲜纷陈。此时的集市，也称为“卖时新”。有疰夏之旧疾者，于当天取隔岁炭，烹煮从左邻右舍索取的新茶叶（叫七家茶），饮之以疗旧疾。镇江人讲究“立夏尝八鲜”，即尝樱桃、笋、新茶、新麦、蚕豆、扬花萝卜、鲥鱼、黄鱼。常州人所尝“三鲜”分为地上、树上、水中三类。地上三鲜是苋菜、蚕豆、元麦，树上三鲜是樱桃、梅子、香椿头，水中三鲜是螺蛳、刀鱼、白虾。富庶的鱼米之乡常熟的“尝九荤十三素”可谓立夏尝新的集大成者。“九荤”是鲥鱼、鲚鱼、咸蛋、海螺蛳、叫花鸡（此鸡是当地名特产）、腌鲜、卤虾、鲳鱼、鳊鱼；“十三素”是樱桃、梅子、麦蚕（把新麦面揉成细条蒸熟）、笋、蚕豆、茅针、豌豆、黄瓜、莴笋、苜蓿（香港等地人称为草头）、萝卜、玫瑰、松花。

立夏过后，有的地方“尝新”要延续至夏至。如湖北的黄陂等地于每年夏至后逢卯日“吃新”，又叫“过半年”。届时农家要摘一穗新稻祭祖，企盼今年丰收；同时品尝时鲜以庆祝“过半年”。当地民谚道：“过了年（指春节），望吃新。”江苏海州等地于“小满”之日“尝三鲜”，即尝樱桃、黄瓜、鲜豌豆角。江苏人普遍认为吃碗豆或豆糕可免疰夏。所以泰县人于夏至日“吃时果”，即把豌豆煮熟拌糖吃；仪征人则喜将豌豆糕馈赠亲友，盼其去旧疾；南京人特别强调要坐在门槛上吃豌豆糕，认为这样才有疗效。

南京人夏日尝鲜中有一种“莴笋圆”。即把用盐腌渍后晒干的瘦长莴笋，铺、卷成扁平小圆饼状，然后用刀在盘中切片，若在饼中央放一片红色花瓣更佳。长居香港地区的南京籍著名作家叶灵风在香港报纸上详谈此色、香、味俱全的家常小菜，引起不少人的乡思。

热在三伏

曩昔在京时，到了伏天，是另一番景象。

北京人的避暑胜地很多。承德避暑山庄，那是过去皇帝避暑之地，好固然好，路途遥远，一般人去不了。北戴河是达官贵人的避暑之所，老百姓未敢问津。北京城里引人入胜的地方也有，如中山公园、北海公园、中南海公园。盛夏伏天，每每仕女如云，傍晚以后，老百姓不约而同竞相前往乘凉。但是，尤其吸引人的还是什刹海荷花市场，那里“接天莲叶无穷碧，映日荷花别样红”。不仅风凉，更有那形形色色的消夏美食，如八宝莲子粥、苏造肉、鲜菱角、鲜核桃仁、鲜藕片等。这里每天从早到晚，聚集着成千上万的市民，一来纳凉，二来饱享口福，乐何如也。

早年在京时还听老人讲，清代，每年从暑伏之日开始到立秋为止，各衙署都有“赐冰”之举。由工部颁发冰票，自行领取，多寡不同，各有等差。此外，清代还有“洗象”

的趣事。那时每逢三伏，都要举办“洗象”例典。由内务府以旗鼓迎象，出宣武门至护城河桥下的象闸，象奴挽索骑在象背上，在河中给象洗澡。但见许多庞然大物出没于清波荡漾之中，紧邻的城墙和两岸上，观者人山人海，热闹非常。

京城四季温差极大。冬天冷得滴水成冰，夏季热得脖子流汗，尤其数伏后，昼夜闷热得喘不过气来。谚云：“暑热无君子。”意即最讲衣着整饬的君子，盛夏亦可赤背而不被人耻笑。至于不在“君子”之列的粗人，则不仅赤背而且赤脚，袒露着黑中透紫、汗津津的肌肤穿行于大街小巷。五六岁的童男子们，干脆一丝不挂，赤条条地满街跑，那小巧的“阳具”，紧缩着、颤动着，显示着童男一种特有的美。少妇们见了亦不觉得害羞，而且应和着老爷们儿的叫法，美其名曰“小茶壶儿”，只是不像老爷们儿那样戏谑与放肆——动手逗逗罢了。

伏天中的老妇人，说好听点儿，最为落落大方；说难听点儿，最为放肆，最不论“秧子”。乳房是妇女的第二道禁区，即便是热出了白毛儿汗，也得捂着紧绷绷的乳罩或者戴个绣花儿的兜兜，以示其神圣不可侵犯。然而，老妇人都是过来人，其诸道防线早已被攻破，更何况是浑身优美的线条皆已化成一堆囊膪，于是也敢不让须眉，光着上身，耷拉着松弛的乳房，在大庭广众之下谈笑自若，毫不以为失检。中国妇女们的“金莲”，自古以来便是性的象征，对其防守程度，甚至超过了乳房——几层裹脚布，一层袜子，三层（里、面及中间的袼褙）鞋帮，捂得严严实实。隆冬时其臭尚不可闻，盛夏时则能熏死人。有务实精神的老妇人，为了纳凉，既然敢将乳房暴露在光天化日之下任凭千人瞧万人看，赤其那双不堪入目的金莲又有何不可？而且不会被官府加上“有伤风化”的罪名，于是朵朵“金莲”原形毕露，为夏日的京城又添一景。

男女老少露宿街头，是伏天中的一大夜景。屋子闷热得如同蒸笼，午夜时也进不去屋。街头尚有些凉风，铺张凉席即能入睡。放眼望去，横躺竖卧，四脚儿拉叉闭着眼张着嘴，倘无交响的鼾声，便绝像枕藉的死尸。

盛夏处于四合院中，亦有诸多乐趣。

瓜棚豆架，不是天棚而胜于天棚。清明、谷雨之间，随意点种些丝瓜或扁豆，数日破土而出。几经浇灌则蔓叶虬蟠，朵朵黄花与紫花错落映衬，花谢后便现出柔嫩的果实——布满洁白毫毛的丝瓜和扁豆。那景致颇似农村，文人们有感于此，必歌之曰：“此地在城如在野，个人非佛亦非仙。”夜幕降临后，花阴凉儿中斑驳的日影被点点如水的月光所替代，凉风习习，于棚架下或坐或卧，不必摇扇，浑身亦觉凉爽。

择小院之隅，种几株碧绿的藿香或薄荷之类的芳草，不仅美化环境、清洁空气，而且可供药用。随手掐几片薄荷叶，贴在太阳穴上，其清凉的香味沁人心脾，清热、祛暑、黩汗、明目而又清醒头脑。而窗前盆栽的夜来香，黄色的小花儿缀满枝杈，入夜芬芳馥郁。其味颇能驱蚊，夜卧自可安然无恙。

酽茶和绿豆汤，是百姓消夏最理想的传统饮料。百姓们最讲实际，从不追求茶具的精美，而一向注重茶叶的汤色和味道。日沏三遍茶（清晨、午后、傍晚），是老北京人世代相传的习惯，那货真价实的“小叶茶”闷透了之后，坐在小院花间阴凉处款款而饮，自然会联想起唐代卢仝的《七碗茶》诗：“一碗喉咙润。两碗破孤闷。三碗搜枯肠，唯有文字五千卷。四碗发轻汗，平生不平事，尽向毛孔散。五碗肌骨清。六碗通仙灵。七碗吃不得也，唯觉两腋习习清风生。”用砂锅熬熟的绿豆汤，放在阴凉处几个小时，即会变得清凉可口。此种天然保健饮料，具有清凉解热、明目败毒等功效，与热茶异曲同工。

养几只蝈蝈儿听其昼夜鸣叫，迄今仍是京城百姓之家消夏的一种最省钱最朴素的方式。北京土语所称的蝈蝈儿，形似蝗虫，绿色或褐色，触角细长，短翅大腹，善于跳跃，吃植物的嫩叶或葫芦科植物的花儿，雄性前翅有发音器，能发出清脆的声音。清人顾禄所撰《清嘉录》卷九载：“笼养蝈蝈，俗呼为叫哥哥，听鸣声为玩。”《红楼梦》第四十回亦有如下描写：“板儿又跑来看，说：这是蝈蝈，这是蚂蚱。”入夏以后，售者捕自郊外，以秫秸皮自编小圆笼纳之，数以百计，肩挑过街而售。其声聒聒，群起而鸣，震耳欲聋。招徕众人围观选购，审视谛听，以求其须尾无伤而叫声清脆者。蝈笼之形式，普通者之笼眼里灯笼饰状或独梁雀罩；巧者双笼合一，或四、五重叠；更精者则编插成盘肠、寿字、牌楼诸形，每格置一蝈蝈，声尤聒耳。将各式富有艺术色彩的蝈笼挂在庭院中瓜棚豆架下，赏其笼形之美，听其蝈声之脆，感其天籁之音，悟其诗情画意，以此形式消夏，省钱、自在、销魂。

日暮之后，瞽人的弦子声荡漾于街头巷尾。拉着“先生”（北京人对瞽者的尊称）们的“马竿儿”（盲人所用探路的竹竿），将其延至庭院中，点几段《岔曲》、《牌子曲》或《昭君出塞》《黛玉悲秋》，此等家庭消夏之夜，其乐无穷矣。

黄昏时分，家家屋门前点起“火绳”驱蚊的小景，充满了民俗情味。火绳者，是用有特殊气味的草本植物蒿子晒干后拧成的绳状物。其色深黄似烟叶，燃烧缓慢，其袅袅腾腾的青烟，驱蚊效果极佳，其价亦极廉。

最能吸食鲜血的臭虫，伏天时越发猖狂。这种赤褐色、身体扁平而腹大的昆虫，繁殖能力极强。祖孙三代饱餐后，每每缘墙而爬，常常被捻死在墙上，那一道道的鲜血，呈现大头小尾的形状，颇似一条条鱼苗，纵横交错，密密麻麻。这种伏天小景，充斥于千家万户，给人留下的印象永难磨灭。

伏天话扇

扇子，是北京人度炎夏而不离手的家什。伏天里，虽说人人手中都摇着一把扇子，但由于性别、年龄、职业和文化修养的不同，所用的扇子亦各有别。

用蒲葵叶稍事加工即成的芭蕉扇，以及用竹篾、麦秆编制的普通扇子，物美价廉，颇受大众欢迎。就其历史和艺术价值而论，则不如羽扇、团扇和折扇。

羽扇的历史最为悠久。据晋人崔豹《古今注》一书所载，远在三千多年前的殷代就已有用鸟类羽毛制成的扇子。唐以前宫闱中所用的扇子，皆由羽毛制成。《三国演义》中诸葛亮坐镇三军就是手持白羽扇。羽扇出风缓软，不入腠里，对人体有益。北京的老人或僧侣、尼姑等佛门弟子，深知古人“避风如避箭”这一养生之道的奥秘，故而于盛夏皆喜用羽扇纳凉。

团扇为圆形短柄的扇子，古代宫中常用，又叫宫扇，为古代年轻女子必不可少的装饰品。手执一扇可以增添主人娴雅文静的风韵，有时又能体现少女活泼天真的个性。唐朝诗人王建《调笑令》中“团扇，团扇，美人并来遮面”，以及杜牧七绝《秋夕》中“银烛秋光冷画屏，轻罗小扇扑流萤。天阶夜色凉如水，卧看牵牛织牛星”的诗句，把女性既文静又活泼的两重性格，描绘得活灵活现。

正因为团扇带有装饰性，所以扇面大都选丝绢绫罗一类的纺织品，以便在上面点染绘画，增加装饰美。故而梁朝的江淹有“纨扇如团月，出自机中素”之句。

昔日北京豪门中的太太、小姐以及梨园里的坤伶多喜用团扇。北京崇文门外花市的绢花作坊，每年夏季必集中人力、物力制作大批团扇，以供市场需求。其所制团扇，分素扇、字扇、画扇三种。字扇与画扇，是将成批普通素扇“过行”给画匠或写字匠，雇他们在扇面上书写唐诗、宋词，彩绘花鸟鱼虫。至于素扇，上面虽无字画，但都是工精料细的上等品。扇柄以象牙或沉香木为之，柄端系有小巧玲珑的翡翠或玛瑙雕成的“扇坠儿”，价格昂贵，专门卖与有钱人。

北京人喜用的折扇，又称聚骨扇或聚头扇，它本是外国的贡品。苏东坡记载说：“高丽白松扇，展之广尺余，合之止二指许。”由此可知，折扇大约在北宋时由朝鲜传入我国。明代张东海亦以为折扇贡于东夷，永乐年间盛行于中国。据说折扇传入宫中时为太监所见，觉得此物展开即用，收拢易藏，非常方便，于是纷纷仿制，后逐渐传入民间。清代高士奇的《天禄识余》所载“折叠扇古名聚头扇，仆隶所执，取其便于袖藏，以避高贵之目……今则流行浸广”等语就说明了这点。

久居北京的达官显贵、文人骚客及名优，不仅喜用折扇，而且对扇骨、扇面的选择非常考究。他们经常云集在琉璃厂的韵古斋和荣宝斋，选购扇骨与扇面。

韵古斋所售扇骨，有紫檀、象牙、乌木、棕竹、湘妃竹、毛竹、梅鹿竹、广漆、菠萝漆、嵌金银丝、嵌螺钿等精雅的上品，并时而出售从宫中流出民间的雕有正龙、侧龙、百龙、百鹿、百鸟等极为罕见的老扇骨子。这些价值连城的宝物，皆为清宫造班房御制，所刻鱼龙鸟兽及蝇头细楷，刀法清晰，不失规矩笔意。

荣宝斋出售的扇面，有重金、红金、洒金、块金、发笺、白面、黑面、珊瑚面等。这些质地精良的扇面，价值并不昂贵，但一经配上张大千、溥心畬、陈少梅等著名书画家的水墨丹青，便成了稀世之珍。昔日的荣宝斋，还出售明清两代董其昌、文徵明、米万钟、郑板桥等名家所书的古扇面。据《坚瓠集》记载：“折扇至于挥洒名人翰墨则始于成化间。作伪之徒乃取宋元明初名人手迹入扇，良可哂也。”正因为书画折扇现存最早不过明代中叶，故而董其昌等名家所书的扇面每每被殷实的官宦人家或富商大贾不惜以重金争购。

在折扇上挥洒翰墨并非易事。不但章法很难安排，而且纸面高低不平。明代祝枝山认为在折扇上写字，犹如令舞女在瓦砾堆上跳舞，“环肥燕瘦，终减态耳”。但熟能生巧，一旦掌握了它的特性，加上巧妙的布置，在这小小的天地中就能产生其他形式不能产生的另一番情趣，成为特有的一种艺术形式。那一行长、一行短的特殊章法，加上楷、行、草、隶、篆各体书艺，疏密有致，静雅清丽，犹如满目珠玑，美不胜收。

六月浮瓜

欧阳原功《渔家傲》词咏北京岁时风土，其《六月》云："六月都城偏昼永，辘轳声动浮瓜井……"所谓"浮瓜沉李"，没有吃过井水，没有用辘轳绞冰凉的井水来浸瓜的人，是很难体会这首词的情趣的。北京旧时吃井水，如家中有口好井，现绞出的井水即使在三伏天，也不过临近冰点的三四度的温度。用来浸瓜，浸透之后，吃起来，真如嚼冰咀雪，满口凉甜。

北京出产好瓜。永定门外大红门一带，沙果门外，北面远郊区顺义、沙河等地，旧时都有不少好瓜地，也有不少世代以种瓜为业的好瓜农。先是甜瓜、香瓜上市，后是西瓜上市。《燕京岁时记》所谓："五月下旬，则甜瓜已熟，沿街叫卖，有早金坠、青皮脆、羊角蜜、哈蜜酥、倭瓜瓤、老头儿乐各种。六月初旬，西瓜已登，有三白、黑皮、黄沙瓤、红沙瓤各种。"实际还不只这些品种，如甜瓜中的"灯笼红"、西瓜中的"六道筋"，也都是很好的品种。有一年永定门外大红门一带的瓜农引进广东、台湾地区培育的瓜籽，种出花期早、上市早的“早花西瓜”。个子虽不大，但瓢中种子少，而且只只又甜又沙。现已成为北京西瓜中最好的品种了。

种西瓜最好是沙地，北京四郊这种地很多，瓜农们辛辛苦苦地世代经营。旧时种西瓜是很麻烦的，瓜藤要用沙土逐根压好，施肥一定要用大粪。开花时要养花、人工授粉，一定要按瓜秧逐棵把“根瓜”“梢瓜”留好。瓜长到一定时候，还要用稻草、麦秸编个圈垫好。到瓜熟的时候，瓜地里要搭窝棚，住在里面日夜“看瓜”。有出京剧《打瓜园》，其背景就是这种瓜田、瓜农。看瓜的瓜农一早一晚，搬个小板凳坐在瓜棚前，抽着叶子烟，喝着酸枣茶，和人闲聊着，等着瓜贩子来趸瓜。过路人要吃个瓜，多少给两个小钱，甚至不给钱，叫声“大爷”，道个“劳驾”就可以了，种瓜人和他的瓜同样的沙甜厚道。“斜阳古道卖西瓜”，诗的意境永远是值得思念的。

六月（指农历）里，街头巷尾到处都有卖西瓜的。《燕京岁时记》云：“沿街切卖者如莲瓣、如驼峰，冒暑而行，随地可食，既能清暑，又可解酲。”卖西瓜的有一套切瓜的功夫，也有一套挑瓜的本事。捧过一个来，先看看四周光不光、圆不圆，有没有磕磕碰碰的地方；再看看瓜藤，要碧绿的“活秧”，不要焦黄的“死秧”；再看花蒂处，叫做“收花”，“收花”越小越好；再拍拍弹弹，听听声音，生瓜硬如石块，娄瓜音如败絮，拍上去声音如打足气的篮球便是好瓜。有此水平，便可以赌“打瓜”了。谁还记得此乐呢？

五月旱与六月雨

农历六月是大雨较多的季节，京畿老农谚云："有钱难买五月旱，六月连阴吃饱饭。"五月间苗初出土，雨水一多，嫩苗容易烂死，野草反而易长，所以越旱越好。尤其是五月小麦黄熟，更需要晴好的天气，以便收割、脱粒和晾晒。但到六七月间，三伏炎暑，则雨是越大越好。大雨过后，田里都是水，红太阳又猛照着，高粱、玉米的大绿叶子上都是湿漉漉的水珠。老农扛着锄，钻进庄稼地里，虽然闷热蒸人，但在那肃静的田野中，听着高粱、玉米哗哗啦啦雨后猛长的拔节声，好像听着大地母亲的温馨蜜语一样，止不住心里乐开了花。

北京常年降雨量平均在四五百毫米之间，而三分之二以上的雨是六七月间降落的。几十年前，我在南方结识的一位朋友第一次到北京，正是农历六月底、七月初，赶上那年的雨水特别大，在北京玩了两个星期，天天冒着瓢泼大雨出去逛，弄得十分狼狈。回到南方之后，他逢人便说北京雨水比南方多，不管我怎么解释都没有用，因之我不禁想到苦雨斋主人（周作人）以“苦雨”名斋的原因了。老人生长在“绕屋是芭蕉，一枕万响围”的稽山镜水之间，惯听篷窗雨声，惯走雨中石板路，却并不以为苦。后来定居北京，一下大雨，院中积水流不出去，倒漫进八道湾的书斋中，所以有了“苦雨”的感觉，便以“苦雨”名斋了。

北京伏天，片云可致雨。不但来得快，而且来得猛。“早看东南，晚看西北。”闷热一天，下午两点钟一过，西北天边一丝雨云，凉飙一卷，马上就是乌云滚滚，倾盆大雨来了。这时要赶紧找地方躲雨，不然几分钟内就要淋成“落汤鸡”。旧时单弦演员荣剑尘常唱一个“岔曲”，叫“风雨归舟”，有几句道：“西北天边风雷起，霎时间乌云滚滚黑漫漫……哗啦啦大雨赛个涌泉。”说的就是北京的雨景，的确生动。

在北京上过学的人都该有鲜明的记忆吧，大雨连绵的季节，也正是忙于考学校的时候。20世纪30年代，北大有一年入学考试的作文题是“雨天”。考时正下大雨，一位考生结尾道：“……我来考贵校，适逢此时，适逢此题，真是‘天作之合’。如蒙录取，岂非‘天定良缘’乎？”这一小插曲，至今还没有忘记。

夏虫诗情

常常想起一句话，道是“夏虫不可以语冰”。到了夏天，昆虫不免多起来，虽然有的生命很短暂，但也足以点缀夏景，丰富人间情趣。

经常回响在我的忆念中的，是那嘹亮的蝉鸣。蝉声是特别能打动诗人心扉的。“西陆蝉声唱，南冠客思深。那堪玄鬓影，来对白头吟。”这是一种意境。躺在小小四合院的北屋里，午梦初回，睡眼惺忪，透过窗棂上新糊的冷布，望着荫屋的古槐，这时蝉声正在欢噪，像海潮般冲击着你的耳鼓，这又是一种意境。

北京方言习惯上把蝉叫“知了”。这种东西也怪，特别喜欢炎热，天气越热它叫得越欢。在北京夏天，早上起来，一听有聒耳的蝉声，不用问，今儿个肯定又是一个大热天。

在北京最好的听蝉的地方是在中山公园来今雨轩。盛夏午后，在边上找个座位，泡上一壶茶，往大藤椅上一靠，眯起眼来，你就听吧。这时赤日炎炎，槐影斑斑，不闻私语，但听蝉鸣一股劲儿地向你袭来。音波的海浪，像要把你浮动起来一样。夏日阴晴不定，一个霹雷之后，大雨瓢泼而下，这时蝉声顿歇。那成千上万的知了，似乎一下子都没有了。你不要着急，一会儿工夫，雨过天晴，斜阳照处，槐叶上挂满了闪光的水珠，一弯霓虹挂在端门金黄色的琉璃瓦檐角后的蓝天。这时，突然所有的知了又齐声歌唱了……

知了之外，是蜻蜓。在我到过的地方，似乎不记得有哪一个地方比得上北京的蜻蜓多。盛夏时，只要稍微有点儿雨意，院子里马上便会飞来数不清的蜻蜓，忽而往东，忽而往西，速度极快。北京儿童捉蜻蜓的乐趣，说来绝不亚于捉知了。孩子们在蜻蜓多的时候，可以一大把一大把地捉到（一只手可以拿好多蜻蜓，所以叫一大把）。

蜻蜓之外，我还思念着那小小的萤火虫。“轻罗小扇扑流萤”，如今住在多层高楼中的人，是做梦也梦不到这种缥缈的意境的。小时在京，住在一个树木葱郁的院子里，夏夜乘凉，看着那黑黝黝的树木中，会跳出一个打着小灯笼的一身红的姑娘……

在热得“四脖子汗流”的盛夏，来自西陵（河北易县）和十三陵（北京昌平区）的山区农民挑着蝈蝈儿蜂拥进京，一路叫声聒耳。其价甚廉，购者踊跃，移天籁于家中，精心饲之而昼夜聆其声，为其乐也。满族八旗妇女更有奇特的玩赏方法——空其“花盆鞋”底，将蝈蝈纳其中，使其鸣声与履声相应，如同《周礼》乐章“趋以采齐，行以肆夏”，天趣盎然。

与蝈蝈争鸣的“山老虎”和“呲拉子”，在千家万户的庭院中也有一席之地。“山老虎”的个头儿四倍于蝈蝈儿，肚子大得出奇。因过于肥胖而行动迟缓，在野外老老实实伏在草丛或石罅中，绝不像蝈蝈儿那样欢蹦乱跳。“山老虎”不叫则已，一叫便被捕捉者信手拈来，全无反抗或逃逸的能力，真是徒有虚名。它的叫声亦不似蝈蝈儿的有节奏，但毕竟是天籁，所以亦有人喜爱。

体形像蟋蟀而却大得多的“油葫芦”，其声悠悠，极为悦耳。叫声悠长而节奏鲜明的佳种，称为“十三悠”和“十八悠”，藏于郊野草丛中，不计其数。贩者夜间捕之，以灯光诱其聚于篓中，翌日清晨售之于市。因论“把”出售，故名“抓大篓”。一把十余只，雌雄兼备，雌者喂鸟，雄者撒于院中听叫。

“油葫芦”在夜间长鸣不已，其声如串串银铃，荡漾于花间月下，似山泉叮咚，给人几分凉意，甚至顿生遐心，在朦胧中入梦乡。

蝈蝈儿、“油葫芦”之类的草虫属于普通家庭玩赏听叫的大路货，而家道殷实者则尤喜养“金钟儿”，以聆其优美之声。

“金钟儿”体形略像西瓜子，黑褐色而油光可鉴，雄者阔翅，雌者硕腹，丝状触角长而黑白相间。饲养此虫，须将雌雄共置于瓷罐中，架隔香蒿，喂以毛豆和酸梨。长夜振翅，其声清越，借瓷罐共鸣而音若钟声，故称“金钟儿”。“金钟儿”以产于十三陵者最佳，故贩者吆喝：“十三陵的‘金钟儿’——真好听！”

绝大多数的“穷欢乐”（北京土语，即苦中作乐之意）者无瓷罐饲养“金钟儿”，不能讲究只能将就，取而代之的是破胆瓶、破帽筒，甚至破坛子，虽难登大雅之堂而听叫儿的效果并不逊色。

这真是京华的远梦，夏虫的诗情啊！

炎夏之冰

现在科学发达，有各种制冰的办法。而在一二百年前，在常年不结冰的“南方”，炎热的时候想要得到一点儿冰，那是十分困难的，也可以说是根本不可能的。而在北京，夏天还是可以享用冰之凉爽的。北京四季分明，冬冷夏热，冬天结厚厚的冰，打来藏在冰窖中，夏天正好慢慢地取出来享用，成本低廉，使用方便，真是炎暑的恩物。严辰《忆京都词》注云：

> 冰窖开后，儿童舁卖于市，只须数文钱，购一巨冰，置之室中，顿觉火宅生凉。余尝戏为水晶山，南中无此物也。

北京的冰窖，由来久矣。最早出现于明朝万历年间，至清代颇为发达，是达官显贵和富庶人家夏日特有的享受。到光绪末年出现私人冰窖后，平民百姓才有了享用天然冰的资格，从而解除了炎热带来的诸多烦恼。

德胜门城楼西北隅有东西街道名曰“冰窖口胡同”，此即万历年间兴建的皇家冰窖所在地。此地位于护城河北岸关厢西侧，天然冰窖凡八座，占地数百亩。窖底系石帮石底并以柏木打桩，上层围砌城砖，窖顶嵌盖黄琉璃瓦，窖内无梁无柱，拱形结构，坚实而美观，宽敞而洁净，近似地下宫殿。古代建筑构思之奇巧，至今犹令人叹服！按八卦方位于窖址北侧特修“窖神”庙一间，殿内所供之“窖神”，貌似古画所绘宋末僧人济公，衣衫褴褛，醉眼蒙眬，以其象征穷人的领袖和救星。

满人入主中原后，朝廷除沿用德胜门冰窖外，另在海淀和前门外东珠市口迤北新辟两座官窖。慈禧每年盛夏移居颐和园，则由海淀供冰。送冰的仆役是个“独眼龙”，套冰车之役畜亦为瞎马。该奴仰仗老佛爷的淫威，驾驭冰车横冲直撞，无所顾忌。民间车辆不敢与之对抗，时人讥之曰“瞎人、瞎马、瞎横”。前门外之冰窖，旨在冷藏名贵果品和猪羊供品，以供天坛祭祀之用。

官窖制度极严，所招技工及壮工须经复审，合格者之姓名、住址登记于花名册，发放腰牌后方可进窖劳动。窖门前设辖客木四根、黑红军棍两根，竖立于虎头告牌（上书窑则）之前。触犯窑则者轻则体罚，重则法办。

王爷们建窖储冰，须按法度办事，只有领兵打仗建立汗马功劳者，觐呈皇帝批准后才有资格设窖。因此，清朝统治二百余年，府窖仅六处——恭王府窖、肃王府窖、礼王府窖、庆王府窖、豫王府窖、浚王府窖。其中，地处什刹海前海南沿的恭亲王府窖所储之冰最为干净。

光绪二十七年（1901），清政府与英美等十一国签订了《辛丑条约》后，国库越发空虚，难以支付官窖、府窖所需之经费，遂允许民间经营冰窖。辛亥革命后，民营冰窖空前发展，百姓夏季用冰逐年普遍，而沿街叫卖“冰核儿”之小贩，亦如雨后春笋，与日俱增。

那时，在北京的什刹海、中南海、城外护城河边上，起码有几十处冰窖。入夏把冰窖打开逐日卖冰，供应量十分充足。买冰的最大的主顾是各菜市、鱼行、肉铺、鸡鸭店及各处大小饭庄子。每天一大早，就像现在送牛奶、送报纸的一样，套上一匹骡子拉着的大车，装着整方的冰（一尺多宽、三尺长、厚一尺的冰块，谓之“一方”），来到订冰户的家门口。订的是一方，就留一方，订两方，就留两方，有时也可以临时增减一些。

各个胡同里的住家户，中下层以上者，即好歹有个厨房的家庭，都向冰车子订一块冰。花铜元的时候，大约每五大枚（即十个小铜元，20世纪30年代时约合三分不到）即可买块一尺见方的冰。中小户人家每天送十大枚的冰，便足用矣。一月下来，不过一元五角钱。这样伏天里不但可以天天吃冰镇绿豆汤、冰镇西瓜，而且剩饭、剩菜也可保存，不至于发霉了，真可以说是世界上最为经济、实惠的冷藏方式。

有些没有预订冰的人家，或者没有在冰车子上买到冰，偶有需要，就自己到冰窖去买，也极为方便。走进冰窖门，顿时感到从下到上凉气飕飕。进去给五大枚铜元，便能买一大块冰，比冰车子卖的大一倍。用一根绳子在冰块上拦腰一捆，拖了就跑，冰是滑的，在马路上拖了跑比小车还快。童年买冰的欢乐，真是难以忘怀。

暑滞夏和贴秋膘

夏天，天气炎热，人们胃口不好，饭量减少，北京人习惯叫“滞夏”。夏天食物也容易变质，不易储藏，这样就促使人们在夏天更加注意饮食卫生。

旧时北京人居家过日子，没有什么冰箱空调之类的，虽然天然冰很便宜，但是不是家家都卖，时时都有。而且，即使有，也不能完全保证食品不变质。这样，北京人在夏天就想出另一个办法，这便是尽量吃得清淡些。比方说，老北京人在伏天，第一不买鱼虾之类的东西吃，第二不多买肉吃，第三不买豆腐吃，因为这些都是容易变质的食品。不吃荤腥，不吃豆腐，吃什么呢？大多是吃蔬菜，黄瓜呀、茄子呀、豆角呀、冬瓜呀、小白菜呀，而且喜欢凉拌了吃。

北京人有一种夏天最爱吃的东西，那就是芝麻酱。夏天吃凉拌面，少不了它；拌黄瓜，少不了它；拌粉皮，少不了它。天热，家里懒得做饭，到烧饼铺买几个烧饼，也是芝麻酱烧饼。不然在家中自己烙些芝麻酱饼，蒸点儿芝麻酱花椒盐的花卷，都是很好的夏令食品。我“平生塞北江南”，所到之处再没有一处比北京人那样爱吃芝麻酱的了。

北京谚语说伏天饮食道：“头伏饺子，二伏面，三伏烙饼摊鸡蛋。”这饺子，照老北京的规矩，并不是吃肉馅的，而是要吃素馅的。所谓素馅就是把晒干的菠菜，加小虾米，加五香面儿、精盐，再用上好的小磨香油一拌，这样的馅，才是头伏饺子馅。很清淡，但很精美，吃起来香喷喷的。

暑天一过，转眼秋风渐起，北京最好的季节——秋天到了。《京都风俗志》云：“立秋日，人家亦有丰食者，谓之‘贴秋膘’。”

“贴秋膘”一直是北京人迎秋的盛事，吃什么好呢？在我记忆中，最好莫过于羊肉西葫芦馅的汤面饺了。这是除北京之外，其他地方再也吃不到的美味！

蟋蟀声声秋意浓

中秋节后，气候一天比一天凉起来。树上的蝉声与田野里的蛙声相继消失了，就连蟋蟀也离开了野外的草丛或石罅，悄悄地躲进廊檐下，虽说还在苦吟，但已是凄凄切切的了。

夜寝帐中，梦魇后醒来，再不能寐。忽听得一只蟋蟀仿佛就在卧榻下叫着，那声音缓慢而微弱，远不如乍出生时叫得那样急促而响亮。这使我不禁吟起《诗经·七月》的诗句："七月在野，八月在宇，九月在户，十月蟋蟀入我床下。"是啊，蟋蟀由野而堂是为了避寒，这是候虫向人间发出一岁将暮的信号！

童年的我，与故乡的伙伴们一起捉蟋蟀、斗蟋蟀，是何等的快乐啊！提着小巧的丝笼，迎着灿烂的朝霞，踏着晶莹的露珠，在天坛的草地里、在太庙的松林内、在景山的石坡上、在故宫的朱垣下，到处搜觅可爱的蟋蟀。手被蒺藜划破了，鞋袜被湿漉漉的泥土弄脏了，也在所不顾。

只要捉住一只七八厘重的“蟹壳青”或“江麻头”，便欣喜若狂，并迫不及待地把它们放入“万历章”或“古燕赵子玉”的大斗盆里，屏息凝神，观看一场惊心动魄的“鏖战”。

几十只被放养在庭院花丛中的蟋蟀，夜间得了露水的滋润，欢唱之声不绝于耳。那声音颇像勤快的村妇们争先恐后地拨弄着机杼，尖厉而又急促。母亲笑哈哈地对我说：“促织鸣，懒妇惊。”我不解其意，母亲便解释说：“蟋蟀的别名叫促织，又名趋织或投机，谓其声如急织。立秋女红急，故趋之。懒妇自春而夏，直至秋凉，仍然游手好闲，而御寒之冬衣全无着落，闻候虫急鸣如何不震惊呢？”直至弱冠后，我才悟出：母亲所言，不仅是耻笑懒妇，而且也是启发我珍惜时光，期望我做出一番事业。

另一位像母亲一样关怀我的，便是小学时期的罗老师。她是一位温文尔雅而又博学的女性。有一次我居然在她的语文课上斗起蟋蟀来，一阵“？？”的长鸣把同窗们逗得哄堂大笑。罗老师遂捏着教鞭向我走来，我惴惴不安地忙用双手掩住头，吓出一身涔涔的冷汗。但她并未打我，只是没收了那个镌有“乐战三秋”字样的斗盆，然后讲起号称“蟋蟀相公”的明末奸相马士英的故事。那侃侃的言辞，激昂的声调，如同一声惊雷，终于使我从迷梦中觉醒，脱身于玩物丧志的歧途。

秋风吹来烤肉香

老北京谈起北京富有地方风味的吃食，一数就是一大串：月盛斋的烧羊肉、都一处的烧卖、鲜鱼口的炒肝、天桥的爆肚、虎坊桥的豆汁……而一到秋天和冬天，则以烤肉最相适宜。在北京，往往一家烤肉，飘香十里。肉香夹杂着松烟香，嫩香夹杂着焦香，清香夹杂着浓香，不但在店里吃的香，连在街上走的也垂涎欲滴。

烤肉不是地道的北京土产，是从蒙古传来的。但年头已很久远，早已入了"北京籍"。写于道光二十五年(1845)的《都门杂咏》里就有咏烤牛肉的诗："寒冬烤肉味甚饕，大酒缸前围一遭。"写的就是烤肉的情景。

吃烤肉的方法很特别，不用锅，而用铁箅子。箅子用几十条拇指宽的铁条排列而成，条与条之间留有间隙。如"烤肉宛"的箅子已用了二百多年了。黑糊糊的满是油腻，不用放肉，一烧就冒出浓香来。箅子下放个大火盆，烧松木。肉要选用上好的牛肉或羊肉，切片，煨上酱油、姜汁等，然后把肉堆在烧热的箅子上，撒上大量的葱丝。肉烤得吱吱作响，箅子上冒起浓烟，肉里的汁水蒸流殆尽，肉微微有些糊。这个火候上撒上一把香菜，搅拌均匀，就可以大快朵颐了。

烤肉的吃法和姿势也很特别，讲究站着吃。站还要有个站样——一只脚踏着一条凳，半弓身，一手拿碗，一手拿双尺来长的筷子，围着箅子，边烤边吃。再喝上二两"二锅头"，或者北京的"莲花白"，那美劲儿，甭提了。

吃烤肉，不需要使用珠光宝气的景德镇杯盘，不需要陈列那一百多道满汉全席山珍海味，也不需要高堂华阁，一席动辄千金。吃烤肉使人想起的是草原上那种幕天席地质朴粗犷的风格，甚至是樊哙拔剑劈吃"上彘肩"的豪迈气概。

"燕赵多慷慨悲歌之士"，北京富有地方风味的吃食，不该是一味的香嫩，该有一点儿大漠风沙之气。烤肉正是这样的。

北京两家著名的烤肉馆——后海的"烤肉季"和宣武门的"烤肉宛"，有些年不采用上述那种吃法了，是一大憾事。烤肉若是让别人烤好，放在盘子里让你慢慢嚼，就乏味多了。庆幸的是，听说他们最近已恢复传统吃法，以增加北京的独特风味。海内外的老北京以及久思去北京一游的朋友，我想都会闻之高兴而食虫大动吧！

北京的糖葫芦

一年四季，暑往寒来，只要节令一变，应时食品便立即上市。中秋过后，“郎家园大枣”的叫卖声刚刚销声匿迹，接踵而来的便是那音乐般的冰糖葫芦的叫卖声。

北京人出售糖葫芦的形式分坐商与行商两种。坐商中佼佼者，应属前门大栅栏东口的“九龙斋”。其特点是规模大、品种多、质量好，门脸儿非常宽敞。明净的橱窗里，摆着上千串用山楂、海棠、橘子、葡萄、荸荠、山药、山药豆、黑枣以及山楂中夹带豆沙和瓜子儿等干鲜果品蘸成的糖葫芦。果实新鲜而干净，竹签儿也刮得非常细致，裹在每个果实上的一层匀称的冰糖，晶莹得就像一面小镜子。精明强干的小伙计，穿着蓝布长衫，里面的白色小褂向外翻出半尺来宽的雪白袖口，不时地用一只手掩住耳朵吆喝一声：“刚蘸得的冰糖葫芦，开口胃呀——甜酸冰糖葫芦！”这一阵阵清脆的叫卖声在寒风中荡漾着，招来一批批的主顾。凡是到附近的庆乐、三庆和中和戏院听戏的人，总要买上两三串儿，一边吃着，一边步入戏院的大门。

行商叫卖糖葫芦，大都拿着一个棕色或黑色的筲箕，拱形的提梁上插着一把甩头鹅毛扫子和一副内装三十二根签子的小签筒。这些商贩除沿街叫卖外，还经常出没于浴池、茶馆、饭店或妓院，靠抽签的赌博营利。每只如毛衣针粗细的竹签上所刻的点儿，与每张骨牌上的点儿一模一样，三十二根签子即相当于一副骨牌。主顾下好赌注以后，卖者便开始“叠筒子”。那竹制的签筒并没有底儿，只蒙了一层马尾萝，筒子叠在桌面上，里面的签子便借着萝底的弹性转来转去，发出哗哗的声响，这就等于是洗牌了。既可一人独抽，亦可三四人同时抽，每次只能抽三枝，最后以所抽竹签上点儿的多少决定输赢，此谓之“抽大点儿”。赢者可以白吃糖葫芦，输者自然要白花冤钱。

正月初一至十五，和平门外厂甸庙会上所出售的大糖葫芦，则另有一番特色。百十个山里红用一米多长的荆条串起来，上面蘸满了牙黄色的饴糖，顶端还插着一面三角形的彩色小纸旗，壮观且富有情趣。远远望去，但见千百只大糖葫芦在黑压压的人群上空缓缓地移动着，五彩缤纷的小纸旗轻轻地飘摇着，与那腾空欲飞的各色气球和呼呼作响的风车交织成一幅绚丽多彩的图画，实在好看极了。

十月一，送寒衣

北京的农历十月，一般都是好天气。地还没有上冻，也不算太冷，新棉袄上身，太阳晒在身上暖洋洋的。在郊野，收割了庄稼的土地上，早晚之间，有霜有雾，白刷刷的。到了中午，经太阳一晒，黑土还显得十分湿润。赶上秋末冬初特别暖时，山桃花还偶然会绽开一两个粉红色的花蕾，绰约枝头，称“十月小阳春”。

每逢金秋十月，我就想起往昔北京居民在家门口烧“包袱”、送“寒衣”的旧事。谚云：“十月一，送寒衣。”这种风俗早在明代就有了，刘侗在《帝京景物略》中写得很细致，所谓“识其姓字辈行，如寄书然”等。意思是天气冷了，一家都穿新衣了，也应该给死去的亲人寄点寒衣去。虽然事属迷信，却寄托了怀念亲人深厚、淳朴的感情，对于常人来说，也是无可厚非的。每年到十月初一，迷信的人总预先糊好“寒衣包”“金银锞子包袱”，完全像《帝京景物略》所说的那样。我亦曾替人在“包袱”外面写上地址，某县、某村、某处，写上外祖父、外祖母的称谓、姓氏，另外还要写个小包袱“土地酒资五锭”。这些举动虽自不以为然，但是古人云:“生死亦大矣。”

对于亲人的怀念，究竟用什么方式表示才好呢?想到过去每年“十月一”尚要送送“寒衣”，而今一般则再无此形式，便感到亲人之间似乎凉薄了。

据说在清代，十月一送了寒衣之后，还要颁发历书，由各处书局刻印出售。旧时北京，大小胡同中，常看到有人背一个布包，手中拿着一叠子历书，一边走，一边叫卖:“卖皇历！卖皇历！”叫卖声尖而促。北京过去是比较守旧的，尽管皇上已经退位几十年了，历书也早已不是“钦天监”所颁发的了，可是大家还是叫“皇历”，卖的人也还是喊“卖皇历”。

农历十月到了，旧事远了，回忆上述小事是“衷心藏之，何日忘之”吧。

寒冬话火锅

到了冬天，过去在北京很喜欢吃火锅子。火锅子，江南人叫“暖锅”，实际不如北京的叫法恰当，因为它不单纯是“暖”，的确是生了火的。

铜制的火锅，中间是炉膛火口，四周是容纳菜肴的锅槽，上面是有圆洞的锅盖，正好套在火口上盖锅子。锅子中装好菜肴后，把木炭放在炉子上点燃，从火口放进去，用扇子扇旺炭火。劈劈啪啪的火苗从火口蹿出来，锅子中的菜肴便“吱吱”作响。烧开了，端上桌子，一掀锅盖，正像《老残游记》中写“一品锅”一样，这是“怒发冲冠的海参”，那是“酒色财气的鸭子”，大家便可狼吞虎咽地吃起来了。

火锅是一种非常方便实用的炊具。我不知道最早的发明者是谁。徐凌霄《旧都百话》记道:“锅子之类甚多，有菊花锅子，为肉类与菜蔬及花瓣之大杂烩。整桌酒席，在秋冬间视为要素……此等吃法，乃北方游牧遗风，加以研究进化，而成为特别风味也。”徐氏的话似乎有些道理，总之是在北方寒冷的地方创造出来的。南方有暖锅的历史并不长。光绪时严辰在《忆京都词》注中说到“火锅”时，还说“南中无此风味也”。可见那时还只是北京，或者说北方时兴吃火锅子。

几十年前，北京有一种铺子，叫作“盒子铺”，实际就相当于江南的卤味店、广州的烧腊店，就是卖酱肉、清酱肉、小肚、白肚、熏鸡、肉丸子等熟肉的熟肉铺。因为把这些熟肉切好装在一些花格食盒里，像“什锦拼盘”一样卖给人家，所以叫“盒子铺”。这些熟食统名之曰“盒子菜”。这种铺子，秋冬之际便准备很多只铜火锅，一一装好，可以根据需要一只、两只，甚至更多，送到顾客家中，送时还带好“白汤”。家中偶然来个客人，你去买了，小伙计给你送来，点燃木炭，把火扇旺。锅子开了，端到桌上，说声“回见”，走了，明天再来收家伙，你好意思不给两个赏钱吗？

一般锅子里装的是肉丸子、龙口细粉，酸白菜垫底；上面铺白肉，叫“白肉锅子”；铺白鸡、白肚片、白肉曰“三白锅子”；铺清酱肉（也叫“卤肉”）、熏鱼、猪腰花等曰“什锦锅子”；铺海参、卤肉、鸡蛋等曰“三鲜锅子”；至于“菊花锅子”，那便是把白菊花瓣加入“三鲜锅子”的汤中，那更是清香绝顶，是饮食肴馔中的艺术品了。

风雪大酒缸

老舍先生的《骆驼祥子》中，有一段“大酒缸”的描写。写一个风雪寒夜，一个年老拉洋车的车夫和孙子闯到一家小酒铺中取暖的悲惨景象。几十年前在北京这种酒铺是很多的，不同于江南的像《孔乙己》中所描绘的“咸亨酒店”。每家这样的小铺里，都有两三口盖着红油漆盖子的装酒的大缸，俗话都叫“大酒缸”。虽然正式名称也有，如什么“和益公酒铺”之类的，但是大家都不叫，习惯叫它的俗名。

这种铺子一般都是一间门面，有两三副座位，有个柜台，柜台后有两三口酒缸，也有的大酒缸的木盖就是桌子。店中人很少，掌柜兼账房先生在里面卖酒，再有一个小徒弟或内掌柜相帮照料就可以了。夏天，门口挂个竹帘子。冬天，当地生个煤球炉子，又烧开水又取暖，门口挂个夹板棉门帘子，一撩帘子就是一团夹着酒气的热气扑到你脸上。在北国的风雪寒夜中，这种小铺是各种各样街头劳动者的“避风港”。夹着大棉袄，一撩帘子闯了进来，把手中的钱往柜台上一放，说道：“掌柜的，来两个酒，一包花生米。”酒和一包花生米买好，便到边上的桌子旁坐下，边和熟人说话，边饮起来。这是干了一天活之后的一点点儿人生的享受——可怜的一点儿享受。有的索性一包花生米也不买，买一个酒，一口喝了就走。因为他们回去还有别的事要干，没有时间坐在大酒缸边上慢慢地咀嚼那几粒花生米。

这种酒店卖酒都是用提子从酒缸中提，用一种很粗的瓷碗盛酒。小提一提一两，倒入粗瓷碗中，谓之“一个酒”；两提二两，谓之“两个酒”。两个酒喝完了，尚未过酒瘾，便拿空碗到柜台上再买两个。一般喝“两个酒”就差不多了，如喝“四个酒”那就是大量了。因为大酒缸卖的酒都是烧酒，即“干榨白酒”，又称“白干”。那里从来不卖黄酒、药酒（如五加皮、竹叶青等）。至于洋酒，什么威士忌、白兰地等，更是听也没有听说过。一个酒下肚，就热乎乎的，照当年的说法，就是“多穿了一件小皮袄”了。北国天寒，全仗它挡挡寒气啊！

在风雪之夜，北风呼啸的马路上，或者胡同拐角处，远远地望见有个透出红红灯光的小铺，那就是大酒缸。去吧，那里有温暖，进去买个酒吃吧！

围炉夜话

读《艺风堂友朋书札》，有几句道："光阴荏苒，又届围炉，诸同人必有佳集，酒酣耳热时，尚道及远人否？翘首燕云，不胜黯然。"这封信是陆宝忠在湖南学台任上写给在北京的缪荃孙的。陆与缪同是光绪丙子年（1876）进士。他在湖南想到昔时在都门时，每到冬天，友朋们围炉闲话，十分热闹，而自己此时却远在南天，所以"翘首燕云，不胜黯然"了。

围炉最好是晚饭以后，以炉子为中心，团团而坐，沏上一壶好香片，买上一大包落花生，边吃、边喝、边烤火、边谈、边笑，海阔天空，不拘形式。炉子上坐上一壶水，渐渐炉火越来越旺，越来越红，壶中的水吱吱地响着。这时不必开灯，尽可坐在暗中，炉中的红火照在顶棚上，形成一个很圆的、很朦胧的红色光晕，也照得炉边的人脸通红。这时谈兴更浓，谈锋更健。谈人生、谈哲理、谈艺术、谈轶事奇闻，固然很好；谈生意、谈金钱、谈柴米油盐、谈儿女情长、谈身边琐事，也无伤大雅。谈到忘情处，窗外呼呼的北风声、远处荒村的犬吠声、深巷缥缈的叫卖声、夜归人偶然的喊叫声，都隔绝在外面，这里只剩下温暖、友谊和欢声笑语。这样的围炉，是令人终生难忘的啊！

李越缦于咸丰九年（1859）十月二十七日记云：

> 寒甚，拥炉与叔子谈终日，夜与叔子围炉续话。三更，叔子招吃粳米粥，以瀹卜、生菜佐之，颇有风味。

《鲁迅日记》1912年11月8日记云：

> 又购一小白泥炉，炽炭少许，置室中，时时看之，颇忘旅人之苦。

这二位都是绍兴人，都是曾经常住在北京的。两则日记前后相差五十多年，都写到了北京冬日围炉夜话的情趣。把这两则日记并在一起看，是十分有意思的，由此可以想见这二位学人当年的风度。

翘首燕云，又届围炉之期，系以《忆江南》小词一首，以寄万里之思吧。词云：

京华忆，最忆是围炉。
老屋风寒深似梦，
纸窗暖意记如酥，
天外念吾庐。

冰床乐事

北京孩子们冬天常在冰上玩，玩的方式很多，其中有一种叫“冰床”。

冰床以木为之，长方形如床状，长约五尺，宽约三尺，无栏杆，可乘三四人，床腿嵌铁条，便于冰上行驶。行驶时，冰床主人在前牵绳，滑行甚速，故又名“拖床”。床主急行数步后，腾身跃坐床沿，借助惯性，冰床行驶如故。这一动作，身手矫捷，漂亮至极。乘客坐在冰床上，如置身水晶宫，目爽神怡。更有富裕之家，将冰床多具连在一起，驰走如飞，人在其上高歌畅饮，其乐陶陶。

北京城区的水域集中于西半部，所谓“三海”的中海、北海、南海，属于宫廷禁地，冬季虽有冰床，但非平民百姓可以享用。唯有什刹海、后海、积水潭平民始能问津。自什刹海银锭桥，经后海到积水潭汇通祠前，常有神采飞扬的玩童驰骋冰上。当时北京城墙之外有护城河，冬日乘冰床行驶更觉开心。护城河河道较宽，玩冰床可代步，兼供嬉游，一举两得。那时，交通不便，行人苦于跋涉，各城门都有赶驴脚夫，为客人代步。入冬河水结冰，则可乘冰床。由东直门去通州，可顺护城河入通惠河直达。中间经过五道闸口，每过闸口须另换乘冰床，因各段各有专人经营，不得任意破例。清人李朴园（光庭）有咏冰床诗云：

几日城隅水泛凫，坚冰似镜已平铺。
设来行榻如舟稳，看彼飞舆越蹇趋。
抵闸忽惊当路虎，移床幸遇在梁狐。
芒刺冻折绳牵断，赚得囊钱酒半壶。

其中“抵闸忽惊当路虎”一语，指当时每闸冰床各有专人管理，不得随意逾越。

清末，慈禧太后耽于游乐，城内三海和城外昆明湖都设有冰床。其用料之考究、饰物之华美，远远超过民间冰床。太后或帝妃等乘坐，由太监牵绳。有时还赏赐年老功高的王公大臣乘坐，以示优待。未经恩赏而私自在三海和昆明湖乘坐冰床者，则要受到严厉的惩处。

腊月京城有鲜花

鲜花，一向是北京人的爱物。从清静的宅门到人声鼎沸的大杂院，从布置典雅的华居到破烂不堪的陋室，一年四季皆有鲜花可看，春夏秋冬皆有绿叶可瞧。

北京人爱鲜花、养鲜花之历史由来久矣。明代刘侗、于奕正合著之《帝京景物略》即有“都人卖花担，每辰千百，散入都门”的大段记载。有清以来，崇文门外之花市、东庙隆福寺集、西庙护国寺集，相继形成规模庞大的鲜花市场，生意四季兴隆，蔚为大观。

京城地处北方，早年冬季奇寒，且多风沙，对都市人生活威胁极大。凡久居京城者，无不苦寒，更苦风沙，于是将对春的企盼之情，寄托在岁首开放的鲜花上。在案头摆一盆水仙、迎春或腊梅，任凭外面风狂雪肆，室内却争奇斗艳、香满襟袖，一派春意盎然。

来自浙江、福建等地的水仙，必须经过北京西南郊区黄土岗花农的熏制加工，方能花叶并茂。虽说费了很多周折，但价钱极便宜。因其价廉，故家家户户皆购数株置于玲珑古雅的瓷盆或紫砂盆中，与那翡翠似的叶子、白玉般的花朵相映成趣。缕缕幽香，令人心骨皆清，顿生飘飘神仙气。

迎春花以早春花先子叶开放而名。经花农巧手修剪后，嫩枝丛生，花团环拱，灿如黄金，香细而清。北京人喜其“迎春”之名，且花期较长，能自腊月陆续开至翌年二月，故皆争购之以点缀年景。善养迎春之家，深谙修剪之术，精心护理老干令其矮而粗壮，使千枝万叶皆从老干旁逸斜出，状如圆伞，俟花盛开后，望之似金塔，其绝妙功夫，则使花农相形见绌也。

在冷洞子中培育出来的腊梅尤受青睐。此种岁首鲜花经花农精心养护、艺术剪裁，老干横生、盘根错节，以自然古朴、清秀淡雅见胜。其花以疏落为佳，娇艳玲珑，朵朵可数。以泥盆栽之，外面尚需有五彩细瓷套盆，则更见其典雅。套盆皆明清两代官窑所出，以“八骏图”“暗八仙”“喜鹊登梅”等吉祥图案者为上品，价值高于梅花数十倍。二者相得益彰，更增逸兴。碧桃比腊梅更为娇艳，其花色红白兼有，花瓣重叠，百媚欲流，望之醉眼。

穷人们点缀陋室春色，另有一套极省钱甚至不花钱的办法。喜看青葱绿叶，则以清水泡盘儿麦子或蒜瓣儿，并用红纸条拦腰一围，自有催人奋发的勃勃生气。想看鲜花，则种几棵“死不了”，碧绿的小碎叶，粉红的小碎花，那浓浓的春意，一发便不可收拾。

早在元朝，北京就有了花木业，历明清数百年，一直很兴旺。有名的花乡十八村，位于北京南郊丰台一带。这里得天独厚，酸性沙质土壤，溶肥渗水，适于花木生长，因此出现了很多花农。

北京一年有四五个月温度偏低，花农就创建了“花洞子”，类似于现在的温室。严冬季节，室外天寒地冻，室内温暖如春，照样培育鲜花。众多花农各有所长，各有绝招，互相竞争，争奇斗艳，促进了花卉品种的增加和质量提高。赵家楼村的牡丹，能控制在春节时开花，而这时的温度一般在摄氏零下十五度上下。樊家村吕家专养黄月季，开花早，花型好，香味浓，技压群芳。潘家庙村庞家，挖沟种植玉兰三百六十株，上建高大玻璃棚，玉兰长到三丈余，直径六七寸，为华北独有。当时只有广东有这样高大的玉兰。庞家玉兰花开时，一挑插花五六十斤，每斤卖银洋六元。

花乡十八村花木业的兴盛，与北京是几百年的国都有着直接关系。首先，皇宫中需要大量名花异草。慈禧太后喜爱佛手，大太监李莲英常亲自到以培植佛手著名的马家楼村卢家选购，有时一次买几十斤，一斤价值白银五两。皇亲国戚、达官显宦、富商大贾聚集京都，逢年过节、婚丧嫁娶、喜庆寿宴、送礼行贿，都不惜重金购买名贵花卉。过春节，不仅要买单株的梅花盆景，还要买松、竹、梅同植于一盆的“岁寒三友”和玉兰、迎春、牡丹合植于一盆的“玉堂春富贵”；过中秋节，要买桂花；婚嫁要买石榴，取“榴开百子”、人丁兴旺之意；办丧事者，要买用松柏枝和白色花朵扎成的“松鹤”“松鹿”之类，后来则改为花圈。

清末民初，清朝的遗老遗少赏花之兴不减当年，雄厚的家底足够满足他们的闲情雅趣。北洋政府的官僚、军阀，附庸风雅，购买名花亦不惜重金。在北京居住的外国人逐渐增多，花农适应其爱好，培植郁金香、石竹等外国花草，或扎成花篮、花束，卖给花厂子，供外国人选购。崇文门因地处东交民巷附近，这种洋花厂子有六七家之多。

很多商店也需要鲜花。北方人喜欢喝花茶，茶店大量收购茉莉花、玉兰花、玉簪花熏制茉莉花茶。中药店收购芍药、枇杷叶、藿香等鲜药材。糕点店收购鲜玫瑰花制作玫瑰饼。

市民为装饰房间、点缀庭院，购花木者也不少，尤以石榴、菊花、水仙、月季、夜来香、晚香玉销量为大。花贩沿街叫卖，古城四处飘香。

北京的腊月，天气最冷。谚云：“腊七儿，腊八儿，冻死寒鸦儿；腊八儿，腊九儿，冻死小狗儿；腊九儿，腊十儿，冻死小人儿。”可是，就在这寒风刺骨、滴水成冰的季节里，在花儿市、隆福寺、护国寺、土地庙等庙会上，以及大街店铺、中小巷深院里，随处可见鲜花。

每年一到腊月十五，那些来自花木之乡的花农们便纷纷挑着花担拥进城里，或集中于庙会集市，或走街串巷，争先恐后地叫卖各种鲜花。

花农的花担两头各是一个用荆条编成的圆柱形大筐，内壁糊有两层高丽纸，筐底中间放有炭炉，筐口上覆有穹隆形的筐盖儿。如此严实而温暖的简易设备，足可以保护各种娇嫩的鲜花免受风寒的袭击。

虽说是寒冬腊月，但那鲜花的品种比起春、夏、秋三季却更为丰富多彩。打开筐盖儿，一股炭火的热气扑在脸上，暖烘烘的，热气中融合着馥郁的花香，钻入襟袖，沁人心脾。俯视筐中，映入眼帘的有腊梅、碧桃、迎春、瑞香、佛手、香橼、水仙、海棠、子孙石榴、子孙葡萄等各种奇花异草，碧枝翠叶，姹紫嫣红，令人目迷五色，心旷神怡。子孙石榴与子孙葡萄象征着多子多福，老人们盼望人丁兴旺，子孙满堂，都喜欢买一两盆，摆在八仙桌或几案上，终日笑眯眯地望着那些坠弯了纤细枝丫的石榴与葡萄珠儿，憧憬着美好的未来。

在这些名贵的鲜花中，瑞香最受人欢迎。此花是世界名花，也是我国传统名花。《楚辞》称之为“露申”，民间称之为山梦花、千里香、雪冻花。之所以名为瑞香，源于宋代《清异录》中记载的一段神话故事。故事的大意是：庐山一老僧于庙后石凳上入定，境中闻花香浓郁，欣然而起，若有所悟，便于四周枯草中寻觅，竟得翠叶香花一株，欣然移植盆中，供于佛前，名之曰“睡香”。未几，春节至，而花香不减，敬佛者益多，四方奇之，咸谓老佛所赐，乃一年祥瑞之兆，遂易名“瑞香”。宋代诗人王十朋《瑞香花》:“真是花中瑞，本朝名始闻。江南一梦后，天下仰清茶”写的就是这个故事。

市井闲趣

shijing xianqu

旧京庙会

旧时北京的庙会各有会期，每十天中逢“三”是宣武门外土地庙庙会，逢“四”是哈达门外花儿市庙会，逢“五”、逢“六”是阜成门白塔寺庙会，逢“七”、逢“八”是定阜大街护国寺庙会，逢“九”、逢“十”是东四牌楼隆福寺庙会。每到这些个日子里，这些庙中便百货云集，百戏杂陈，游人如蚁，拥挤不堪了。京都《竹枝词》云：“逢期庙会顾盼兮，三十六行色色齐，若遇人丛挨挤处，留神扒手窃东西。”

庙会是一种很古老的贸易方式。北宋汴京的大相国寺、南宋杭州的昭庆寺，都是有名的庙会之地。北京的庙会，在明代最热闹的是都城隍庙。明人《燕都游览志》记载：“庙市者，以市于城西之都城隍庙而名也。西至庙，东至刑部街，亘三里许，大略与灯市（即东城灯市口）同，在每月以初一、十五、二十五开市，较多灯市一日耳。”当年西单旧刑部街西城隍庙的热闹情况，前人记载极多。

不但珍奇货物样样都有，而且还有外国客商，所谓“碧眼胡商，漂洋番客，腰缠百万，列肆高谈”（见明人笔记《谈径》），可以想见那时庙会的热闹了。一直到清初康熙时，都城隍庙的会期才停止，移到报国寺、慈仁寺，就是王渔洋、朱竹垞等诗人常去的地方。等到康熙末年，隆福寺、护国寺等大庙会就都有了。这在康雍时人柴桑的《燕京杂记》中，就有清楚的记载了。

庙会上的买卖，大都是租赁庙中的房屋、地段，固定设摊。如某家布摊、某家靴帽、某家服药、某家梨膏糖，这次会期在这里设摊，下次仍旧在这里摆，甚至几十年都不换地方，常逛庙会的人找起来是十分方便的。这些摆摊子的人，一个庙的会期结束后，再去赶另一个庙期。如初八护国寺庙会一结束，小商贩当晚便用排子车把货物拉到隆福寺设摊，好做初九的买卖。赶庙会是一种较特殊的买卖，说它是坐商，却又不停地搬家；说它是行商，却又有固定的地方。庙会没有夜市，做的都是白天的买卖。在北京，热闹的庙会前后存在了足有五百多年吧。

民间花会琐谈

古老的北京城，庙宇梵宫星罗棋布，佛事活动四季频繁，几乎每隔半月便有一次庙会。因此，与庙会息息相关的民间花会，也日趋发展起来。其组织之严密，技艺之高超，影响之深远，均值得一谈。

民间花会源远流长，早自汉代即有之，彼时称作“百戏”，宋元时称“社火”，其活动内容多为高跷、旱船、秧歌、舞狮等。南宋范成大对它的评价是：“不可悉记，大抵以滑稽取笑。”清代以来，由于统治阶级及八旗庶民皆迷信神佛，从而使民间诸般花会披上了一层浓厚的佛教色彩。尤其进入晚清后，由于慈禧太后的赏识与推崇，京城内外的民间花会组织不断扩大，种类逐年增加，技艺日臻高超，影响日趋深远。迄今有些会种，依然活跃在北京乃至全国诸多城镇乡村。

绚烂多彩的民间花会，旧京谓之“走会”或“过会”。因其从会首家出发，前往寺庙朝顶进香，总要穿街过巷，边走边练，故曰“走”或“过”。凡名刹开放之日即走会之日，如正月初二广安门外五显财神庙祭财神，三月初三东便门里太平宫王母娘娘蟠桃圣会，四月十八日妙峰山碧霞元君诞辰，五月初十宣武门外都城隍庙城隍出巡，六月二十四日崇文门外关王庙祀关（云长）老爷磨刀，七月十五日中元节什刹海广化寺盂兰盆会，等等。届期各花会云集于山门内外，歌之舞之，极一时之盛。

花会中的领袖曰“会首”，内部人则称之为“把儿头”或“大督管”，非德高望重、有钱有闲者，莫敢就其位。辅佐会首主持会务者谓之“前引”，一般由两位谙于会规、巧舌如簧、精明干练的中年人充任。会中之成员，统称为“会友”，均系五行八作中的穷苦劳动者与虔诚的佛教徒。

凡愿参加某档花会者，首先熟习并承认其会规，由充当中人（即介绍人）的老会友口传心授。其条目甚多，诸如“心有神佛，勿生邪念”“笼箱自带，茶饭不扰”“善事多行，莫与人争”，等等，不一而足。这些带着神秘与迷信色彩的会规，是促使众多会友团结共事的一条纽带。其人际关系就像梁山好汉那样，“八方共域，异姓一家……心情肝胆，忠诚信义并无差”。

旧京民间花会，有文武之分，文会不表演任何技艺，其宗旨只是虔诚地为寺庙神佛奉献供品，并为各路香客热情而无偿地服务。每届大庙会之期，文会还须先行一步，在通向山门的各条道路上高搭席棚，并设方桌、条凳、炉灶、茶具等物，以备众香客及武会之友休息兼饮茶进食之用。

文会的成员，绝大多数都是有一技之长的手艺人。这些虔诚的佛教徒，平素各操其业，自食其力，每遇庙期走会，便暂停营业，心甘情愿地服从本会大督管的调遣，挑一副沉甸甸的“笼子”，内装供品及服务所需之品，步行一二十里土路，乃至三四十里山道。一身臭汗，两脚血泡，却分文不取，毫厘不要，且满面春风，毫无怨艾。对佛的一片虔诚，可见一斑。

文会名目繁多，诸如专为佛献四季鲜花的“献花老会”（多由丰台花农组成），为佛敬献高香的“盘香老会”，为佛敬献月饼与蜜供的“供碗老会”，为沿途所设茶棚贡献茶叶的“茶叶老会”，为沿途所设饭棚贡献食品的“馒头老会”，为茶棚、饭棚盘炉砌灶的“巧炉老会”（皆由炉匠组成），为沿途各棚帐提供夜间照明所用蜡烛或油灯的“燃灯老会”，为男女香客义务修鞋的“缝绽老会”（皆由皮匠组成），此外还有负责搭建席棚并捐献苇席、杉篙的“拜席老会”（皆由棚铺匠人组成），以及“献盐老会”“粥茶老会”“绳络老会”“修路老会”，等等，不胜枚举。之所以皆名之曰“老会”，盖言其历史悠久且受“皇封”也。

庙会期间，各种文会所搭之席棚鳞次栉比，一面面绣着“某某老会”黑字的三角形杏黄旗高挑于半空中，被徐来的清风吹得飘飘悠悠，与次第而来的一档档武会及三步一叩首的还愿香客构成一幅富于神秘色彩的立体画卷。当金乌西坠、夜幕降临之时，席棚中纷纷点起红烛或陶质的香油灯盏，一束束昏黄的光线从席棚的缝隙透出来，与天际的月光星斗遥相辉映，加以从庙中传来的阵阵鼓磬之声和散自棚内的袅袅香烟，往往把人带到对极乐世界的美妙冥想中去。

文会每年糜费颇巨，会首尽管会因此而倾家荡产亦毫不心疼，此等“无我”之精神恰恰符合佛教的本意。

文会是各大庙会的慷慨赞助者与热情的组织者，但最能烘托庙会气氛的则非武会莫属。旧京大小武会近百种，而最常见且必不可少者，仅十余种而已。

每次走会，居首位者曰“开路”（亦称耍钢叉或舞钢叉），演练时钢叉上下翻腾，左右旋转，银光四射，响声哗然，大有逢山开路、不可阻挡的雄浑气势。

紧随其后的是“五虎棍”，以勇猛、火暴见长，表演赵匡胤与董家五虎搏斗的故事。因其师承不同又有“少林棍”“跟斗棍”“五路打虎”及“藤牌少林棍”之别。

继之是“高跷”。那十四副八十五厘米高的杉木腿子谓之“辖客木”，象征着山门前拦路的木栅。踩跷者个个披红挂绿，浓施粉黛，分别扮演渔樵、村妇、文武扇等人物，频击锣鼓，尽情戏逗，翻滚跳跃，无一闪失。

步“高跷”之后尘者，乃为“中幡”。凡练中幡之会友，皆彪形大汉。其幡高两丈，面料为红缎，上绣“晃动乾坤定太平”七个黑缎字，系于碗口粗的竹竿上，顶部缀以串串铜铃及筒状花伞，总重约四十斤。此物象征庙前之幡杆。按空门旧规，庙前幡杆平素只有木杆耸立，诵经有所“悟”时，立即挂幡于杆上，以告四方。表演中幡时，总以扔得高、立得稳为准则。尤其是路经牌楼时，必须竭力将中幡扔向半空中，使其逾越牌楼而落下。表演者跑过牌楼后，以肩部或肘部承接；偶有以前额承接者，则更为精彩；至于以双手承接，虽美名曰“怀中抱月”，然实属下乘也。正因其难，故旧京有“中幡怕过牌楼”之俚语。

中幡之后是“狮子会”。此会所要之狮子以“太狮”（即大狮子）为主，“少狮”为辅。太狮是娘娘庙山门前左右一对石狮子的象征。旧京狮子会以朝阳门外东坝的“大坝马房堡子北门金铃祖狮”最负盛名。这对自清代乾隆年间传下来的青、黄太狮，造型雄伟、凶猛，舞动起来精神抖擞，粗犷有力，节奏明快。这对狮子出动时，各路狮子都要闭目颔首，匍匐在地，为其让路，因此而受皇封。

列于狮子会之后者，依次是“双石头”、“石锁”、“杠子”、“花坛”、“吵子”、“杠箱”、“天平”（又名“莲花落”或“什不闲”）、“神胆”（即大鼓）。十三档花会排列有序，旌旗迎风招展，锣鼓响彻云天，绵延数里。

京城处处扭秧歌

最近几年，北京街头出现一种新景观：成群结队的中老年妇女身着彩衣，浓施粉黛，于清晨或黄昏，占据街头宽敞地带大扭特扭秧歌，为本已极度喧嚣的城市再添几分热闹。

如今北京妇女所扭之秧歌，系由清代之“地秧歌”演变而来。原始之地秧歌，是一种时令性极强的民间花会，随妙峰山等处各大庙会而出演，且皆由男性装扮成头陀、渔翁、渔婆、樵夫、农夫、傻公子、傻公子老婆以及文扇、武扇（手中持折扇）、俊鼓（小生扮相击鼓）、旦锣（青衣扮相打锣）等十余个角色，以俚歌小曲、诙谐对话、幽默动作表演八仙或梁祝等的故事。

秧歌在各大庙宇山门前演出时，内容分“堆山子”“走场”“别篱笆”“逗场”“演唱”五部分。它的舞蹈动作是根据头陀的几套基本动作演变成六十四个套路，节奏明快，强弱对比鲜明，动作幅度大，刚劲沉稳，给人以粗犷有力之感。并吸收了戏曲表演技巧，讲究手、眼、身、法、步的协调与统一，具有鲜明独特的风格。

地秧歌作为一种载歌载舞的民间花会，其独特的艺术风格曾对北京人，尤其是儿童产生了极大影响。清顺治进士施闰章《愚山先生诗集·灯夕口号诗》曰:“秧歌椎击惹闲愁，乱簇儿童戏未休。见说寻常歌舞竞，大头和尚满街游。”并自注云:“都下儿童，竞唱秧歌，击椎相应，又扮大头和尚为戏。”诗中大头和尚者，即“大头和尚度柳翠”之神话故事:王母瑶池仙女柳翠思凡下界，罗汉度其重上天宫。故事记载，最早见于南宋西湖老人《西湖老人繁胜录》。

自清初至民国期间，北京城内及郊区表演地秧歌的花会组织凡二十余档，其资格最老者当数朝阳区弘寺地秧歌老会，迄今已有二百多年历史，素享盛名，可谓鲁殿灵光。以其资深而技艺高超，并有推陈出新之改良举措，遂于1986年北京地区龙潭杯民间花会大赛中荣获优胜奖。

自改革开放以来，内地数以几十万计的妇女从不同工作岗位退休后，既无动荡之忧，又无凋敝之患，于是选择与自身文化素质相近之娱乐方式，求长寿之道。于是一支又一支的大小秧歌队，如雨后春笋般相继涌现，乃至形成京城一大景观。

更令人欣慰的是，京城一切秧歌队的所有女性，皆一改昔日腼腆之故态，能在群众围观且指手画脚、品头论足的纷乱环境中旁若无人地翩翩起舞，确实达到了佛教“无我”“无畏”的境界，也真是一种莫可名状的享受。

闲话踩高跷

小时候在北京，我十分爱看“高跷”。腊月里、正月里，四郊农民一二十人扮上角色，一堂锣鼓丝竹，踏上高跷，扭扭摆摆进城串街走巷表演。北京人家一般都关着大门过日子，听见外面的锣鼓丝竹声，是什么呢？孩子们最好奇，打开大门一看，哦，踩高跷的过来了。进来玩玩吧，一个一个弯着腰，低着头，高抬脚，迈过门槛，从大门洞进来。孩子们好奇又惊讶地看着他们，觉得大门洞对他们来说太低了。看着他们，孩子们觉得自己更小了，真像小人国的人遇到大人国的人。

高跷能玩些什么呢？“大头和尚戏柳翠”“小二格赶驴”“傻公子上京”“渔樵耕读四时乐”，等等。高跷只能摇摇摆摆地走着表演，而且走的是一定步伐。领头的是大头和尚，手里敲着木头梆子，随走随敲。表演的人按照他敲的快慢来扭着走，手上再做一些动作，如扮小媳妇的，一手贴着腰，一手甩着手绢；扮小二格的，摇着赶驴的鞭子。表演时走的路线有走圆圈、走拗花（如大写两个英文字母“S”交叉)、走四门斗（四角对穿走三角），等等。

踩高跷的人休息时更好玩，既不能站立不动，又不能坐，必须靠在墙上或窗户边站着。只见靠在窗户边站着的大头和尚，把木梆夹在腋下，把头套推上去挂在头上，掏出烟袋、烟荷包、打火镰，悠闲地抽烟。我出神地看着他，但他并不注意我。他哪里想到他那瞬间的神态，会给我留下永久的印象呢?

高跷是秧歌的一种。《京都风俗志》云:“秧歌以数人扮头陀、渔翁、樵夫、渔婆、公子等相，配以腰鼓手锣，足皆登竖木，谓之高脚秧歌。”

《定县秧歌选绪论》也说:“北平唱秧歌的人，脚底下绑上三四尺高的木棍，叫做踏高跷脚。”这种形式，在清初就十分普遍了。这种古老的带有泥土气的玩意儿，给孩子们的欢乐，可以说超过了梅兰芳的《天女散花》。

骑毛驴逛白云观

骑小毛驴逛白云观，是北京人正月里的一件乐事。白云观正月初一开庙，初八顺星和十八会神仙是两大高潮。整个正月里，白云观摊贩林立，仕女云集，成了一个大型庙会。当时，进入正月的宣武门门洞旁，便出现一些来自农村的赶毛驴的，每人牵小毛驴三五头，伫立街头，等候主顾。笔者与友人曾各雇得小毛驴一头，前往白云观。

将钱给赶毛驴者后，即给你一条鞭子。骑上毛驴，无须多劳，小毛驴即直奔白云观而去。到了观门，照例将鞭子往鞍座上一插，那小毛驴不待我们指挥，便又自行奔返原出发地点去了。这样的“自动化”，从未听说出过任何差错。手续简便，较今日之“的士”别有一番风味。

入白云观，总要“打金钱眼”。白云观的山门外有一风桥，桥下是干地，桥洞中一老道闭目静坐，终日不吃不喝。桥洞前悬一硬纸做的大钱，直径盈尺，中间钱眼径四寸许，内挂一铜铃。香客游人求子嗣、求福，便以硬币向金钱眼中投掷。据说，能投入者即可如愿，入而又能掷中老道者更是多子多福。如身无硬币，桥旁即有道士专门负责兑换，可谓“道亦有道”矣。

白云观建于唐代开元十年（722），已有一千二百多年的历史。初名天长观，金泰和三年（1203）改为太极宫，元太祖二十二年（1227）改名长春宫，成为供奉道教全真派七真之一邱处机之圣地。邱死后葬在那里，被追谥为长春真人。明正统八年（1443），长春宫改名为白云观，沿用至今。每至正月十九，都人“致浆祠人，游冶纷沓，走马蒲博，谓之燕九节”。“相传是日，真人必来，或化缙绅，或化游士冶女，或乞丐。故羽士百千，结圆松下，冀幸一遇之”。这是会神仙的由来。清人得硕亭的《草珠一串》中有“才遇元宵未数天，白云观里会神仙。沿途多少真人降，个个真人只要钱”之句。

白云观是北京最大的道观，也是全国最著名的道观之一，观貌庄严，比江西龙虎山天师府的玉清金阙还绚丽宽敞。全观有六进大殿，依次为大雄宝殿，供昊天大帝；灵官殿，供马魁胜、赵公明、温琼、岳飞四元帅，康熙间改祀关帝，仍称灵官殿；七真殿，供道教全真派教祖王重阳的七位高徒，即马钰、谭处端、刘处玄、邱处机、王处一、郝大通、孙不二（女）等；老律堂，供太上老君李耳；丘祖殿，供长春真人邱处机塑像，邱像传为元代雕塑大师刘元所塑，殿下埋真人遗蜕，道家称此殿为“龙门祖庭”；

再后是三清殿，供元始天尊、灵宝天尊、道德天尊三神祇；最后一进是星宿殿，又名星神殿，塑有全部星宿神像。正月初八那天，天尚未明，就有人来争烧第一炷香。一时人如潮涌，烟雾弥漫。香客进入大殿，便由左至右往下数，如你是五十岁，便数到第五十位神像，那便是你的值年星宿，于是顶香膜拜，以求保一年的平安顺遂，此谓之“顺星”。

雍和宫“打鬼”

北京雍和宫过去有“打鬼”的传统。何谓“打鬼”？其正名曰“跳布扎”。这是蒙古语，是“驱魔散祟”的意思。是黄教喇嘛特有的宗教乐舞，是极为隆重的宗教大典。清代雍和宫跳布扎时，皇帝要亲临观礼或派王公大臣参加。

跳布扎，各喇嘛庙均有此活动。《燕京岁时记》云：“打鬼本西域佛法，并非怪异，即古者九门观傩之遗风，亦所以攘除不祥也。每至打鬼，各喇嘛僧等，扮演诸天神将，以驱逐邪魔，都人观者甚众，有万人空巷之风。朝廷重佛法，特遣一散逸大臣以临之，亦圣人朝服阼阶之命意。打鬼日期，黄寺十五日，黑寺二十三日，雍和宫在三十日。”据说一年三百六十五日天天都有喇嘛庙跳布扎。辛亥革命后，因经费无措等多种原因，北京只有雍和宫一家跳布扎了。跳布扎时，喇嘛们戴着奇形怪状、狰狞可怖的面具，穿着五颜六色的各式服装，在鼓乐和诵经声中翩翩起舞，场面庄严热烈。

雍和宫跳布扎在天王殿前广场，分三天举行。正月二十九日早晨开始叫“演鬼”（相当于剧场排练）。三十日从中午开始“打鬼”。二月初一凡参加跳布扎的喇嘛，绕雍和宫一周，叫“绕寺”。如正月是“小月”，则提前一天。

跳布扎共分十三场，第一场“跳白鬼”，第二场“跳黑鬼”，第三场“跳螺神”，第四场“跳蝶仙”。黑白鬼戴骷髅面具，一个衣白，一个衣黑；螺神面具是狰狞的笑脸，头上扣一个螺虎，穿绣花长袍；蝶仙也是笑脸，两耳似蝴蝶翅膀，穿绣花紧身宽袖衣裙。白鬼还斜挎一个盛满白粉子的布袋。刚开始时，白鬼往观众身上撒白粉子，叫“撒煞气”。撒到谁身上，一年衰气，观众自然退后，场子就腾出来，所以又叫“净坛”。

第五场“跳金刚”，第六场“跳星神”，第七场“跳天王”，第八场“跳护法神”，第九场“跳白救度”，第十场“跳绿救度”。这些金刚、星神、天王，都是释迦牟尼派来擒拿魔王的，其面目更是狰狞可怖，很多是三只眼，服装也更加鲜艳。

第十一场“跳弥勒”，俗称“捉鬼”。上场共七个弥勒，一大六小。大弥勒穿黄绣花大袍。在弥勒出场后，变为梅花鹿的魔王出场了，这时所有的金刚、星神又都出场了，围着梅花鹿舞起来，场上气氛达到高潮。在弥勒佛法力的威慑下，众星神、金刚把梅花鹿捆起来，魔王被擒住了。

第十二场“斩鬼”。魔王现了原形，是个一尺多长的面人，被钉在三角钵里。大弥勒将一把金光闪闪的月牙斧交给金刚。金刚用大斧把魔王的头砍下来——祸国殃民的魔王被消灭了。

第十三场“送祟”。斩杀魔王之后，从此天下太平，庆祝胜利，一年一度的跳布扎活动就此结束。

荷花市场拉洋片

记得昔时在北京，夏天逛荷花市场，看拉洋片真是饶有兴趣。暑假到什刹海玩，是由太平仓、西皇城根、西不压桥绕过去的，一走完乐家花园北墙根，不远就到了。在大柳阴下，远远的就先听到一种声音：咚咚锵——咚咚锵——这是什么呢？这是老太太和十来岁的儿童最爱看的玩意儿——拉洋片。

今天，家家都有电视机，看电影也很平常，自然没有人再提“拉洋片”了。但是在旧时，那还是非常吸引人的玩意儿。

> 咚咚锵——咚咚锵——看了一片又一片。哎，来到了十里洋场上海滩，你看那呜儿地一声汽车屁股直冒烟；再看那一片杭州景，西湖上桃红柳绿三月天……
>
> 咚咚锵——咚咚锵——再来看这一片，那吴

佩孚大战阎锡山，娘子关前迫击炮，轰轰、轰轰
打上个没有完，眼看着阎老西儿玩儿完……
咚咚锵——咚咚锵……

那时，我坐在板凳前，趴在那个木箱子边，一只眼睁着从那个装有凹凸玻璃的洞眼贪婪地看着，听着那唱口汉子一边使劲儿地拉着锣鼓架，一边沙哑着喉咙唱着。我出神地张望里面放大了的彩色图片，仿佛真到了上海、杭州，真看到了吴佩孚、阎锡山。有的在“洋片”上还装了小灯泡，一拉动，那神奇的上海大马路洋楼上的电灯，真会“哗”一下都亮起来，太好玩了……

拉洋片正名叫“西洋景”，到现在还有“拆穿西洋景”的说法。因画片上有西湖的景致，所以也叫“西湖景”。一架像钢琴般大的彩画箱子，用架子架起来。后面吊着八到十张大画片，前面有四个装有凹凸玻璃的洞眼，放下一张画片，即可从洞中张望到。箱子边上还装着锣鼓架，拉绳和片子连在一起，一拉，锣鼓有节奏地敲响，片子也吊起一张，演唱人按次序拉动演唱。旁观者看到上面的片子，产生了兴趣，再坐下来看放大了的图片。

拉洋片之所以十分好玩，除了景儿好，还在于演唱人的精气神和滑稽有趣的唱词。演唱的调子虽基本一样，但各人有各自编的唱词。北京拉洋片的也出过名人，天桥“八大怪”之一的“大金牙”就是载誉京华的拉洋片艺人。

他的箱子大，片子大，都是庚子以来的时事片，唱词也很吸引人，所以成为拉洋片演出界的闻人。

北京民间杂戏

旧京民间杂戏最能吸引人者，是起源很早的耍猴儿与耍耗子。

耍猴儿即古代沐猴戏，起源于南朝陈代。《陈书·始兴王叔陵》云："归坐斋中，或自执斧斤为沐猴百戏。"清代《燕京岁时记》叙述颇详："耍猴儿者，木箱内藏有羽帽乌纱，猴儿自启箱，戴而坐之……其余扶犁跑马，均能听人指挥。"

旧京耍猴者大都为两人合作，一人背木箱与猴并敲锣招揽观者；一人牵狗与山羊，择宽敞处拉开场子，先将一铁橛子于地，令猴儿坐其上，俟观众围拢后即行表演。猴子伴随着节奏鲜明的锣声，又翻筋斗又竖蜻蜓，露出那红得像火焰的猴屁股，逗得观众哈哈大笑。顽童们则纷纷高喊："猴儿屁股着火喽！"围观者愈发大笑不止，于是招来更多人围观。

艺人相机变化锣声以为命令，猴遂打开木箱。听罢主人“打开柜来掀开箱，装一个三关杨六郎”一句唱词，即取一顶小纱帽戴在头上，坐于橛上闪目环视观众；主人接着唱“杨六郎回到三关上，装个坐殿的赵乾王”，猴即开箱换戴小王帽；主人再接着唱“赵乾王回到中军帐，装一个倒坐南衙的包丞相”，猴儿即又换上画着包公脸谱的面具，表情变化多端，憨态可掬；最后唱到“什么样的官儿都不怕，就怕衙门里的活阎王”，那猴儿便戴起一个“纬帘”（清代差役的官帽），并瞪着眼睛怒视观众，颇似凶相毕露的酷吏。

继而是狗钻圈儿，羊拉车。猴儿坐在车上，挥鞭赶羊，狗随车行，转圈儿表演。猴儿忽而跳到羊背上翻筋斗，忽而跳到狗背上倒立，表演已达高潮，掌声四起。最后便是猴与主人一块向观众打钱。钱若打得不多，猴儿便跳上主人肩膀假装耳语，主人心领神会，假托猴儿的意思，再次向观众敛钱。

耍耗子即古代之鼠戏。《燕京岁时记》云：“京师谓鼠为耗子。耍耗子者，木箱之上，缚以横架，将小鼠调熟，有汲水、钻铁圈之技，均以锣鼓声为起止。”这段记录，失之过简。

耍耗子为单人表演，所驯皆小巧白鼠或花鼠。横架上设有楼、塔、瓜、桃、木鱼、木桶、秋千、转轮、软梯等模型，油饰得五颜六色。十余只小鼠分放于木匣中，轮流表演，各有所长，随着指挥棒（一尺长的竹棍儿）听着口令，绝对服从，且无半点差错。

艺人口念“白猿偷桃”，小鼠即沿软梯而上钻入桃瓢；再念“状元祭塔”，另一小鼠即钻进塔腹；念“吕洞宾三上岳阳楼”，又一只小鼠即爬进楼中；喝一声“姜太公钓鱼”，即有小鼠应声倒挂于横梁上，以前爪倒抓木鱼之线，往复做垂钓之姿；再喝一声“李三娘打水”，便有小鼠以前爪提木桶出井口……待“戏完讨赏”一声令下，群鼠依次顺梯而下，纷纷拱手而立，以示讨赏。观者无不笑逐颜开，掷钱激赏。

古拙的民间玩具

现代北京的儿童，吃得好喝得好穿得好，就连手中的玩具，也比几十年前的“土玩意儿”洋得多、阔得多。人类在前进，社会在发展，玩具自然也随之而革新。老年间的儿童玩具，虽说土得掉渣儿，却有新式玩具不可替代的古拙之气和文化蕴涵，且富于浓厚的人情味儿。

土玩意儿的发明者和制造者们，大都名不见经传，但都是读“无字书”的状元。贫穷使他们过早地步入社会，在坎坷的人生道路上饱尝酸甜苦辣，于是便把喜怒哀乐的思想与感情寄托于雕虫小技，设计并制作种种儿童玩具，自娱而又卖钱——“面人郎”如此，“泥人张”如此，“风筝哈”如此，曹雪芹的后裔“毛猴儿曹”亦如此。

北京城过去的土玩意儿多如牛毛——泥捏的、木刻的、纸糊的、草编的、线缠的、竹削的、铜铸的、皮蒙的、毛栽的、玻璃吹的，无奇不有，且不乏栩栩如生者，故有“小玩意儿赛活的”之说。

大宗的泥捏玩具，在市场上占绝对优势。泥捏的小人儿、兔儿爷、脸谱儿，造型美观，彩画生动，其情态或笑或哭，或慈祥或狰狞，或面目可憎或憨态可掬。那些长于泥塑的民间艺人，没进过工艺美术的高等学府，更无雕塑家的称号，他们住在穷街陋巷，过着粗茶淡饭的清苦日子，却用最纯洁的艺术美化着人们的生活。

木刻的玩具，除了击之清脆有声的小梆子、小木鱼外，更多的则是冷兵器时代的刀、枪、剑、戟、斧、钺、钩、叉等十八般兵器，与武林中所使用的真家伙毫无二致，只是缩小了尺寸，并添上了优美的油漆彩画。男孩子每每争购之而爱不释手，并常凑在一起“兵刃相见”，个个冒充英雄好汉，颇有尚武精神。“战斗”激烈时，那木制的兵器往往折断，因为心疼或怕回家挨打，遂一扫英雄本色，哭天抹泪，不欢而散。

纸糊并彩画的关公、张飞、孙悟空、猪八戒等面具，囊括了京剧所有的脸谱，在相继开放的庙会上集中出售。面具摊是娃娃们的乐园，摊主则是娃娃们的启蒙老师，朝代顺序、人物名号、戏剧常识，均在交易过程中自然而然地传播，娃娃们因此而兴致勃勃。

黄铜铸造的福、禄、寿、喜、财诸神像，以及犀牛、骏马、梅花鹿等象征吉祥的动物造型玩具，皆中空而高不盈寸，且线条清晰而流畅，与其说是儿童玩具，不如说是精美的工艺品。就其巧夺天工的艺术手法而言，理应登上大雅之堂，但只横七竖八地散放于地摊上，任孩子们挑选。

用马莲或蒲草编织的青蛙、螃蟹、蝈蝈等小动物，形象逼真，嵌入红小豆当眼睛，更加活泼可爱，并散发着青草的香气。其古拙的味道，尤为突出。

敲糖锣与捏面人

几十年前，古城北京最能招引儿童的声音是“打糖锣”的响器声。这种小贩，肩挑一副担子，前面是一纸糊的半人多高的小阁子，挂着木制的小型刀、枪、剑、戟之类的玩具，还有风筝、万花筒、彩匣和各种纸糊的花脸面具如孙悟空、猪八戒、张飞、李逵等。挑子后面是糖块儿、杏干、山里红、酸枣、桂花缸烙、糖薄脆、茯苓饼、泡泡糖等深受孩子们欢迎的小食品。

一些打糖锣的肩挑货担，不走大街，专串小巷，足迹几乎遍及四城的小胡同儿。至于每一个打糖锣的，则往往有自己一定的路线，到时候准来。有些孩子一到钟点儿，就盼着“当当”的糖锣声了。

还有一种民间艺人，俗称“捏面人儿的”。面人儿是把江米（即糯米）磨成面，再把面和水揉软，用颜料调成五颜六色，通过艺人的巧手，捏成各种古装戏曲中的人物角色。如《三国演义》中的刘、关、张;《西游记》中的唐僧、孙猴子、猪八戒、沙和尚；京剧《定军山》里的黄忠、《长坂坡》里的赵云等。他们身披各色铠甲，背扎四面靠旗，手执刀枪，威风凛凛，酷似戏曲舞台上的大将。这些民间艺术家往往是在街头巷尾当众表演，许多大小观众将他们包围起来，欣赏他们的绝技。其中最著名的当属“面人郎”和“面人汤”了。

“面人郎”姓郎名绍安，高鼻梁，一双深凹的眼睛，是满族旗人。十二岁那年，他在庙会上看到一位赵师傅捏面人，便爱上了这门手艺，就天天守着赵师傅。赵师傅渴了，郎绍安给他端茶；赵师傅被太阳晒了，郎绍安给他挪地方。就这样，赵师傅收下了这个徒弟，教他捏面人的手艺。赵师傅叫赵阔明，是当时有名的面塑艺人，人称“面人赵”，又称“面人大王”，活了八十一岁。

郎绍安的杰作，有孙悟空、吕布、达摩、嫦娥等，还有整出戏《二进宫》《三顾茅庐》《将相和》等，人物一个个栩栩如生，生气勃勃。郎绍安没有文化，为了捏好《二进宫》这出戏，他省下钱来专门买票去看戏。他想捏一匹斑马，还特地到动物园去数斑马身上的斑纹。他最熟悉社会底层生活，最爱捏三百六十行的形象。像锔碗的、推车卖菜的、卖大小金鱼的、算卦的、要饭的、拉洋片的、卖风筝的……我见过他捏的“剃头”的面人：一个剃头匠手里举着把剃刀，正在给人剃光头。顾客围着块大白布，低着头，剃头挑子上有个脸盆架，架子上还飘着手巾呢！我还见过他捏的“打糖锣”的面人：小贩挑的担子只有半个火柴盒大小，摆上了三个假面具——孙悟空、关云长，还有《女起解》里的崇公道。每个都只有黄豆大，可是捏得惟妙惟肖。正因为这样，所以很多人点名要他捏三百六十行。

听说有一次，一位女顾客要郎绍安按照自己的形象捏个面人，他便当众捏了起来。不到半个时辰，一个穿着翻毛皮大衣、踩着高跟鞋的女人就呈现在观众面前了——与那位女顾客形神毕肖，而且她戴着戒指的手还举着大糖葫芦、空竹、风筝、气球，一看就知道这是刚从厂甸回来的游人。不仅那位女顾客分外满意，连声道谢，围观者亦无不称绝。

1929年，郎绍安在北京目睹过孙中山先生的出殡仪式。前后六十四杠，还有大小篷车。出殡的队伍前面走到西四大街，后面还在西直门。后来他就凭记忆捏出了这样一个场面宏大、人物众多的出殡仪式。这是我所见过的面人艺术中最杰出的作品了。

还有一种“吹糖人”的艺人，他们能用麦芽糖饴（就是糖稀）吹出各种人物。色彩虽然是一色驼黄，不若面人那样绚丽，却别具特色。他们吹制的“耗子（老鼠）偷油”“猴拉稀”“黄鼠狼拉鸡”“鹬蚌相争”等动物造型颇能引起儿童们的兴趣。如“耗子偷油”，一只老鼠俯身向下，贪婪地望着坛内的香油，垂涎欲滴之神情姿态惟妙惟肖。

糖人既是糖稀吹成，当然也可以吃。不少顽皮的儿童往往在欣赏了老鼠、猴子之后把它们一口吞掉。不过，吹糖人的已把糖饴一再吹捏，孩子们把它吃掉，确是很不卫生的事。

据说“面人郎”“面人汤”的后裔们又将祖传技艺发扬光大，博得了国外人士的赞誉！

“鬃人儿”与“毛猴儿”

北京的鬃人儿，是清朝末年兴起的一种民间玩具。因其历史不长，故在记述北京岁时风物的古籍中均无记载。

所谓鬃人儿，是民间玩具艺人根据京剧和皮影戏创造的一种能够舞动的人物造型。其骨架用猪鬃扎成圆锥状，头部为彩塑，骨架外面套上五颜六色的古典服装，手持兵器或团扇等物，并按照戏曲演员“亮相”架势或“小车会”人物的舞蹈动作制成各种姿势的塑像，可谓集京剧脸谱和戏剧服装于一身。

一套鬃人儿数量的多少，取决于戏剧或花会中主要角色的人数。例如一套《三岔口》的鬃人儿，只有店主刘利华和任堂惠。将这两个鬃人儿置于铜盘内，以木棍敲铜盘，人物借着猪鬃的弹性，立即挥起兵器舞动，一招一势，攻防分明，逗得围观者忍俊不禁，故有“铜盘好戏”之称。

民国初年在隆福寺、护国寺、白塔寺等庙会上出售的鬃人儿，其服装系用纸剪成，所绘花纹简单而粗犷。至第二代传人王汉卿，改用绢、绸、缎裁制服装，并对彩绘刻意求工。近期的王氏传人白大成，对旧工艺作进一步革新，将鬃人儿圆锥体的底部改为双脚或单脚（另一脚悬空），并根据力学原理使猪鬃的排列顺序和方向富于变化。这种运用新工艺制作出来的鬃人儿，受震后舞动得更加灵巧，已成为国际玩具市场的畅销货。

北京的毛猴儿，比鬃人儿的资格老得多。这种古朴的民间玩意儿，小巧玲珑，生动活泼，给人一种强烈的幽默感。它是用“辛夷”“蝉蜕”“木通”这三种药材做成的人格化的小猴儿。辛夷一名“木笔”，为木兰科木兰属落叶乔木，入药用其未开之花蕾。《本草衍义》谓“辛夷花未开时，苞上有毛，尖长如笔”。用它做猴儿的躯干，颇为相似。用蝉蜕的口器和节肢两部分做猴头与四肢，极相像。至于木通，入药切成薄片后即卷成圆锥状，用其做毛猴儿的草帽或雨伞，都很得当。

这种传统的北京民间工艺，内容丰富多彩，既表现了老北京人的日常生活，又反映了拜年、祝寿、堂会、娶亲、出殡、踏青等风俗与韵事。

毛猴儿论组出售，每组少则两三个，多则十几个乃至数十个，粘在纸板上或置于玻璃罩内。毛猴儿做工精细且价钱便宜，无论男女老少都喜把玩而不忍释手。

春意盎然小金鱼儿

北京人养金鱼，始于1190年金章宗修鱼藻池，迄今已有近八百年历史。上自官宦人家、贵胄大贾，下至布衣百姓，无不喜在鱼桌、泥盆或玻璃缸中蓄养几尾金鱼。闲暇时观赏，既可消遣解闷，又可颐养精神。

位于天坛北侧的金鱼池，即金章宗所建鱼藻池之故址，其地方圆数百亩，乃中国金鱼之摇篮。开春以后冰雪消融，水绿而鱼红，映日结队争游，将碧水荡起层层涟漪。那盎然的春意，虽丹青妙手而难以绘出，唯身临其境方能领略个中诗情画意。

杂居池畔的鱼把式，春日之劳作，决定着他们一年收益的多寡。除井然有序地准备繁殖仔鱼外，纷纷挑起古拙的鱼挑子，散入京城六街三市，高声吆喝：“卖大小——小金鱼来！”这抑扬顿挫的卖货声，将春天的消息传递给千家万户，为古城描画出浓艳的春色。

金鱼商贩一副柳木高梁多格鱼盆挑在肩上，走街串巷，不时地吆喝着：“卖大小——小金鱼来！蛤蟆骨朵（即蝌蚪）大田螺来！”男女老幼只要一听到这富有春意的叫卖声，便兴冲冲地跨出大门，将鱼挑子团团围住。或选购几条五颜六色的金鱼；或挑几个蠕蠕而动的大田螺；或买一小盆黑黑的蛤蟆骨朵，仿佛广州人喝活蛇胆一般，一仰脖儿便咕嘟进肚里去了，那味道于苦涩中夹带着土腥气，据说可以清眼、败火、解瘟毒。痴心的父母爱子心切，每遇金鱼挑子过街，必然张罗着给孩子们买些蛤蟆骨朵喝。胆小的孩子把黑糊糊的活物送到嘴边时，往往因疑虑而踌躇，甚至被吓得哇哇大哭起来。

金鱼挑子前后的两个木盆里，各用薄木板截成四至六个扇面形的小格儿，分别放有红、橙、紫、蓝、墨、古铜、银白、五花等各色金鱼。其品种有鹅头、虎头、龙睛、丹凤、玳瑁、珍珠鳞以及水泡眼等，皆因其形似而名之。更有异种者，系曾国藩玄孙所开“知乐鱼庄”的老把式经多年杂交培育而成。在这些极其珍贵的品种中，白而朱其额者曰鹤珠，朱而白其脊者曰银鞍，朱脊而有七枚白点者曰七星，白脊而有八条朱纹者曰八卦。此外，尚有金目、银目、双环、四尾之属，奇特而多变，卖者每每昂其值，待价而沽。

北京人饲养金鱼，选择容器亦非常考究。小条金鱼一般放入玻璃盎或玻璃瓶中，转侧其影，大小俄忽，殊可一观。大条金鱼则置于庭院中的雕有龙头的泥质鱼盆或“鳝鱼青”陶质缸中。阳春时节，明媚的阳光透过清澈的水面，把鱼儿的倩影映在盆底。八九尾五色斑斓的金鱼摆弄着肥胖的头身与发达的尾鳍翕张而游，影随鱼动，似与主人相乐。忽然，一阵清风徐来，几片桃花飘落于水面，惊动了满盆金鱼，纷至沓来，吞吐落英，呷呷有声，或沉或浮，戏弄不已，真是趣味盎然，令人乐而忘忧。

以鱼桌养金鱼，多见于殷实人家。桌架以花梨、紫檀或红木为之。桌面及四围镶嵌玻璃与天然彩色光泽的螺钿，常年置于客厅，宾主坐在鱼桌四面的绣墩上，品茗兼观鱼，赏心悦目。

每年霜降后至翌年清明前，是小金鱼儿冬眠阶段，须将其置于室内阴暗处，不投饵料，亦不换水，使其静静地趴在盆底上，维持基础代谢，即可安全越冬。清明节后三四日，地气上升阳盛而阴衰，此时之金鱼爱好者皆像农民不违农时一样，将金鱼移到室外，谓之“出盆”。出盆后的小金鱼，沐浴着和煦的阳光，呼吸着骀荡的春风，吞噬着鲜红的鱼虫，不消数日光景，那冬眠时呆若木鸡的状态遂逐渐消逝。观其畅游之情景，恰似柳宗元《小石潭记》所云“往来翕忽”而“皆若空游无所依”。鱼乐，人更乐——鱼乐春光，人乐观鱼，其乐无穷。而乐天知命，恬淡不慕荣华富贵，恰是长寿之道也。

老北京人悟出饲养金鱼之三昧者，不乏其人。小小的鱼儿并不像猫狗那样尚能以简单的鸣叫与主人交流感情，其舒服、欢乐或是痛苦之情态，只赖其游姿及色彩之变化来表达，即使受创伤而疼死，也是默默无声。这似乎是懦弱无能，实则是一种美德。它全身心地给人们以美妙的精神享受，一旦受到各种戕害，绝不像猫狗那样露出凶恶的獠牙和铁钩般的爪子。正因如此，诸多确有道德修养的正人君子越发青睐可爱的小金鱼儿。人人喜爱，家家喜爱，中国人喜爱，外国人亦喜爱，盖因它象征着平和与吉祥，盖因它点缀并美化着人类的春天。

鸟　趣

老北京人的生活自古以来就是丰富多彩的，一年四季除操持正业外，总不忘玩乐，而且讲究玩出水平，乐得痛快。就拿养鸟迷来说，十之八九因入迷而精通，因精通而自得其乐，因自得其乐而长寿。

老北京鸟迷是一支庞大的男士队伍。各府王爷、朝廷重臣、文苑名士，乃至贩夫走卒无所不包，古稀老翁、壮年大汉、翩翩少年，乃至黄口小儿无所不有。这成千上万的鸟迷连同他们各有绝唱的小鸟以及来历不凡的种种鸟具，也为北京的文化宝库蕴蓄了一串串灿烂的明珠。

鸟迷们所精心饲养的小鸟，可分为鸣叫、观赏、技艺、狩猎四大类。鸣叫类如百灵、红子，观赏类如鹦鹉、靛颏儿，技艺类如扑雕、交嘴，狩猎类如黄鹰、伯劳。其中，以鸣叫类最为普遍，最富乐趣，最受鸟迷青睐。而迷醉于鸣叫类之鸟者，因其身份不同而各异。一般而言，文人多喜养百灵，无须天天遛鸟亦鸣叫不已；即使遛之，亦不必摆动笼子。武夫则多喜养画眉，不仅每日须起早遛鸟，而且要腆着胸脯迈着黄瓜架的步子将笼子摆动起来，透出十足的尚武精神。此即俗谓“文百灵武画眉”者是也。

鸟迷们地位差异虽大，但只要提着鸟笼一路同行或坐在茶馆里，便“肩膀齐是弟兄”。彼此畅谈养鸟之道，气氛活跃而祥和，感情丰富而真挚，绝无高低贵贱之分。

既然是鸟迷，便对所养之鸟无不视为掌上明珠。鸟迷中之富人，为“架”过来他人一只好鸟或一堂名罐儿，花五六百块大洋在所不惜，鸟一旦死亡或失盗，其忧愤之情如丧考妣；鸟迷中之穷人，宁肯自己挨饿也不能给鸟断食，宁可将破家典当一空，也绝不轻易撒手笼中之鸟。更有长年累月与鸟为伴而终身不娶者，虽不可思议，实则不乏其人。

鸟具的考究，是鸟迷们的另一精神寄托。笼子讲究合竹（竹皮相合）细条，工精而美观；笼钩讲究铜银合金，出自首饰楼，光泽而柔润，经久不生锈斑；鸟杠讲究红木或金星乌木，华丽而显富贵气质；盖板儿（笼顶上之圆铜片）讲究精雕细刻吉祥图案，古色古香，耐人寻味；鸟食罐讲究薄胎细瓷、彩色纯正、画工精美之官窑出品。这“一提溜”（鸟迷用语，提的意思），从上到下、从里到外金碧辉煌，皆能工巧匠之杰作，凡得之者无不格外宝之以图争奇争胜。

老北京的鸟迷们无一好睡懒觉者。当一般人还在梦乡时，他们已然提着鸟笼穿街过巷闲步十余里，并不约而同地聚会于茶馆，各自沏上一壶小叶茶，一来歇歇腿儿，二来互相听听鸟叫，或彼此欣赏一会儿对方的鸟具。天天如此，月月如此，年年如此。

清晨的茶馆，既是人的乐园，又是鸟的乐园。茶桌上、屋檐下、窗户前，入眼皆是鸟笼，入耳均为鸟鸣。黄鸟的“七字炸”、红子的“腔腔音”、百灵的“家雀噪林”、画眉的“学小孩器”、蓝靛颏的“鸳鸯音”……种种妙啭之音，此起彼伏，争鸣不已。鸟乐不已，主人更乐而不已。于是借着兴头儿，互相谈谈茶经，论论鸟道，让让鼻烟，叙叙家常，诉诉苦衷，聊聊新闻。无论相识者与不相识者，多年的老友还是初交，只要是养鸟者，相见总是满面春风，有一股发自内心的亲热劲儿。

深谙鸟道的茶客，在众人中享有极高的威信。茶馆掌柜为图赢利，更对其百般奉承，见面必点头哈腰，开言必称“某某爷”。凡精于鸟道者，其所养红子、百灵等鸟不仅有好音儿，而且全是“套子活”。就百灵而言，以能叫“十三套”者为上品，其顺序依次是：家雀噪林、山喜鹊、红子、公鸡打鸣、母鸡下蛋、胡肖、小燕、小猫、家喜鹊、鹞鹰、靛颏蕊儿、苇柞子、黄鸟套、画眉络儿与胡伯劳交尾儿。无论模仿哪一种鸟叫，均有一系列变化之音调，故曰“套”和“套子活”。

每年春秋雨季，茶馆掌柜均以花笺红封请帖邀请养有套子活鸟者莅临茶馆，轮流主持“串套”，为众人所养之一般鸟“押音”（亦称“押口”）。串套前三日，茶馆门口即贴出大红告示，如同戏院门前的海报一般，以工工整整的楷书写明日期、被邀请者姓名以及鸟之品种。届时，鸟迷纷至沓来，茶馆内外座无虚席，每人面前一个鸟笼、一壶香茶，既给各自的小鸟押音，又可同时大饱耳福。平素人声鼎沸的茶馆，此时此刻竟无敢喧哗者。无论老少皆静心细听每一套叫音的内容与微妙的变化，咀嚼其中的韵味，从羽族世界中撷取人间生活的温馨。

鸟迷若获得一只成套鸣叫的好鸟，真比得个儿子或孙子还高兴。“君子勿夺人之美”这句古训，对鸟迷来说无丝毫约束力。只要看到或听到别人有好鸟，就必须出高价求购。对方倘若爱不释手，则亦必多方求助朋友从中说和，并慷慨解囊请对方及说和者下馆子吃饭。花二三百块大洋弄一只好鸟，对老北京的鸟迷们来说，实为寻常之事。

空中音乐——鸽哨

曹禺先生的名著《北京人》中有一句台词道：“鸽子飞起来了没有？”配合着一只鸽子道具，后台效果中的鸽哨声响起，布景上窗外的蓝天、白云，使观众似乎是回到北京的古老的四合院中了。当然，如果要使北京味儿更足一些，这句台词还可以这样说：“鸽子‘起盘儿’了吗？”老北京玩鸽子的把“飞起来”叫做“起盘儿”。因为养的鸽子起飞之后，总是先绕着一个大圆圈盘旋着飞，所以叫作“起盘”。当然在戏中也不能完全用北京的土语或养鸽子的术语，因为这些历史上的方言和术语，不但外地人、外国人听不懂，即使今天的北京人，也不见得完全能懂。

北京人玩鸽子讲究上“谱”，即叫得出名堂。《北京人》戏中奶妈送来鸽子，大少爷说：“还是个‘短嘴’呢！”因是上谱的名种，自然十分看重了。这些名目繁多的鸽子哪里来的呢？一句话，都是配种配的。这中间包含着“优生学”“遗传学”“胚胎学”“育种学”等知识，不要轻看玩鸽子，这里面有大学问呢。

鸽子是和平的象征，世界上玩鸽子的国家很多，但多养信鸽。照北京人的办法玩鸽子的是不多的。北京人玩鸽子，简单说有三点，即看毛色、玩品种，看“起盘儿”、赏飞翔，讲“哨子”、品声音。

“起盘儿”如何玩呢？就是每天一早，打开巢门，赶鸽子起飞。鸽子飞在空中是很恋群的，一巢鸽子不会飞散，总是绕着自己巢的所在地，一圈又一圈地忽高忽低地盘旋。鸽子的主人，这时站在古老的四合院中，背抄着手，高仰着脸，望着自己心爱的鸽子在碧蓝高爽的天空中，在朵朵白云下面盘旋飞翔，怡然自得。

单纯飞翔还不够意思，还把管状竹哨子、银哨系在鸽子尾部。飞翔之际，借着风吹，呜呜作响，名叫“壶芦”，又叫“哨子”。

北京养鸽爱好者成千上万，而养鸽系哨者，十之八九。每日清晨或傍晚放鸽飞翔时，阵阵美妙的哨音在空中回荡，令人迷醉。

鸽哨起源甚古，屈指算来已逾千年矣。北宋诗人梅尧臣在其五律《野鸽》中云：“谁借风铃响，朝朝声不休。”与梅尧臣同时代的词人张先亦有“晴鸽试铃风力软”之句。南宋诗人范成大黎明即起，以听户外打更、诵经、鸽哨声为乐，曾有七绝曰：“巷南敲板报残更，街北弹丝行诵经。已被两人惊梦醒，谁家风鸽斗鸣铃。”

有清以来，玩乐之风日炽，鸽哨亦然。光绪年间，富察敦崇在其所撰《燕京岁时记》中云：“凡放鸽之时，必以竹哨缀之于尾上，谓之壶芦，又谓之哨子。壶芦有大小之分，哨子有三联、五联、十三星、十一眼、双筒、截口、众星捧月之别。盘旋之际，响彻云霄，五音皆备，真可以悦性陶情。”

北京的养鸽之家，鸽哨讲究品类繁多，质地精良。更有炫奇斗富者不惜重金搜罗稀世绝品，因而促使鸽哨艺人推陈出新、百花齐放，精选苇、竹、葫芦、匏、银杏壳、荔枝壳、莲子壳乃至虬角、象牙等材料，制造出名曰“四筒”“五联”“五排”“九星”“三十五眼”“梅花七星”“众星捧月”等千姿百态的鸽哨，以供养鸽者聆其音色之悠扬，或观其造型之优美。

鸽子大小与体力有别，佩系鸽哨亦不同。易驯而善飞的“点子”每每佩系以“众星捧月”的大葫芦，体型小巧的“黑玉翅”则佩系轻便的“二筒”或“三联”。北京养家称一群鸽子为“一盘儿”，百余只者曰“大盘儿”，五六十只者曰“中盘儿”，二三十只者曰“小盘儿”。盘儿的规模不同，佩系鸽哨的数量亦有别。一般而言，小盘儿鸽子其中仅有两三只佩系鸽哨，大盘儿鸽子佩系鸽哨则三十余枚矣。

鸽子放飞的形式，分为“飞盘儿”和“走趟子”两种。飞盘儿者，群鸽腾空而起，绕宅低翔，盘旋再三，逐渐升高，直薄云霄，良久而下翔，再次绕宅低飞数圈后降于屋脊。倘饲养有方而又训练有素，则可三腾三降而始落瓦面。鸽群盘旋于空中时，其哨口受风角度时有变化，故所发之音忽而洪大，忽而细微，忽而强劲，忽而缥缈。当鸽群“摔盘儿”时，忽左忽右，忽上忽下，轮番回旋，其哨之音响瞬息万变，五声交错，八音和谐，与舞台之交响乐异曲同工，闻之则陶醉也。

所谓“走趟子”者，即鸽群凌空盘旋未几即飞向远方，天气愈晴朗，疾飞愈遥远，达于百里之外者，不足为奇耳。乍起时，鸽影徘徊，哨声缭绕，转瞬则声影杳然，不知其所。主人成竹在胸，品茶以待。忽听缥缈的哨声自天边传来，由细微而渐渐洪亮，则知其鸽群回翔归巢矣。较之飞盘儿，别有一番情趣矣。

玩交嘴雀

小时每于秋冬易节之际，总喜欢玩交嘴雀。交嘴雀是一种体长约16厘米、体羽大部分为紫红色或黄绿色的可爱的小型候鸟，因其上下喙尖反曲交叉，故名交嘴雀。这种小鸟并不像黄雀或“红点头”那样具有天然灵巧的歌喉，为了“藏拙”，从来不肯轻易叫一声。然而，它却极易被人驯服，一旦驯熟之后，即可在主人的指挥下表演一整套精彩的杂技，因而也就颇受孩子们的喜爱。

中国东北和河北山区的松树林，是交嘴雀繁殖与生活的乐园。当寒冬即将侵袭北方苍茫大地的时候，它们便挈妇将雏、成群结队地迁往温暖的长江流域。不幸的是，每当它们飞经北京的时候，为了觅食，往往误入鸟贩子的罗网，继而变成公子哥儿的玩物。富察敦崇的《燕京岁时记》就有京师十月玩交嘴雀的记载，可见交嘴雀作为玩物是古已有之的了。

旧时在隆福寺或土地庙的鸟市上，花几枚铜钱便可买一只很好看的交嘴雀。乍买来时，它野性很大，必须捆上翅膀，戴上“脖锁儿”（铜丝制成的小锁链），架在一根尺余长的荆条上，谓之“上架”。主人必须终日与鸟儿形影不离，频频喂以食水。旬余，即可解开翅膀，投入由简而繁的训练。

交嘴雀的“叼技”非常高超。主人把小纸旗、小铃铛、彩绸条以及烫有小窟窿的胡桃等物通通放进一只特制的红色小纸箱里，置于高远处。只要“嗨”的一声令下，交嘴雀便展翅飞奔纸箱，以它锐利而灵巧的喙拧开箱口的插销，待箱盖儿“啪”的一声弹开后，依次将内中的玩意儿叼在主人手里，从而获得几粒苏籽、小麻籽或葵花籽的微薄奖赏。

最为精彩的是叼“八卦”。所谓八卦，是以马粪纸糊成的无底八棱台，高三寸，顶部中心穿一针孔，另具二至三张略小于八棱台周长的硬纸片，每张纸片的中心与八条棱边处皆穿细孔，各以棉线或曲别针固定九面小纸旗——位于中心的小旗儿红色，余皆绿色，而后以双股棉线及曲别针将硬纸片层层悬于棱台内。主人将八卦悬于树上，“嗨”声一落，交嘴雀便将外层八个绿旗顺序叼给主人，那速度如流星，似闪电，令人眼花缭乱。及至最后叼中心部位的红旗时，由于伸出了被曲别针所夹住的棉线，外层的八卦圆形立即脱离八棱台，忽忽悠悠地飘落下来。就在围观者情不自禁地交口称誉的时候，交嘴雀已然又奉主人之命继续叼第二层卦形上的小旗了。

驯养苍鹰

在北京成千上万的养鸟者当中，最气派的莫过于养鹰了。论个头儿，一尺多高；论分量，二三斤重；论形态，纹翮鳞次、利喙钩爪。如此雄健威武的庞然猛禽架在胳膊上，怎能不引人注目，又如何不气派？

鹰，亦称苍鹰。从《诗经·大雅·大明》中的“维师尚父，时维鹰扬”一语看来，远自上古时代，中华民族就已然把鹰这种猛禽看作是威武的象征了。

隋朝开皇年间，设置骠骑将军府，每府置骠骑、车骑二将军。大业三年（607）改骠骑府为鹰扬府，改骠骑将军为鹰扬将军，车骑将军为鹰击郎将。足见当年的统治者在武将中极力提倡鹰的奋扬威武精神。

关于大批驯鹰使其成为狩猎工具的史料记载，亦始见于《隋书·炀帝纪》:“征天下鹰师悉集东京，至者万余人。”唐代沿袭了前朝饲鹰遗风，专设鹰坊，由闲厩使（官名）管辖。由于朝廷与民间养鹰之风日盛，因此以鹰为题材的诗词亦层出不穷。例如杜甫的“万里寒空只一日，金眸玉爪不凡材”，力赞了鹰的形美与善飞；柳宗元的“凛然空翻剪荆棘，下攫狐兔腾苍茫”，声情并茂地状出了鹰的敏捷与磅礴气势；而耿炜的“举翅云天近，回眸燕雀稀”，则描绘出雄鹰凌空搏风、杀气森森的威武之貌；而苏东坡“左牵黄，右擎苍，锦帽貂裘，千骑卷平岗”，那驾鹰出猎的气势，又是何等的奋发、昂扬。

清朝八旗子弟因受历代帝王行围狩猎之风的影响而最喜放鹰捕兔，以至进行“较猎”比赛活动，此风历时二百余年而未泯。

每年秋末冬初，皇帝必去南苑、北苑或西苑行围狩猎。上万人的狩猎队伍随侍其后，架着鹰牵着狗，浩浩荡荡，势若出征。狩猎回宫后必举行庆功宴会，演奏《飞燕捉天鹅》（春秋战国时鹰捕天鹅的故事）等乐曲，并论功行赏。上行下效，八旗子弟皆不甘寂寞，纷纷雇佣鹰把式，以捕鹰、驯鹰、放鹰、较猎为乐。

刚捕获的生鹰，须经一个多月的驯养，昼夜熬着令其不睡觉，亦不喂食，以消磨其野性而逐渐与人亲近。正如古人总结鹰性所云：“饥则附人，饱则飞去，遇风尘之会，必有凌霄之志，唯宜急其羁绊，不可任其所欲。”熬鹰、训鹰的苦差一向是把式的分内事。把式熬鹰，经常于夜间架鹰步行四九城，俟东方既白遂回家换人接着熬鹰。这种歇人不歇鹰的残酷驯养，直至鹰不怕人并开口吃食即告结束。此时携鹰至野外捕兔，即可大显身手，令人非常快慰。

猎兔的情景是扣人心弦的。主人站在荒野的高处，除掉鹰帽、爪套及爪链，鹰便环视四周，跃跃欲试。主人的几名助手四散于方圆数百亩的荒草丛冢中，以修长的枣木杆儿在其中四下搜寻，徐徐前进，忽听枯草刷刷一响，随后便有一只野兔霍然窜逃。那躲在远处的猎鹰早已疾目而视，猛然腾空而起，恰似一道闪电凌空掠过，及至俯冲下来，那可怜的野兔立即鲜血迸溅，气绝身亡矣。无怪乎唐代诗人章孝标有诗赞鹰曰："穿云自怪身如电，杀兔谁知吻胜刀。"而王维《观猎》中的"草枯鹰眼疾，雪尽马蹄轻"，则更是传诵千古的名句了。

八旗子弟放鹰捕兔时，如同军中的主帅坐镇指挥，发号施令，吆五喝六，虽声嘶力竭而乐在其中。至于作为战利品的野兔，往往送给下人，或吃或卖。唯一所求者便是玩得高兴、乐得痛快。

冬日斗蟋蟀

昔日的北京城，每至隆冬，经常是寒风凛冽，白雪皑皑。莫说人总爱躲进小屋烤火，就是刚换出厚厚绒毛的猫与狗，也总是被冻得浑身瑟缩着。然而令人惊诧的是，在诸多朱门中，尚可看到一对对号称“将军”的蟋蟀，在古老的斗盆中鏖战不已，胜者振翅长鸣，着实为冷峭的严冬平添了勃勃生气，给人们带来了乐趣。

蟋蟀素有“百日虫”之称，其绝大部分自白露节被捕捉后，最多活至农历十月下旬即僵死。而北京善养蟋蟀的高手，诸如清室贵胄涛贝勒（载涛）、公爷德君如，以及博得“金霸王”美号的著名铜锤花脸金少山等人，每至深秋必以蟹肉、虾仁、生羊肝等精细食物饲养异品蟋蟀，俟冬至这天以虫会友，进行传统的“封盆”格斗。凡战而胜之的蟋蟀皆冠以“将军”称号。

被封为“将军”的蟋蟀，均系主人不惜重金从数百只鸣虫中精选所得的上品，名曰“金丝额”“朱砂顶”“三段锦”“琵琶翅”“香狮子”……种种雅号，不胜记之，而色与形之变异，尤难尽其详。

诸般名虫必用镌有“淡园主人”“恭信主人”等字样的青白色泥罐儿贮之。罐质抚之如绸缎，叩之似金石。每只上好的养罐里，必须放置一个扇形的小笼，作为雌雄蟋蟀求爱交尾的“洞房”。

两只体重相等的雄性蟋蟀一旦移进斗盆，彼此便用纤细的触须寻觅“情敌”。一旦相遇，遂同时张开大牙拼命地厮杀，大有粉身碎骨而在所不惜的英雄气概。如此娇小的昆虫，格斗的战术与姿势竟然千变万化——忽而拧成一个“麻花扣”，忽而对顶成“铁板桥”，忽而咬抱着连续翻滚出几个漂亮的“狮子滚绣球”，忽而猛一口将对方咬翻按于盆底来一个“饿虎扑食”……这激烈的格斗，往往持续几分钟、十几分钟甚至二十余分钟，每每令围观的斗客拍案叫绝。

二虫鏖战，彼此皆有伤残，或伤须，或折尾，或掉腿，或被咬破头项与腹部而满罐流汤（相当于血液）。重伤者自然甘拜下风，逃之夭夭，而占上风者则振翅长鸣。这种胜利后的欢唱，似乎是在向“洞房”中的“爱妻”报喜，又似是在向精心饲养自己的主人请功。这时，其主人便欣欣然有喜色，于是备酒宴请观战诸公，以虫为题，限韵赋诗，陶醉于欢乐之中。

驯蛙、驯蚁艺人

两栖动物青蛙和小小的昆虫蚂蚁，居然也能听从人的指挥，有条不紊地表演节目，说起来似乎令人不可置信。然而在早年北京的天桥，确有具这种“特异功能”的民间艺人，专门表演驯蛙、驯蚁。

艺人所驯之青蛙，大小不等，皆为雄性，分别饲养于绿釉陶罐中。表演时，艺人以言语分别呼喊，青蛙立即相继跃出，依次表演列队、跳跃、翻滚等开人心颜的节目，比起耍熊、耍猴儿，别有一番情趣。而那最后一阵的呱呱齐鸣，仿佛把观众带到了郊野潺潺的小河边，或是茂密的芦苇荡，并由此而想起唐代诗人章孝标的田园诗:“田家无五行，水旱卜蛙声。”

凡未经目睹者，对渺不足道的蚂蚁能够俯仰由人这一奇异现象，会觉得不可思议，甚至认为是无稽之谈。而迄今健在的年逾古稀的老北京人，回忆起当年在天桥目睹驯蚁的情景时，无不津津乐道。但遗憾的是，始终不解其中的奥妙。

早年出现在天桥的驯蚁艺人不过两三位。所驯的两种蚂蚁皆为工蚁(无翅，生殖器官不发达，野生时担任筑巢、采集食物、抚养幼虫等工作)，呈红褐色或黑色，分储于两个小瓦罐里。表演时启开盖儿，两罐中蚂蚁纷纷爬出，混杂于一处，主人喃喃自语一番，忽喊一声“排队”，同时喂一小撮米粒儿，两群蚂蚁立刻截然分成两队，毫厘不爽，观者无不以为奇妙。

当年天桥的驯蚁者究竟有何奥秘，至今仍是个谜。余以为，驯蛙、蚁等低级动物，绝非单靠喂食而奏效。据说20世纪20年代时，北京曾有善“聚马蜂”或善“聚蝎子”的奇特人，聚集前须运气并念“咒语”，一般人皆以为神秘莫测。令人不解的是，那种能使动物受到感应的技巧究竟是什么？那种能招呼动物的“语言”又究竟包括什么内容？这些都无文字记载，致使包括动物学家在内的所有人对此都无不茫然。

余有感于此，遂咏《竹枝词》一首：

旧京卧虎又藏龙，
蛙蚁列阵也练兵。
留得疑团今未解，
虫豸缘何通人情？

哈巴狗与袖狗

北京人养哈巴狗与袖狗，可是有历史的了。乾隆皇帝登基以后，六十年风调雨顺，干戈宁静，王公贵胄及满朝文武大臣过着悠闲的生活，于是养狗、赏狗、斗狗，借以消磨时光，排遣寂寞。而小巧玲珑的哈巴狗与袖狗儿，因此也就备受人们的青睐。

哈巴狗之名称，源于明代。明刘若愚所撰《酌中志》记载："万历间，神宫监掌印太监杜用，养一哈巴小狗，最为珍爱。"

北京的哈巴狗身材矮小而毛极长，高不过十寸，体重在七到十二磅之间，其颜色有白色、黑色、褐色、银褐色、杏褐色、红宝石色以及各种杂色。它们的外表优美得令人心醉，而且聪明伶俐，善解人意，故其身价比主人宅第中的仆人要高得多。北京的哈巴狗还有一个独有的特色，即它的脸总是团得圆圆的，给人以雍容而善良的感觉，这是其他任何洋哈巴狗所没有的。

哈巴狗儿对主人的气味、说话声与脚步声极为熟悉。主人回家叩门时，最先迎至大门口的便是哈巴狗儿。它以亲昵的叫声和挠门的动作表示对主人的欢迎，及至见面后更是频频地缠着主人的腿脚，又摇头、又摆尾、又打滚、又撒欢儿，这一系列的乞怜，如同给主人吃了一粒木香顺气丸，一切的忧烦与懊恼全都烟消云散了。

主人对狗的怜爱，除了喂以人所吃的一切膏粱美味外，还要把在首饰楼订购的一串银铃系在它的脖子上，并经常用潮脑（即樟脑）洗涤它的皮毛。太太们对哈巴狗儿更是宠爱得无以复加。

比哈巴狗儿身躯更小的是袖狗儿，其小可藏于袖口中，堪称世界上最小的狗了。然而此狗性情却勇敢好斗，故又名斗狗儿。

过去北京人看狗打架，瘾头是非常大的。当两条大狗站立着厮杀的时候，刹那间就能围拢一群人驻足而观。然而，有身份的人却从来不参加这样的行列，他们所欣赏的是在家里观看袖狗儿在炕桌上打架。

有清以来，官宦人家饲养袖狗儿成风。闲暇串门时，把仅有一掌长的小狗儿藏在袖口里，在喝着茶聊着天的当儿，各自把袖狗儿放在炕桌上，观其咬斗以博一乐。

随着清朝的没落，这种珍贵的袖狗也逐渐销声匿迹了。听说现在在青海、西藏的一些喇嘛庙里还有可能找到。

角灯·泥花·铁蛋

新年到了，对大人们来说是送旧迎新，恭贺发财；对孩子们来说，则是穿新衣，戴新帽，企盼天天吃好的，此外还有一项更重要的，就是已经放了寒假，有充裕的时间和伙伴们一起玩了。玩的内容可谓丰富多彩。现在的孩子可以买电动汽车、电动冲锋枪、声控彩灯……可是20世纪四五十年代小孩玩的是自制的猪角灯、泥花和铁球。回忆起来，别有一番趣味。

农谚云："小寒大寒，杀猪过年。"猪身上虽说都是宝，但猪蹄角大概是毫无用处的。可是这对农村的孩子来说，却有了大用场。那时候农村是没电灯的，伙伴们找来许许多多挖了空心的蹄角，里面装上猪油，将埋在底部的一根线绳拉出来，然后点亮，玩个通宵都不会灭。大家每人一手举一个，在街头庙前跑来跑去，似流星一般。那高兴的劲头，比如今买个灯笼提着跑可美多了！

玩腻了，孩子们就去放泥花。所谓泥花，就是事先将和好的胶泥捏成窝头状，顶部捅个眼，先用纸糊上，然后肚内装上花药，再封上底就成功了。这里面关键是花药，配花药的方法有个歌诀：“一硝二磺三两炭。”这指的是配药比例，即一两硭硝、二两硫磺、三两木炭就可。硭硝哪里来？孩子们一人找一块瓦片和一个纸盒子，到那些背阴的老墙根下去刮，半天能刮一大盒子。硫磺家家都有，因为那时候乡间还没“洋火”（即火柴），是用火镰在火绒上打火的，然后再用蘸了硫磺的麻秸秆一点就着了，所以硫磺不缺。至于木炭，在用大锅炖肉时，灶膛里总要烧些大木棍之类，烧完岂不正好就成木炭了。聪明的孩子们真有办法，将这些原料用圆木棍碾成面儿，再按比例掺和好，装进泥窝窝。到晚上放时，揭开顶部的纸，用燃香去点眼里的药。哇！灿烂夺目的火花飞起一人多高，能持续一二分钟。大家叫着跳着，又拍掌又欢叫。

还有一件有趣的活动，就是踢铁蛋。铁蛋即今天所说的铁球，核桃大小，圆圆的，亮亮的。实心的不响，有空心的，肚里还有一个小蛋蛋，踢起来咣啷咣啷发出清脆的响声。而今少年玩玻璃球是用手弹，这铁球却是用脚在地上踢的。有的脚下极有准头，丈八远的距离，一脚踢去，十有八九中。那时小孩子是不许玩真钱的。街坊家的二石头不知从哪里弄来许多清朝的铜钱，还有平时攒下的杏核，输了的给铜钱也行，杏核两个顶一个也行。实在什么都没有，就弹你个大脑门。真是乐趣无穷！

金华斗牛风俗

浙江金华一带有一种独特的斗牛风俗，其方式不同于西班牙斗牛，而是牛与牛斗。人与牛斗，险象环生，惊心动魄；牛与牛斗，同样紧张惊险，触目惊心。

斗牛一般从每年春播后“开角”（第一次斗牛），直至次年春播前“封角”（最后一次斗牛）。除农忙季节外，几乎一月一大斗，半月一小斗。斗牛既是娱神，也以自娱，故百姓乐于参加。

旧时，先由主持者出示通告，约期斗牛。场地周围打上木桩，拦以粗绳，场地两边各以青竹两枝弯成拱门，挂上红布，标名“场门”，这就是斗牛场了。

斗牛期间，邻县乡民都赶来观看，各行各业竞陈百货，小摊小贩也来凑热闹，甚至三教九流、杂耍戏班也参与盛会捞摸几文。所以人山人海，熙攘喧嚣，场面宏伟，比赶集还热闹。

参加比赛的牛大都短颈阔肩，腿健膘肥，体型高大，状如雄狮。牛主人教牛以撞、挂、拼等技法，并形象地给它取一个名字，如黄龙、乌龙、英雄虎、小金刀等，各绣在绸旗上，以资识别。斗牛开始，金鼓齐鸣，火铳震天，参赛的牯牛头簪金花，身披红绸，由四个身穿彩衣、头扎汗巾、腰系飘带的护牛壮士簇拥入场。评判者紧跟牛后，他们以青布包头，短裤赤足，兼管拆牛，俗称“拆牛人”，也称“牛头”。

斗牛汇集后，经抽签决定次序，才正式开角。参加角斗的两头牛，由两家护牛壮士护送到赛场中央，两牛近距离对立，互相注视，俟牛性初发，即进而互击。这时四角交架，尾巴夹紧，尖角相撞，碰击有声。三五回合后，双方护牛者将牛强行分开，又让它们相互对峙。这样几经拆合，牛性大发，牛眼发红，越斗越紧张，越斗越凶险。万余观众则在紧锣密鼓声中呐喊助威。最后强者横冲直撞，以尖角直刺对方咽喉，弱者血肉模糊，夹着尾巴狼狈冲出赛场，斗牛才告结束。胜者哞哞长鸣，以胜利者自居，然后寻牛再斗。于是护牛者易牛再斗，再决胜负。

最后获胜的牛称为“牛状元”。众人为其戴花披红，鸣锣开道，护送它回“府”。牛主人摆筵设席，宴请亲朋，庆祝斗牛胜利。

曲阜祭孔

为纪念孔子诞辰，孔子故里曲阜恢复了祭孔古乐舞。曲阜祭孔大典，每年有春、夏、秋、冬四大祭祀，而以秋祭最为隆重，因为孔子诞辰在农历八月二十七日。笔者早年曾躬逢秋季祭孔大典，当时盛况，犹能记起大概。

祭孔需要很多的祭器。按周礼规定，大祭须按“太牢”的规格进行，要准备两头纯黑色的公牛、二十六只雪白的肥羊、二十六只黑色的肥猪、五只梅花鹿。祭孔前三天，先由屠户用红色木笼，将牛羊猪等抬到孔庙东北角神庖内，百户官叩拜后，屠夫身着黑褂，将牛羊猪等一一放血解剖，刮净晾干，取出五脏，带着头蹄，摆放在孔子像前的供桌上。供桌之大，可想而知。

太牢之外，还有俎、豆、篚、爵、簋、罍、笾、奩、象尊、山尊、壶尊、铜镫、铜簋、香炉、烛台等祭器。里边盛满了稻、粱、鱼、兔、韭沮、笋沮、芹沮、菁沮、黄酒等祭品。

按照惯例，祭孔前三天，所有参祭人员必须到孔庙东西斋宿，在那里沐浴更衣斋戒。“小圣人”孔德成去孔庙时，被人用八抬大轿抬着，从庙正东的东华门进去。出来时，换上了绛紫色绣团花的祭服，宽大的袖口像个喇叭，肥大的下服像件裙子。演奏古乐舞的人员，更有一套特制的服装，一律蓝地五彩大领青边夹袍，方形平顶黑帽，青色皂布长靴，二百余人，阵势相当齐整。

祭孔大典从晚八点开始，共行三遍礼，称“三献礼”。演奏三遍古乐舞，表演场地是在大成殿前的宽阔凉台上。彼时，二百多支蜡烛一起点燃，满院灯光，亮如白昼。当鸣赞（司仪）高呼“舞乐生就位，执事者各司其事，陪祭官就位，分献官就位”时，隆重的祭孔大典就正式开始了。那响彻整个鲁国故城的鼓乐声，那雄壮有力古雅的舞姿，除了祭孔，平时是难以欣赏到的。

最令人难以忘怀者，是看“小圣人”孔德成的举动。他能从杏坛前走到几十丈远的大成殿内，眼睛不看地面，一步一块方砖，正好迈到方砖的正中。这一段路，要上下几十个台阶，足见其平时训练有素。

赵州龙牌会

河北赵州有闻名海内的赵州桥，那里一年一度的“龙牌会”亦相当有名。“龙牌会”盛大而热烈，其中蕴含着诸多古老习俗，体现出深厚的文化内涵。

龙牌会是以敬祭龙牌为主要内容的大型民间花会，多在春日举行。“龙牌”是一块雕有龙形花纹、中间写有“天地三界十方真宰龙之位”字的木牌。与一般庙会不同的是，赵州有会无庙。龙牌平时供奉在会头家中，龙牌会期间临时搭棚供奉。在棚内，龙牌居中，龙牌的后面及两侧挂有佛、道、儒三教神像，也吊有扁鹊、华佗直至清代王清任等历代名医的画像。在赵州人民心目中，龙是天地之主宰，位居佛道诸神之上。这种独特的习俗，仅局限于赵州范庄一带，为全国独有。

龙牌会起于何时，史无可考，但当地有许多传说。相传共工怒撞不周山之后，天塌地陷，洪水滔滔，共工之子勾龙和部落百姓一起漂流到赵州。勾龙为补父过，为使百姓安居乐业，带领百姓弃牧从农，平整土地，种植五谷，部落日兴。后来，颛顼带兵前来征讨，要勾龙让出首领之位，否则要血洗部落。勾龙为使百姓免受刀兵之苦，化作一只白蛾，于农历二月初二这天驾日光翩然而去。当地百姓为纪念勾龙，遂将他作为社神供奉，并于每年农历二月初二至初四举行龙牌会祭祀。为感念勾龙教百姓弃牧从农之德，每年龙牌会期间，赵州一带百姓都一律食素餐，戒五荤。由于每年农历二月二左右赵州常有白蛾飞至，当地百姓便认为这是勾龙回来看望自己的子民，于是衍生出将白蛾与龙牌一起供奉的习俗。

龙牌会的主要内容为“请龙”“供龙”，此外还包括为期三天的秧歌、高跷、戏曲、武术等娱乐活动。龙牌会期间，最郑重、盛大的场面是“请龙”，即将龙牌从会头家“请”到棚内。二月初一上午，着古装彩衣的花鼓队十几人一行便早早地列队等候在会头家门外。会头一声令下，所有花鼓队一起开始表演，近百面大鼓同时擂动，那气势真可谓惊天动地，气吞山河。每面大鼓四人同时擂动，节奏丝毫不乱。有些钹队由武术队改编而成，表演者将武术动作与钹糅合在一起，边敲边舞，粗犷刚劲。有些秧歌队则由六七岁的孩子组成，动作有板有眼，神情如醉如痴。表演持续约一个小时，在两只唢呐、两只笙的伴奏声中，龙牌从会头家中被请出，放入一个饰满花篮、纸花的大彩轿中，在秧歌队的簇拥下缓缓向龙棚进发。花鼓队边走边表演，沿途鼓声不绝，场面热烈庄重。整个“请龙”过程表现出浓厚的敬龙、祭祖的民族特色。

太行山麓“捉黄鬼”

每逢农历正月，太行山麓的河北省武安县固义村村民都要化装表演名为“捉黄鬼”的文娱节目，说来非常有趣。

黄鬼是虐待父母、忤逆不孝者的化身。通过对它的捉拿和处置，教育人们要孝敬父母长辈，保持家庭和睦幸福。“捉黄鬼”又叫“大抽肠”。

“捉黄鬼”传说是为了纪念春秋时秦王十三太子而流传下来的。当时，十三太子周游到晋国，在大街上看到恶少“拦街虎”当众作恶，心中愤愤不平，上前将“拦街虎”打死。为躲避晋军的追赶，十三太子跑到顺德府（今河北邢台市）镇店村，只见大街上众村民头戴面具，身穿彩衣，尽情舞蹈娱乐。十三太子向村民们讲述了自己被追赶的情况，村民们很是同情，便让他也戴上面具，穿上彩衣和村民们一起娱乐。待晋兵追来，找不到十三太子，只好作罢。

后来，十三太子来到固义村南的雀娥山，身患重病，无法行走。村民们对他精心医治，他很快恢复了健康。十三太子念念不忘顺德府和固义村百姓的救命之恩，便在太行山麓扶正祛邪，为这一带百姓办了不少善事。百姓为纪念十三太子，便为他塑了像，供奉于村南观音庙内，尊称之“伏魔大帝”，也称为“三郎爷”。每年正月，村民们便化装表演“捉黄鬼”。至明代中叶，此俗已极为盛行。

演“捉黄鬼”节目的人员众多，计有百余名，分为神、鬼、人三类。神方主要有玉皇大帝、土地、八仙、赵公明等，鬼方主要有阎王、判官、大鬼、二鬼、三鬼、黄鬼，人方主要有岑彭、马武、关羽、大头和尚、柳翠等。大鬼和二鬼是阴曹地府的差役，头戴黄毛帽，身穿虎皮纹衣服，白面黑纹脸谱。大鬼手握铜钗、铁链，二鬼手持大刀、绳索，任务是捉黄鬼。黄鬼一般由讨饭人扮演，全身赤裸，只穿裤衩，身涂黄色，四肢上固定着四把涂红色的彩刀，看上去鲜血淋漓。

表演“捉黄鬼”时，在大街上行进，各路角色一一亮相。大鬼、二鬼引逗着黄鬼来回走三趟，模拟着拿鬼动作，经几个回合较量，用铁索将黄鬼套住，拉到判官跟前跪下。判官拿出《生死簿》，随锣鼓点宣读黄鬼的罪状，进行初审。初审毕，再押着黄鬼跪到阎王跟前，阎王阅卷后判决道：“按其罪恶，押至南台（捉鬼台）抽肠剥皮。”大鬼、二鬼便牵着黄鬼向南台走去。到了南台，把黄鬼押上去，这时便有人施放烟雾。此时，由判官带领，大鬼挥刀，二鬼开叉，开始行刑。行刑时，各路角色将台子团团围住，台上开始对黄鬼进行“抽肠”“剥皮”。出彩后，大鬼、二鬼等退下，黄鬼也从台上设的机关中躲走。到这时，“捉黄鬼”告一段落，观众的情绪也被推向了高潮。

妙趣横生“抬花杠”

“抬花杠”又名“抬皇杠”“抬杠箱”，乃旧时迎神赛会的祭祀形式之一，在河北省的井陉县、栾县、赵县一带非常流行。春节期间“抬花杠”是一种民间艺术形式。

“抬花杠”的由来很有意思。相传隋炀帝杨广极其荒淫奢侈。他在位时大肆搜刮天下奇珍异宝，然后组成浩浩荡荡的“皇纲”队，将珍宝运往长安。押队的是隋炀帝的叔叔杨林。“混世魔王”程咬金探听到消息，便组织人马在瓦岗寨附近将“皇纲”劫走。此举在民间影响甚广。至清代后期，朝廷腐败，列强入侵，民众怨声载道。井陉县青横庄的民间艺人触景生情，效仿当年程咬金“劫皇纲”之举，以杠会的形式借古讽今，创编出一道民间花会。他们制作了道具“皇纲”，兴高采烈地扛在肩上，一路上又扭又颠，“皇纲”上下飞舞，很有情趣。但是，在封建社会绝不允许宣传“官逼民反”，因而他们的借古讽清便冠以迷信色彩。

当年，“抬花杠”表现为祭祀苍岩山（在井陉县境内）主神三皇姑（俗称三奶奶，传说是隋炀帝之三公主，在苍岩山削发为尼）的仪式。其祭祀仪式为一年一小驾，十年一大驾。过“小驾”在村里进行，过“大驾”进苍岩山。届时，冀中各县和山西省毗邻苍岩山的一些县的老百姓，也前往朝山进香，场面相当壮观。

整个迎神赛会规模宏大，井陉县几个村庄组成的仪仗队蔚为壮观。前面十余杆三眼铳鸣炮开路，四只大灯笼为前导，十八面大筛锣分两列开道，四个大瓮号走几步便嘟嘟地鸣叫，拿着大铁链的“练会”杀气腾腾地要抓捕魑魅魍魉，和尚道士数十人随队后。接着，“帅”字大纛领前，金瓜钺斧、朝天蹬、龙虎旗、千人旗、万民伞，分为两列缓缓前行。接着，雄壮威武、鼓声隆隆的鼓队走过来，绣着“杠会”两字的大会旗在众香头簇拥下出现，之后便是“抬花杠”表演。

引人注目的是，一位身穿黑衫子、头戴罗拱帽、手执方形大牌（上书“朝山进香”）的大汉走来。他举的牌子也叫“押杠牌”，由一群手执棍棒的汉子护卫着，这就是统领“抬花杠”的总指挥。数十盘花杠的表演全听他指挥，有令则行，有禁则止。同时，有八杆大瞄枪紧随押杠牌。杠之后是由二十四匹马组成的马队，其中有探道马、坐更旗，以及护卫三奶奶的文官武将。之后，是由十二人抬着的三奶奶銮驾，边走边舞，壮观威严。最后边是各式各样的文会、武会，浩浩荡荡的队伍有四五里路长，缓缓地走向苍岩山。

每盘“花杠”由杠杆、箱架、箱环、项架组成，一般有八十斤重。“花杠”是实打实的木制品。劳动人民从中演化出艺术来，而且表演着各种花样，实在令人惊奇叫绝。

蜀中药王会盛况

药王者，北谓扁鹊，南称孙思邈。四川中医药界及民众对唐代医药学家孙思邈极为推崇，向有举行药王会的庆祀之俗。

据说四川新都药王庙建于乾隆三十年（1765）。庙宇占地十亩，有正殿两幢、经楼一座，修竹扶疏，古柏掩映，环境肃穆幽雅。最令人惊叹者，前殿正中，药王金身七尺，坐虎针龙，栩栩如生，风范宛在。殿前高悬“龙虎院”金匾，殿柱刻有楹联一副，曰：“龙因目疾离沧海，虎为牙痛出杏林。”

按照建庙以来的老规矩，药王会每年农历四月十八日开幕，历时七天。期间四川各地的著名中医、药行大贾、名流士绅，或乘车或坐船，杂沓而至。加上本邑赶会的人流，使偌大一个场镇变得人山人海。

在药王盛会上，许多病家竞相向医生们簪花挂红，上香放炮，有些还赠送匾额彩帐。上边题赞因医生科别而异，内科多是“金鉴遗风”“和缓高风”“指下生春”等；外科则是“华佗再现”“是乃仁术”等；妇科是“女科圣手”“妇科独步”等；儿科是“如保赤子”等；眼科是“瞽目重明”等；针灸科是“十分火候”“万病一针”等。对医术全面、声望很高、不计报酬的医生，多分别奉贻“良医良相”“医德长河”“济世救人”“药王复生”之类的颂词。此外，场镇上各家各户都要恭请文墨先生作“药对”，贴于门楹之上。诸如讽喻人情世故者：人参在世为官桂，厚朴传家要细辛；描写化妆美容者：青黛画眉红粉涂颊，金钗压发新绛点唇；形容武将英姿者：大将军骑海马身披山甲，小红娘坐河车头戴银花；医师寓所题：手段能医国，丹砂可救民；药店门首题：论色彩尽是土里土气毫不惹人眼目，言品格都将赴汤蹈火慷慨为民捐躯。

在洋洋大观的“药对”之中，传说有一位绰号叫“烂肚皮”的前清老童生，在药王庙前贴出两封“药名信”，话一对离别夫妻的相思之情。女信曰：

> 槟榔一去，已过半夏，岂不当归耶？谁使君子，效寄生缠绕他枝，今故园芍药花无主矣。妾仰观天南星，下视忍冬藤，盼不见白芷书，茹不尽黄连苦！古诗云：“豆蔻不消心上恨，丁香空结雨中愁。”奈何！奈何！

男信答曰：

红娘子一别，桂枝香已凋谢矣！几思菊花茂盛，欲归紫苑，奈常山路远，滑石难行，姑待苁蓉耳！卿勿使急性子，骂我曰苍耳子。明春红花开时，吾与马勃、杜仲结伴还乡，至时有金银相赠也。

如此相思书札，情真意切，纳以二十四味中药名，妙趣天成，给古老的药王盛会增添了一点儿罗曼蒂克色彩。当时，在万头攒动的围观者之中，蜀中著名大学问家、“五老七贤”之一刘豫波先生不禁惊赞道：“有才气，编得好！”此刻，偏逢老童生站在刘豫波先生旁边。这位大儒亲耳听到大学问家赞赏他的才华，心里不胜荣耀，脸上顿时泛起了笑容。

金陵茅山会

金陵乃为佛教圣地。唐诗云:“南朝四百八十寺，多少楼台烟雨中。”可以想象当年佛教之盛。这种风气，沿至民国，亦未曾稍减，而且，庙宇较前还增了不少。民国二十五年（1936）初，据南京警察厅的统计，全市寺庙有四百数十处，因此庙会也就特别多。春季有东岳、都天、茅山诸会；秋季有金龙四大王、古城隍诸会；六月十九日，门东石观音庵、城北观音楼，皆有观音会；七月晦日，清凉山有地藏会。凡举一会，均轰动一时，沿途茶寮密布，彩灯高悬，善男信女，扶老携幼，络绎于途，且有烧拜香烧肉香者。自民国十六年(1927）国民政府在南京成立后，因事属迷信，曾严令禁止，各项赛会多不复举行，但茅山会尚存。

茅山在句容县，原名句曲山，山有三峰，皆有殿宇。据上年纪的人说，汉景帝时渭城（陕西咸阳）人茅盈，十八岁弃家入恒山修道，后隐于句曲山，修炼兼采药为人治病。其弟茅固、茅衷均在官，闻茅盈修道得法，白日飞升，遂弃官，于永光五年（公元前39年）三月六日渡江，求见于句曲山。后二人均得道成仙，世称“三茅真君”，因名此山为茅山。茅山会由来已久。汉元寿二年（公元前1年），五帝君传大帝之命，拜茅盈为东岳上卿司命真君太元真人；王母命上元夫人授茅固、茅衷《太霄隐书丹景道经》云笈七签。据闻，石鼓路南边的三茅宫地名即与其典有关。记得昔日还有一小庙，供祭“三茅”道士。此后茅山附近农民遂每年朝山两次，祈祷、预卜当年好收成。茅山会从此沿袭下来，并扩及京郊各乡村。

每年岁首秋末，不论大小村落都必组会，定名为“大有老会”“永兴老会”或“茅山新会”等，凡是村里人都是会员。出会前一周，由会长择定一日，事先将旗伞锣鼓等物备好。出去时，视人数多寡，分三人一排，十二人一队，由会内理事、干事为队长。前行第一排二人各执高丈余会旗一面，其余人手持国旗及“朝山进香”等短旗。每一队有锣鼓各二，队末有人双捧“神灶”压队。每一村有四五十队，蜿蜒如长龙一般，煞是壮观！妇女头上还插有各色鲜花，身佩黄布袋，上书“朝山进香”。晨五时起行，中午竣事。茅山庙中道士为人祈福，燃灯多盏，如其人之齿数，灯中某盏为本命灯，灭之则凶。苏轼诗中曾有“待向三茅乞灵雨”之句，可见其流传之久广。

不过民国以来的茅山会与过去有所不同。会归后，各村农民相互畅谈当年的收成好坏，评定谷米卖价的涨落，具有一定的经济意义。记得钟山的小茅峰有一山庙，附近的善男信女们亦举行茅山会，不过规模要小多了。

敖包相会

曲调悠扬的蒙古族民歌《敖包相会》可谓家喻户晓，童叟皆知。不论是听着还是唱起它，总能把人的思绪带到辽阔无边的大草原上，想象着有情男女正骑着骏马到敖包去幽会。

许多人都以为敖包是专门接待情人们会面的蒙古包，是处美丽幽静、富于浪漫情调的地方。其实，敖包并不是蒙古包。敖包又叫“脑包”，是蒙古语“堆子”的意思。内蒙古的草原广阔无垠，极目望去，天苍苍，野茫茫，天地相连，无山无河为记。牧民们为辨明方位和界限便在茫茫的草原上垒石为记，谓之敖包。以后年复一年，敖包逐渐演变成了祭祀山神、路神的场所。

敖包有用石头垒起的，也有用柳条围建的，富裕人家还有自设的“家脑包”。各地区敖包的形成大体一样，即在草原的高丘上堆积石头为台，台基分大、中、小三层，重叠成圆锥形。其数目各地不等，有的单独一个敖包，有的是“敖包群”。敖包群有的并列，有的呈放射状。中间大的为主体敖包，上面插有挂旌旗的杆子，各小敖包上都插着树枝，祭祀时在树枝上挂上五颜六色的布条或纸旗。

每年夏季，水草丰茂，牛羊肥壮，牧民们要举行祭敖包活动。祭祀仪式十分隆重、严肃、热烈，几十里远的牧民都要坐着勒勒车或骑着高头大马，捧着祭品赶来。在有条件的地方，还请活佛和喇嘛穿起法衣，戴上法帽，摆成阵势，焚香祝祷，诵经念咒。当活佛发出祭祀开始的经令时，法号奏出深沉粗犷的音调，众喇嘛和牧民双手合十于胸前，虔诚地念经为祭。最后，参加祭祀的人都要围绕敖包从左向右转三圈，祈神降福，保佑人畜两旺。

礼仪结束后，是蒙古人喜爱的赛马、摔跤、射箭活动，又叫“男人三种玩”。到了晚上，夜雾似轻纱飘荡在草原上，人们围坐一起开怀畅饮，品着奶茶，吃着牛羊肉，老年人拉起马头琴。青年男女则避开人群，溜到草丛中谈情说爱，倾诉衷肠，相约来年。这就是所谓的“敖包相会”。

这些都是早年时候的情形了。据说现在祭敖包仪式被丰富多彩的那达慕大会（即交易会）代替了。年轻人谈情说爱也不必一年一度相会于敖包了。但敖包在草原上仍随处可见，也经常有人为之添石祭拜，不过这多是慕名而来的游人和外国人了。

安塞腰鼓

安塞位于陕北高原，那里的腰鼓历史悠久，格调古朴。人们在欢度节日、庆祝丰收的时候，都要演出腰鼓助兴，每次演出的阵容都很大，一般都有六十名左右的鼓手。有时几个队连在一起，能拉开一两里路的距离。腰鼓手们的装束一律是古代将士的便服，或黄或红包头，素色衣服，显得整齐壮观。电影《黄土地》里的腰鼓手们穿着黑色，想必是为了渲染贫苦背景。实际上，过去上场表演的腰鼓手们，很少有穿皂服的。

安塞腰鼓内容很丰富，花样变化多端，较有代表性的有“童子拜观音”“绵羊碰头”“枣核掏心”等。腰鼓队过街表演时用鼓、锣、铙、钹和唢呐伴奏。领头的鼓手以哨子指挥，后面的鼓手们随其哨音变换动作。时而散开，时而聚拢，穿插交替，犹如龙腾虎跃，粗犷狂舒，表现出北方人憨厚、朴实、热情、开朗和坚强的气质。尤其是“鹞子翻身”时凌空扬腿的动作，令人叫绝。鼓手的动作强劲豪放，刚劲洒脱，鼓点儿雄壮有力，扣人心弦。

打腰鼓主要是打情绪，打耐力。鼓手打到兴头上，往往忘其所以，便随心所欲地发挥鼓点的节奏，脚步随情绪腾空而起，有如猛虎扑食，更似大鹏展翅。所以一场腰鼓打下来，气壮如牛的后生仔也有休克的。

安塞腰鼓起源于春秋以前，原有迎神驱邪之意，后来发展为民间舞蹈。北方的冬日地冻天寒，打腰鼓本身就是抗寒，而看那沸腾的场面，又何尝不是驱寒的好办法？因此，新年一过，冬闲的农民便以打腰鼓为乐，逐渐成为习俗，继而发展成文艺表演了。

据说近年来，许多外国人专门跑到安塞学腰鼓，想从中挖掘出奥秘来。但得其真传者无多，他们总感到胳膊腿不能自如地配合。

巷陌风情

xiangmao fengqing

北京的五大“镇物”

记得父老相传，清时北京设有五大“镇物”。所谓“镇物”就是用以震慑之物。镇什么？据说镇的是妖魔鬼怪。早年北京住户也有许多设“镇物”的，例如门上挂一小镜，或写“一善”“太公在此诸神退位”，或在门内正面摆福、禄、寿三星等。北京五大镇物设在东、南、西、北、中五个方位。

东方甲乙木，用木来镇。“镇物”是广渠门外黄木厂的金丝楠木。该木长七十多尺，直径六点七尺，两人合抱不过来。因为是“镇物”，曾由官家建屋储藏。这屋七间相连，把巨大的金丝楠木放在中间，有专责看守的人。因为年代久远，多次变乱，屋子经风雨侵蚀，倾颓不堪，金丝楠木早已腐朽。

南方丙丁火，用火来镇。镇物是永定门外以西的烟墩，即古代燃放烽火的烟墩。早年有清代立的御碑，上刻“帝都篇”和“皇都篇”，都是用满汉两种文字。烟墩是一高两丈多的高台，周围用短墙环绕，碑阴面刻有诸神像，上有文龙。由于年代久远，墙倒台颓，碑早已不见。

西方庚辛金，用金来镇。镇物说法不一，一说是西郊妙峰山，但遍查《宸垣识略》等书，无此记载。又据父老说是“红山口演炮”。按前清旧制，每逢秋季，八旗士兵在红山口操练演炮，因红色属火，火克金，所以用此来克邪。再一说是西郊觉生寺（即大钟寺）的大钟，钟质属金，用此巨钟来震慑。

北方壬癸水，用水来镇。“镇物”一说是西城积水潭的汇通祠。这个庙最初名镇水观音庵，乾隆二十六年（1761）改名汇通祠，院中有乾隆立碑。又一说是万寿山的昆明湖，此说也很盛行。

中央戊己土，用土来镇。“镇物”是景山，聚土为山，上立五亭，高踞京城中央，居高临下，气势绝佳。

五大“镇物”不过是封建时代出于迷信设置的。今天看来，这些“镇物”不但保不了江山，也保不了“镇物”自己。

京华“八”字何其多

记得往时，冬岁围炉，夏夜乘凉，常常说起与“八”有关的话题。确实，“八”与北京有密切关系，甚或可以说北京人离不开“八”。

传说，明初刘伯温建北京城便按八臂哪吒之形修筑，崇文、东便、朝阳、东直、宣武、西便、阜成、西直八门便是哪吒的八条胳膊。北京城中带“八”字之地名亦多，如八条胡同、八道弯、八里桥、八里庄、八王坟等，名胜如八大处、八达岭。

老北京人衣食住行亦离不开“八”，如老北京爱吃“八宝菜”，爱喝“八宝莲子粥”；爱逛“八庙”，即隆福寺、护国寺、白塔寺、东岳庙、蟠桃宫、雍和宫、大钟寺、白云观；买布必到“八大祥”，即瑞蚨祥、瑞和祥、谦祥益、聚祥益、东升祥、和升祥、同和祥、义和祥；北京过去盛行过吃山东菜，而山东菜的“八大楼”风靡京华，“八大楼”乃东兴楼、鸿宾楼、鸿兴楼、鸿庆楼、乐宾楼、华北楼、泰丰楼、新丰楼；上天桥也必看看当地艺人“八大怪”，即云里飞、管儿张、大兵黄、花狗熊、赛活驴、王小辫儿、大洋铁壶、大金牙；明清时的“燕京八景”北京人百游不厌，一直沿袭下来，“八景”即西山晴雪、卢沟晓月、金台夕照、蓟门烟树、琼岛春荫、太液秋风、玉泉垂虹、居庸叠翠，只看其名便有无穷诗意。

明清人沈榜《宛署杂记》中曾记当时的“都门八绝”，即李近楼的琵琶绝、苏乐壶的投壶绝、王国用的吹箫绝、蒋鸣歧的三弦绝、郭从敬的踢球绝、阎橘园的围棋绝、张京的象棋绝、刘雄的八角鼓绝。金朝（1115—1234）时的北京（当时称“中都”）也有八个著名风景区，号称“西山八院”，北京人知者不多。八院中有北京人常去的颐和园，那时山叫金山，水称金海，故称“金水院”。也有不常去的地方，如北京台山麓的大觉寺（清水院），亦是西山八院之一。大觉寺在金章宗（1190—1208年在位）时名灵泉寺，明代改称大觉寺。寺倚半山，一泓泉水环绕全寺，经山门流至山下，泉清冽而淙然。寺内不仅有珍贵之辽碑供人思古，且有名贵之玉兰、娑罗树，披襟观赏，堪称幽静雅致。

龙年说龙俗

中国古代地理名著《山海经》中称龙为“鳞虫之长”。从古至今，龙与民俗是分不开的。元宵佳节，家家户户挂龙灯；端午时节，少男少女划龙船；中秋节，小小顽童放龙筝；除夕之夜，合家相聚点龙烛。至于各种各样的龙文化活动以及历代工艺品中所雕绘的龙形、龙纹、龙姿更是举不胜举。

自古以来，人们习惯把有才德有地位的人比作龙凤。诗圣杜甫曾写过“攀龙附凤势莫当”的诗句，后来，人们就以“攀龙附凤”泛指攀权附势、猎取荣华富贵的行为。传说中的伏羲和女娲为人类始祖，其形象便是人首龙身。山东曾发现一块东汉时代伏羲和女娲的石刻画像，就是人首龙身。龙的传人，也许来源于此。

据晚清的史籍记载，元明之际，民间有“龙生九子不成龙，各有所好”的传说。龙大囚牛好音乐，老二睚眦好杀，老三嘲风好险，老四蒲牢好鸣，老五狻猊好坐，老六赑屃好负重，老七狴犴好讼，老八负屃好文，老九螭吻好吞。此后，无论是北方的匈奴人，还是南方楚人、越人、粤人，他们胡琴头上的刻兽、刀柄的龙吞口、殿台角上的走兽、钟头上的兽纽、佛座上的狮子、碑座上的鳌、石碑上的文龙、殿堂脊梁上的龙吻等，都是那九位龙子的形像。后来“龙生九子不成龙”这句话演变为比喻同胞兄弟性格志趣各异的意思。

在中国民间艺术中，龙的形象都是人格化了的。著名古典小说《西游记》描写孙悟空经过修炼后，往水晶宫向海龙王借武器，海龙王无奈，便把镇海之宝——定海神针给孙悟空做了金箍棒。戏剧《张羽煮海》描写秀才张羽与龙女恋爱，遭龙王阻挠反对。后张羽得到宝物，煮沸大海，制伏龙王，才得以与龙女成婚。实际上，人们是通过这些龙王的神话来宣扬扬善惩恶的观念。

民间还有鲤鱼跳过龙门就能成龙的传说。难怪中国百姓喜欢用龙字作为男孩的名字。龙能行云施雨的说法在中国也是根深蒂固的。各地都有龙王庙，那是人们用来祈祷风调雨顺、五谷丰登的场所，是人们对超自然力的一种崇拜。

老鼠入年画

昔日京华，每逢春节来临时家家都要买几张色彩艳丽的年画挂在墙上。年画的内容极其广泛，有历史故事、戏曲人物、仕女山水、翎毛花卉，有象征长寿的松柏鹤鹿、象征吉祥福禄的梅竹桃杏，还有民间神话传说中的“八仙过海”“龙凤呈祥”“麒麟送子”“刘海戏金蟾”“猪八戒招亲”“耗子娶媳妇”，以及“胖娃娃抱大鲤鱼”……真是五彩缤纷，令人目不暇给。

“耗子娶媳妇”这一题材能入年画，颇耐人寻味。耗子尖嘴细腿，其貌不扬，而且牙齿如凿，性喜偷食，损人衣物，令人生厌。《诗经·召南·行露》中写道：“谁谓鼠无牙，何以穿我墉？”可见百姓对其破坏性深恶痛绝。君不见吴承恩在《西游记》中把玉鼠精与蝎怪同视为十恶不赦的妖魔。

历代画家们将鼠的“尊容”描绘出来，在题咏时却往往持否定态度。昔日寓居北平时，曾于西城跨车胡同齐宅得白石老人所画《鼠子闹书斋图》一幅，其所题词为："吾友直支翁常画梅花百幅不厌（"直支"即鼠叫声；鼠足爪印纸上状似梅花——笔者注），吾画《鼠子闹书斋图》不数幅，不愿再为也。辛未冬白石齐璜并题。"之后，又在友人家见齐白石老人所绘之《鼠辈倾灯图》，其题诗为：

肆暴倾灯我欲愁，寒门能有几钱油。
从兹抱头扪床睡，谁与纸田护纸头。

诗后题字为："一日画《鼠辈倾灯图》二幅，此诗亦书第二回。白石山翁。"足见画家对"直支翁"的态度是鲜明的。

余少年时，曾见过一幅天津杨柳青木版彩印年画《老鼠嫁女》，画面上的老鼠至少有十五六只之多，都穿红衫绿裤。除新嫁娘稳坐花轿外，其余有的打执事，有的抬轿子，有的敲锣，有的吹唢呐，有的摇旗，有的抬箱子……鼠鼠各司其职，列队排成一条长蛇阵，吹吹打打，好不热闹。

民间传说，老鼠聘闺女在腊月。旧时，女儿出阁俗称"送闺女"或"出门子"。由于老鼠为患人间，人们绘制这种年画，或许颇有"送出"的含义吧！但不管其最初的含义如何，这年画却受到了老百姓的欢迎。这大概是因为画面有趣、热闹、喜兴，能使人感受到滑稽喜庆的气氛，而且老鼠繁殖快，因此又含有人们多子多福的祈愿吧。到了鼠年,《耗子娶媳妇》的年画便会纷纷走进千家万户，成为百姓的吉祥画。

老北京人的称谓

老北京人最讲究称谓，不论男女老少，也不论文化程度高低，交谈时所用的各种称谓，均非常得体，听着非常顺耳。绝不像今日有些年轻人，说起话来野调无腔，甚至敢骂他爸爸是“老帮壳”。这种人的“脏口”，听了令人厌烦。

老北京人的称谓丰富多彩且富于变化，同一称谓，却有尊称、谦称、别称之分。

对别人亲属的敬称，皆在前面冠一“令”字，含有美好的意思。称他人之父，谓之令尊；称他人之母，谓之令堂或令慈。这种必要的敬称如今已很少听到，取而代之者便是直呼“你爸爸”或“你妈”了。有人说这是率直，并指责老北京人的礼貌用语是穷酸，闲着没事儿总爱咬文嚼字。对此高论，余不敢恭维也。

北京人尊称他人之子为令郎或令嗣；敬称他人之女儿为令爱；女婿为令婿或令袒。令袒别称袒腹，其中有一段典故。据《世说新语·雅量》记载，东晋明帝在任时，太尉郗鉴居京口（今江苏镇江市）辅弼朝政。一日派门生致函丞相王导，欲择佳婿。门生回来后向郗鉴报告说，王家的几位公子都值得夸奖，听说要选女婿都特别拘谨，唯有一位公子裸露着肚子躺在床上，对选婿之事听而不闻。郗鉴听罢，对袒腹公子颇有好感。访之，方知是王羲之，遂将女儿嫁给他。

北京人对自己长辈的谦称是在称谓前加上一个“家”字，如称自己的父亲为家父、家严或家君；称自己的母亲为家母或家慈。如今的年轻人却称其父为“老头儿”或“老头子”，称其母为“老太太”。这并非谦虚过火，而是大不敬，是缺乏教养。更有不孝子弟称其高堂为“老棺材瓤子”，这无疑是咒骂。倒退一百年，县太爷便要判他一个忤逆之罪，最轻的刑罚也要把他打得皮开肉绽。

老北京人对胞兄或胞姐的谦称是家兄或家姐；而对胞弟或胞妹的谦称则为舍弟或舍妹。“家”与“舍”仅一字之差，却显示出长幼有序，极有分寸。有文化修养的北京人对自己妻子谦称为拙荆或荆妻，拙者粗劣也，荆者以荆枝当髻钗也，谦逊而顺耳，且显得有造诣。如今之丈夫们，称其妻为夫人、太太、那口子、媳妇，这是时代的演变。

老北京人对别称亦非常讲究。称亡父为显考，称亡母为显妣。据《礼记·曲礼》载：“生曰父，曰母，死曰考，曰妣。”而另加一“显”字是对亡父亡母的美称，含显耀、颂扬之意。

岳父的别称是泰山。其出处见于《西阳杂俎·语资篇》：唐明皇封禅泰山，派中书令张说为封禅使。张说的女婿郑镒本九品官，按旧制，封禅后自三公以下皆按次第升迁一级，唯郑镒因张说弄权而骤迁五品，并赐浅红色朝服与金带。在“廷宴”（皇帝诏赐群臣的宴会）上，玄宗发现郑镒官位腾跃，怪而问之，郑镒无言答对。近臣黄幡绰曰：“此泰山之力也。”此后，朝野遂称岳父为泰山。岳母的别称则为泰水。北宋元丰进士晁说之所撰《晁氏客语》云：“呼妻父为泰山……又有呼妻母为泰水。”清嘉庆进士梁章钜《称谓录》解释说：“案此即因妻父之为泰山而推之，知此称宋时已然耳。”

旗袍的变迁

旗袍是民国之初兴起来的女服，迄今已有几十年的历史了。清代妇女穿旗装，梳两把头，脚穿花盆底子鞋，身穿袍子外褂。辛亥革命后，制定男女礼服，男人穿西式大礼服、常礼服；女人即穿长袍，因系旗人式样，故称“旗袍”。1929年4月，南京又颁《服制条例》:“女用甲种礼服，色蓝，长至膝与踝之间。”简单说，就是蓝色旗袍。

旗袍刚时兴时，穿的人不多，式样也较一般。看民国初年妇女穿旗袍的照片，不管用料多么讲究，都是直腰身、直袖子，与男袍区别不大。这可以说是第一代旗袍。

“五四”运动以后，女人的旗袍就变成大袖口、大下摆了。那袖口又大又短，袖子上段瘦，下段肥，袖口最大，据说可以大到一尺两寸。下摆就是下襟，也很阔，呈圆形弧线。旗袍内已不穿长裤，均是着丝袜了，脚穿西式高跟皮鞋或中式绣花缎鞋、礼服呢鞋。

大肥袖子当时叫“倒打袖子”，因其自抬肩起，越来越宽，一反上肥下瘦之常规也。这种样式的旗袍，一直时兴到20世纪20年代末才又由宽变窄，由肥变瘦了。

由肥变瘦，是受西方美学的影响，即所谓的表现“人体曲线美”。这样一改，才出现了裹在身上的瘦旗袍。瘦旗袍的出现，对于过去大肥袖子旗袍来说，有两个重大的突破：其一是照体型剪裁，穿在身上显出曲线；其二是有长袖有短袖，长袖及腕，短袖在肘上，直至短到腋下。茅盾的《子夜》中所写的旗袍，已是袖短得可见腋毛了，这是30年代初的时代风貌。

起初瘦旗袍缝制工艺还全是老式的，剪裁腰部挖去很多料子；一律钉纽襻，疙瘩纽；高领上要钉三排甚至四排纽子；要镶边，有时镶两条，外宽内窄；很长，拖到脚面。抗战以后，也许是因为大家都穷了，所以时装也由长变短，长旗袍变成短旗袍，领子也越来越低。到抗战后期，旗袍短到膝盖，领子也低到几乎没有，纽襻也少了，只腋下一束，其他均用按纽。到40年代末，逐渐由短变长，领子由低变高了，而且变成后面高前面渐渐降低的斜领。这种斜领颈后托着头发，显得挺秀，颈喉部也不卡得难受。领口用暗钩扣紧，后改半只按纽互按，其改进十分科学，腋下用拉链，穿着也方便。老式旗袍，虽然瘦腰裹身，但仍有大襟、底襟，裁剪缝制都很麻烦，穿着也像男人的袍子一样，要纽襻全部解开才能穿能脱。新式旗袍则不然，腰胯间不开口，缝死，像个口袋一样，穿脱一套即可，极为方便合体。尤其夏天，腰间只薄薄一层，十分凉爽，比裙子都实惠。所以穿惯这种旗袍的妇女们口口声声总说这种旗袍最方便、最经济，也最美观大方，既能出门穿，也适于家居穿，是理想的女服。

解放前，北京的女大学生一年四季都穿旗袍，而且都穿朴素大方的蓝布大褂，套在各种棉旗袍、夹旗袍外，几乎是一种不成文的制服了。老北京的小媳妇、大姑娘，夏天喜欢穿月白——俗名叫“缸靠”的大褂，也就是月白士林布旗袍，浆洗得挺括干净。黑鞋白袜子，头上戴朵石榴花，走起来腰板笔直。不用问，这是老北京的姑娘，也许是旗下的大格格呢。

闲话小脚儿

老北京人一向称妇女所缠之足为“小脚儿”。小脚儿的话题似乎不足道哉，但说起来却有点儿意思。

中国妇女独具特色的小脚儿，其历史源远流长。据清刻本《壹是纪始》考证，妇女缠足始于周朝。该书援引《史记》云：临淄（周初封姜子牙于齐，建都于此）女子弹弦缠屣，摇修袖，蹑利履。利者，言其小而尖锐也。

清以前历代帝王，大约都喜爱小脚儿。据《太平广记》载，南齐襄阳盗发楚王冢，获得宫娥所穿之玉履。曾被成帝刘骜选入宫中的西汉女文学家班婕妤，在其所作赋中有“思君弓履綦”之句。另据明代古籍《杂事秘辛》所云，汉桓帝建和年间，保林（汉宫廷女官名）吴姁，其足长八寸，“胫跗丰妍，底平指䪼，约缣迫袜”，遂下决心缠足，“收束微如禁中”。唐代时，缠足更尚纤小。名曰“太真雀头履”的小脚儿鞋，其长仅三寸。直至明代，朝制仍令妇女缠足，并规定头戴凤冠。小脚女子上身穿衫，下身着裙，走起路来，左一扭右一扭，那风摆荷叶的纤弱姿态，可想而知。

古人对朝廷提倡妇女缠足，并非毫无异议。在六朝乐府《双行躔》中，字里行间即可见其微词："新罗绣行躔，足趺如春妍。他人不言好，独我知可怜。"

满人入关之初，尚无暇顾及禁止缠足，暂且因袭明制——妇女凤冠缠足。康熙三年（1664），朝廷下诏"禁裹脚"，"违者枷责流徙"，父亲是当官者要罢官，平民百姓则重打四十大板。光绪二十七年（1901），慈禧太后在解除满汉通婚禁令的上谕中，不仅禁止汉人妇女缠足，而且大力提倡放足。

尽管清朝对汉族妇女缠足屡下禁令，但由于两千多年封建观念的影响与束缚，边远地区偷偷缠足者仍不计其数，致使小脚儿王国的历史一直延续到民国期间。东交民巷使馆洋人如同瞧"稀罕儿"一般，按动相机快门，大照特照老中青妇女之三寸金莲。不仅以此取乐，而且作为珍贵的图片史料收藏起来。

慈禧太后对汉族妇女缠足，可谓深恶痛绝。据20世纪20年代末期成扶平先生所撰《旗族旧俗志》载，光绪三十年（1904）时，慈禧曾下诏颁布《劝行放足歌》，颇为有趣。其歌词曰：

照得女子缠足，最为中华恶俗；

幼女甫离提抱，即与紧紧缚束。
身体因之羸弱，筋骨竟至断缩；
血气既未充盈，疾病随之暗伏。
轻者时乎痛苦，重者有成废笃；
举动极为不便，行走尤形踯躅。
懿旨屡经诫谕，士民尚不觉悟。
人孰不爱儿女？微疾亦甚尤郁。
唯当缠足之时，任其日夜号哭；
对面置若罔闻，女亦甘受其酷！
为之推原其故，不过扭于世俗；
意谓丰此不美，且将为人怨怒。
不知德言容工，女诫所最称述；
娶妻唯求淑女，岂可视同玩物？
父母于女何人，男子于妻何若？
是皆原其贤孝，岂忍摧伤肉骨？
美恶况由天赋，何必若此斫剧；
现当振兴实业，男女事各有属。
各省业已风行，纷纷会谈天足；
省垣识时绅首，竟思返本还朴。
联名禀请示禁，堪为女子造福；
应准通行晓谕，从此享衢同步。
岂唯感召天和，富强于焉拭目；
务各互相解释，切勿再事拘囿。

起源于中国北部白山黑水之间的满族人，因其妇女亦骑马游牧，故皆为天足，对南方妇女之缠足，讥为“小脚娘”；而南方妇女却笑“旗家打扮”的满族妇女的天足为“大脚片”。这种彼此的揶揄，整整持续了三百年，可谓中国妇女史上之咄咄怪事矣。

然而，更为怪异的是，清末民初以来，定居北京的外埠一些男子汉居然有“小脚儿癖”。这些庸俗之辈非小脚儿女人不娶，非小脚儿女人不爱。更有好事者，组织“亮脚会”，大比特比缠足样式之纤小与弓鞋之花样，聊博一笑。

汉族妇女所缠之足及其布条，恶味如同死尸，令人作呕。故当年某杠夫对正在洗脚的缠足内掌柜打哈哈说：“知道的，是您在洗脚哪；不知道的，还以为停着一口灵哪。”其语言之诙谐，比喻之贴切，以及骂人之不带脏字，实在令人叹服。

星移斗转，时过境迁，小脚儿作为中国社会独有的一种怪异现象也随社会的进步、观念的更新而泯灭。

柳阴蝉鸣话胡同

几十年前，寓北京的人都不会忘记柳阴蝉鸣的夏日胡同小景。清晨，胡同街头有提着鸟笼遛早者，有叫卖豆汁、杏仁茶、油条者，肩挑卖菜的与推车送水的也开始了一天的活动。中午，烈日当头，街上人很少，只有树上“吱吱”蝉鸣和树阴下卖冷食的“叮叮嚓”敲冰盏的声音，组成一曲街头小唱，娓娓动人。傍晚，街头巷尾乘凉者多起来，他们坐在小板凳上，挥扇拂暑，聊天品茶，借以消除一天的疲劳。

记得乘凉时，有一老人曾经考我：北京城有四条胡同名，谁最重、谁最轻、谁最黑、谁最白？我一时无以对答。老人笑曰：铁狮子胡同不最重？灯草胡同不最轻？煤渣胡同不最黑？干面胡同不最白？我听后捧腹大笑。

北京胡同名称可谓五花八门。有的胡同名称很俗，诸如“小哑巴”“羊尾巴”“猫耳”“臭皮”。亦有极雅者，如“百花深处”“什锦花园”等，听来令人悠然神往。相传明万历年间，有张氏夫妇在京城一带种菜为业，渐有积蓄，遂养名贵花草。张氏夫妇去世后，此处荒废，成为街巷，百花深处就成为胡同名。许多胡同的名称是有来由的。铁狮子胡同是因明代田弘遇故宅门前的铁狮子而得名，“顺城根”“宫墙夹道”等胡同名是因胡同所在的环境而得名。明朝定都北京以后，不少王侯府第所在成了胡同的名字。如定国公徐增寿（徐达之子）住过的街道，名为定府街（即现在定阜大街），武安侯郑亨所住的胡同名为武侯胡同，后被讹称为武王侯胡同等。而方家胡同、史家胡同也是因住户的姓而得名的。

“胡同”一词起源于元代。元曲中，在描述两军交战的情景时，有“杀出一条血胡同”的词句。杂剧《沙门岛张生煮海》里，张生问梅香：“你家住哪？”梅香说：“我住在砖塔胡同。”她说的是句玩笑话，却证明胡同在元代已是街巷的称呼了，而砖塔胡同迄今已有了八百多年历史。

关于胡同之称的由来，过去已有不少考证。明代《宸垣识略》中称胡同为“衚衕”。据明代《宛署杂记》云，“胡同”本为元人语，字从胡、从同，盖取胡人大同之意。又有人认为胡同之称谓源于蒙语，是蒙语“浩特”的音转，“浩特”乃蒙语中城镇之意。

这些都是旧话了。北京许多胡同已成街市，昔日的坊巷已难辨认了。昔日的斑斑柳影、悠悠蝉鸣、街头茶话、暮霭朝霞，像一幅着色亦浓亦美的风俗画，谁能忘怀呢？

北京四合院琐谈

享誉世界的北京四合院都是平房。随着现代生活的变化，取而代之者，则是高耸云霄的商厦或新兴的住宅区。这一跨时代的变化，确实翻天覆地，亦实为繁荣昌盛之景象也。然睹新而怀旧，难免发思古之幽情。

四合院在北京的出现，始于12世纪的金代，至清代“康乾盛世”时，北京四合院的文化内涵与建筑艺术均已登峰造极，逐渐形成王公贵戚、富商大贾以及小康之家传统的住宅形式，并成为北京建筑艺术宝库中一颗璀璨的明珠而名满天下。

北京的四合院，以其建筑规模论，分大、中、小三种规格。其大者，如恭亲王等府第，乃清代瓦木石漆诸行老手之杰作，其气势有目共睹，自不必细说。小四合院，特色不突出，且知之甚多，亦无须赘述。在此着重谈及者，乃中四合院也。

旧京凡居中四合院者，系正四品以下从七品以上的职官、富商、翰墨名士、儒医以及梨园名优。其占地面积，少则不足一亩，多则三亩有余，格局为一进或两进，以坐落在东西城者居多，即俗谓“东富西贵”者也。

北京中型四合院，由表及里，从形式到内容，都具有浓郁的文化与艺术色彩。由文人、书法家、木刻家以及巧手的油漆匠共同创作的门联与门框千差万别，词雅而隽永，颇耐人寻味。大都有堂号，多为三字，如“四勿堂”，是取《论语》中“非礼勿视”“非礼勿听”“非礼勿言”“非礼勿动”之义。又如“扶风堂”，乃梨园已故耆宿马连良之宅院堂号，其早年所办戏班曰“扶风社”，后改用为堂号，取自《淮南子·览冥训》“降扶风，杂冻雨，扶摇而登之”语义也。

与堂号呼应者，是悬于大门里的影壁上或厢房山墙上的“堂字”。皆由二字组成，文词内容大都体现封建社会宗法制度，以及对吉祥如意之祈望。例如“垂统”，语出《孟子·梁惠王下》，其义为把基业传给后世子孙；又如“景云”，源于《后汉书》，言祥瑞之气也。

旧时四合院之堂字，大都刻于木牌上，朱底黑字，以桐油、银珠漆之，光辉夺目，庄重典雅。亦有砖雕形式者，嵌于影壁上，另辅之以吉祥图案，鬼斧神工运用极妙矣。

铺首、门墩儿和懒凳，是中型四合院必不可少的设施与装饰。

铺首系门上兽面形铜制环纽，用以衔环。其上饰金者曰金铺，饰银者为银铺。此物始于西汉。清末民初北京铜铺所铸之各式铺首有青铜、黄铜之分，做工极为精细，叩之“声噌吰而似钟音”。

门墩儿为街门门框下放的石墩，多为石鼓形，其上雕刻狮头与吉祥图案，借此巩固门槛及门的枢轴。此业之能工巧匠皆来自北京西南房山县石窝村。

懒凳亦称“春凳”，是大门门道内两旁所摆的短腿长木凳，凳面宽而厚，腿极粗，上黑下红，大漆油之，不能随意搬移。此种设备，是为给仆人及来客的随从休息暂坐所用。

据《易·说卦》所云：“巽为木，为风。”所以四合院的街门均在东南方的“巽”位上，以利风水。街门与院落之间，以屏门、垂花门或影壁相隔，以遮挡正院、正房。屏门为两扇或四扇，绿油漆之并撒金呈细叶状，上段门心处红底黑字，书“四季平安”“天保九如”“飞鸿延年”“太平有象”“齐庄中正”等吉祥语。垂花门为第二重门，门上有似屋顶的装饰，顶部四角下垂短柱，雕花彩绘，金碧辉煌。

院内建筑的基本形式是由坐北朝南的正房、坐南朝北的南房与东西厢房围成的南北稍长的矩形封闭式的庭院。全部结构皆为黄松木架、风火双檐，磨砖对缝并以雕砖装饰。砌在檐前的瓦头皆铸有蝙蝠、圆寿字、长寿字或“吉祥”“如意”等字样，顶部化锡水而浇之，名曰“锡背儿”。

1945年秋日本投降后，北京连下滂沱大雨四十天，民谓“天哭”也，茅屋倒塌不计其数，唯锡背儿瓦房滴水不漏，足见其妙。

四合院之家庭成员，无不恪守伦理，按长幼而居之。长辈住正房，天经地义；晚辈居厢房，理所当然。

按照传统规矩，晚辈儿女居住或读书，皆在西厢房。严格的家教，令儿女辈无不规行矩步。南房则设佛堂与饭厅，或者供其他机动之用。主仆之间的关系，和睦而融洽。被称为“大奶奶”“少奶奶”的主妇，对车夫、厨子、奶妈等仆人在经济上并不锱铢计较；仆人们则报以忠心耿耿，绝不包藏祸心甚至反客为主。

旧时的四合院，亦颇讲究绿化和美化庭院环境，虽说是方砖墁地，但总要种几棵槐树、枣树或石榴树，并摆几盆花和虎头鱼缸。入夏则搭天棚，以供乘凉；冬季则添狗窝，以恤爱犬尽力看家护院。

天棚·鱼缸·石榴树

石榴花开，火红夺目。古人有“五月榴花耀眼明”之句，后世遂称农历五月为榴月。老北京人对石榴树颇有感情，早年中产以上的宅门儿，多用它点缀庭院，根据院落的大小，置数盆乃至数十盆，并以鱼缸杂列其间。每遇炎夏，高搭天棚以蔽烈日。闲庭信步，如置身清凉世界，顿忘尘寰纷嚣，是十分惬意的享受。

盆栽石榴，大小鱼缸，错落有致地摆列院中，上有高越屋脊的天棚。这种设置，大小富户几乎是千家一面。以前北京流行过一句老话：“天棚鱼缸石榴树，先生肥狗胖丫头。”好像宅门儿缺少这几样，就不足以显示自家的身份，就不够谱儿。一家如此，户户雷同，已成定格。无怪乎《燕京岁时记》的作者富察敦崇先生以为这一俚语是“讥其同也”，实在有道理。

天棚的材料是席箔，有专门承应此事的棚铺，管搭管拆极为方便；鱼缸细者为瓷质，粗者为瓦质；石榴为盆栽，俱有大小之分。上等的宅门儿有鱼把式、花把式专司其事，中小宅门儿一般也有仆人，家主只需在旁指点，即可有赏心悦目之乐。俚语的妙处全在下句：“先生肥狗胖丫头。”不但有狗而且肥硕，摇头摆尾取悦闺中；丫头丰腴，主人的富厚可想而知，此盖烘云托月之法。

不仅如此，尤妙在这样的宅门儿还要有个执教的先生以培育英才，使家族能够发扬光大，显亲扬名。望子成龙，延师培育，自是天经地义，本不足奇。唯有一种附庸风雅的人家，以延师为具文，形同虚设。先生之地位与肥狗、胖丫头相似，甚或等而下之。有一个笑话：一户官宦人家，延聘塾师教其子弟。一日塾师因事请假还乡，户主令仆人担送行李。路上塾师忽发诗兴，即景口占得句：“墙内桃花墙外红。”仆人应声续之曰：“长工挑担送长工。”塾师以为故意讽己，大怒，想辞退仆人而又苦无旅资，只好隐忍不言。事毕塾师回到馆舍，向主人诉说仆人无礼之状。主人便唤来仆人，先责其慢师之罪，并云，如能续全诗句可以免究。仆人立即续之曰：“虽然吃饭分高下，打发工钱一样同。”主人忍俊不禁，塾师也无可奈何。这虽是一则笑话，但也足以说明，有些富户延师，只不过为装点门面而已。

里巷徜徉话门墩儿

北京土语曰："穷养孩子，富盖宅子。"其含义隽永，耐人寻味，是旧京社会的真实写照。富人盖宅子，首先须请技艺高超的石匠，放线测量而后雕砌基石和门墩儿。奠基完毕，再由瓦、木二匠继续施工。如此建造之宅子，工精而料细，历百年而不朽。

石雕的门墩儿，是宅子的一种象征。没门墩儿的破瓦寒窑，北京土语谓之"塌塌儿"（满语，即小破屋）。其实并非无门墩儿，只是小得太可怜，自惭形秽地趴在柴扉下，没有资格与大宅门两侧那高大威武而又雕刻精美的门墩儿相提并论。

徜徉于北京纵横交错的古老街道，如同步入硕大无朋的石雕艺术博物馆，满眼皆是造型各异、雕刻奇巧的门墩儿。若走马观花，则美不胜收；若细心观察，则洞见底蕴。无论粗瞧还是细看，都得为石匠们那奇妙的构思和精巧的技艺叫绝。

北京的三百六十行，行行出状元，行行有精英。以石匠行论，绝大多数匠人只能凿基石、条石或磨盘，而能雕门墩儿细活儿者，则寥寥无几。20世纪30年代末，此行中之鲁殿灵光“石匠李”（名不可考）在其家乡——北京西南房山县石窝村，因中日军流弹而死于非命，绝艺随其而去，后继无人。而“石匠李”与其前辈们留下的诸多门墩儿艺术杰作，竟于“文革”初起时被视为“四旧”，斧斫之刀削之，优美而古雅的造型艺术被破坏殆尽。错把瑰宝当草芥，其损失不可估量！

旧京宅第前的门墩儿，皆以青石雕刻，盖因其质地坚硬而延年也。其大小与高矮、图案复杂与简单，则因宅门等级而有明显区别。其轮廓亦有别：明清时老宅子的门墩儿，上圆而下方；民国以后维新派所盖宅子的门墩儿，通体则呈长方形，雕刻虽求精细，却缺乏古朴典雅的情调。彼时看虽不可取，如今亦成为十分珍贵的石雕艺术品。

老式的门墩儿，上部皆为石鼓形，两侧密排“帽钉”，匀称整齐，历历可数，仅此一点即见雕石技艺之精良。其上所刻之兽形，或狮，或虎，或麒麟，或獬豸；其态势，或卧，或坐，形神兼备，栩栩如生。门墩儿两侧及下面所刻之图案，或“云头”，或“绣球”，或“方胜”，或“盘长”，或“祥云锦”，或“如意头”，或“豹脚纹”，或“暗八仙”，或“花草拐子”，或“绳索拱璧”……真可谓千变万化，绝无雷同。至于其线条，清晰而流畅，立体感极强。老式门墩儿的雕刻艺术，内容与形式已臻高度统一的完美境界。

北京早年的优秀石匠，皆出于草泽寒门，并未入过什么工艺美术之类的所谓高等学府。其拜师学艺，只靠口传心授，“苦其心志而劳其筋骨”，拼命实践而毫不怠惰，遂跻身于艺术顶峰，为古老的京城留下了一笔宝贵的文化财富。

纸窗之趣

顷见清人郑板桥的一幅题画《竹》，上有一篇短文：

> 余家有茅屋二间，南面种竹。夏日新篁初放，绿阴照人。置一小榻其间，甚凉适也。秋冬之际，取围屏骨子，断去两头，横安以为窗棂，用匀薄洁白之纸糊之。风和日暖，冻蝇触窗纸上，冬冬作小鼓声。于时一片竹光零乱，岂非天然图画乎？凡余作画，无所师承，多得于纸窗、粉壁、日光、月影中耳。

寥寥一百三十字，内涵之丰富，人情味之浓厚且不去说，只说这里边的纸窗，何其令人向往也！

在现代化都市中，人居住的都是玻璃窗的房屋，很少再看到纸窗了。玻璃窗有玻璃窗的好处，纸窗则有纸窗的情调。住过北京古老四合院老屋的人，大概不会忘记这种迷离的境界：在纸窗下听“嘁喳”的落叶声，呼呼的风声。如果是冬日晴好的日子，室内炉火，窗外阳光，白色的窗纸上可能有一两只冻蝇，撞在窗纸上咚咚作响。冬日黄昏，一边烤着煤球火，一边望着朦胧的纸窗，看着那暮色渐渐地暗下来，炉火反把纸窗照红。雨后的早晨，倚枕望着那闪着寒气的纸窗，越来越亮，最后发出耀眼的白光。类似的这些声色之感，在挂着窗帘的玻璃窗下，是完全领略不到的。

大抵玻璃窗的好处在于爽朗明快，而纸窗的好处则在于幽雅朦胧。不过纸窗也有一个最大不便处，那就是一年中有几次要重新糊。昔日北京腊月儿歌云：“二十三，糖瓜儿粘；二十四，扫房日。”腊月里准备年事，扫房糊窗户是其中一件。趁着扫房，把一冬天烟熏火燎的旧窗纸全部扯光，把木棂上的旧纸、糨糊迹用刮刀刮干净，用小扫帚把窗棂上的积土扫干净。预先打好掺好明矾的糨糊，用刷子刷在窗棂上，重新糊上洁白的东昌纸，或者粉连纸、高丽纸。高丽纸比东昌纸韧性好，又厚实，所以天冷了换糊高丽纸。窗框上所有露木头的地方，全部用纸裱糊过。这样，原来的昏暗老屋，马上便像雪洞一样，焕然一新了。

元代欧阳元功《圭斋集》中有《渔家傲》道：“十一月都人居暖阁，吴中雪纸明如垩。锦帐豪家深夜酌，金鸡喔，东家撒雪西家噱……”又道：“……花户油窗通晓旭，回寒燠，梅花一夜开金屋。”

诗人真是了不起，同样的纸窗，一到他笔下，便又是一派富贵景象。我国过去老式房屋，没有玻璃，南北各地都要糊纸窗。但江南冬日照常开窗，所以不大重视糊窗户。北京冬日天寒、风沙大，俗语云“针尖大的眼儿，椽头大的风”，所以特别讲究糊窗户。柴桑《燕京杂记》云：“燕地风沙，无微不入，人家窗牖，多糊纸以障之。冬日又防寒气内侵，或易以高丽纸。至夏日，又于窗纸有一二，裱以疏布，便其余暑纳凉也。布外仍系以纸，有风沙则舒之，无则卷之。”

疏布，北京叫“冷布”，是一种上过浆的极稀、极廉价的窗纱。一般冷布装好后再糊上纸。“卷窗”，即窗纸在上头糊死，下一头糊在一根剥光的高粱秆上，四角钉小钉，用线绳崩紧，既可卷起，又可放下。这些，老北京人一看就懂，而隔了时代的外地人就看不明白了。

《水曹清暇录》记载，有一种透明的糊窗纸，所谓“油窗明亮，甚于蠡壳，光洁绝似玻璃，惜乎质脆”。又云：“仅三寸，不能得宽广者。”仔细思量，这可能是云母片。昔时江南雨水多，又有黄梅天，所以也真有油纸糊窗的。《越缦堂日记补》云：“念戊午春日，坐困学楼，午日正暄，据榻读《唐书》，命一僮以桃花油纸糊窗格。暖绿满檐，山蜂乱飞，案头瓶花，摇摇欲坠，遂觉春气充溢胸次……”李纯客真不愧为一代名士，一点糊窗小事，写得如此漂亮，有几人能臻此境呢？

老年间的北京儿歌

北京是座文化古城，一点儿不假。姑不论高雅的诗词与黄钟大吕，单是垂髫总角朝夕所唱的儿歌，便足以编成一本厚厚的书。

北京城里出生于寒门的娃娃，虽说缺衣少食且无资格入学馆，但因其生活在自由洒脱的天地里，耳闻目睹皆“无字书”，故智力并不亚于豪门子女，从其所唱的丰富多彩的儿歌便可略见一斑。

旧京娃娃们所唱之儿歌，内容从植物到动物，从家长里短到伦理纲常，从现实生活到神话传说，可谓包罗万象。就其形式而言，则词句参错，琅琅上口。故童年时所唱之儿歌，虽兔走乌飞至暮年亦记忆犹新。

最简单之儿歌，文词仅两句，反复歌咏而不觉其厌。例如：“拍呀拍呀拍燕儿窝，拍出钱来打酒喝。”又如：“铁蚕豆大把儿抓，娶了媳妇不要妈。”这后一首，颇有人间为父母者的苦涩之情，听后不禁有些凄然。

“小小子儿，坐门墩儿，哭着嚎着要媳妇儿。要媳妇儿，干吗呀？点灯说话儿拿尿盆儿。”这首儿歌在民间流行了二百余年，主要供老人哄儿孙时自歌自咏。文词中流露出盼望儿孙长大早日成家立业的迫切心情。

另一首供老人哄孩子的儿歌是：“拉大锯，扯大锯，姥姥家，唱大戏。接闺女，请女婿，小外孙子儿也要去。”唱歌者粗布烂衣儿，终年粗茶淡饭，听歌者食其母乳或“老米面”（陈米粉打成的糊状食品），唯有一曲儿歌使老小两代人同时沉浸于天伦之乐中，暂时忘却或根本不知世间一切忧愁与烦恼。

夏日天气炎热，孩子们都在户外玩儿，有趣的事情多，所以夏天的儿歌也特别有情趣。

夏天阴晴不定，片云可以致雨，用不着等什么“油然作云，沛然作雨”，头顶上一片黑云，西北风一卷，“劈里啪啦”就下起来了。小孩们欢天喜地地在小院中乱跑，大人在屋里、廊子上喊都喊不应，这时都会有一首动听的儿歌传来：

大头，大头，下雨不愁，人家有伞，我有大头！

反复地唱，欢蹦乱跳。当然，也有十分顽皮的孩子，这时就拍着手乱唱了：

下雨喽，冒泡了，王八戴上草帽喽——

这个儿歌是善意的玩笑，天真的粗野。如有正人君子认为这是骂人，那就似乎是不懂得生活的情趣，错怪了天真的儿童了。

夏天雷阵雨来了，又是风，又是雨，小小的三合院、四合院似乎是一个避风港，每间屋子似乎是一条条小木船，在风浪中震撼着。母亲抱着孩子，从窗眼里望着外面的雨，唱着儿歌道：

风来了，雨来了，老和尚背着鼓来了。

至于为什么说“老和尚背着鼓来了”，却没有人注意，只是这样说。后来看到讲儿歌的书，说是“背着谷来了”，这可能是南方的说法，而北方仍然是读“鼓”的。

难道说北京夏天的儿歌只是这几首吗？非也，北京夏天还有一首最美的儿歌，那是其他任何地方也没有的。几场好雨过后，小小的四合院中，都是花花草草，绿油油的、香喷喷的、湿乎乎的，在当院荷花缸、大水缸外面，在各屋的墙角上，在大树的根部……都有小小的蜗牛在爬行。这个背着半透明躯壳的小动物，永远不会担心没有房子住，或为交不出房租而发愁。它永远是那样善良而悠闲地，像绅士般地爬行着。北京话蜗牛叫“水牛儿”。孩子们把它轻轻地拿在手中，几个小脑袋凑在一起，一边盼望着它的触角快点儿伸出来，一边抑扬而深情地唱道：

水牛儿，水牛儿，先出犄角后出头哎。

你爹你妈，给你买了烧肝儿烧羊肉哎，你要不吃，可就让老猫叼了去唉。

妙就妙在似通非通之间。一童独唱或众童齐唱，男声女声杂然相混，那娇滴滴的声音忽而近忽而远、忽而洪大忽而细微，在古城雨后清新的空气中荡漾着，给为生活而终日操劳的父母们以莫大慰藉。

《打花巴掌》这首儿歌，是娃娃们兴高采烈时击掌群唱的“拿手好戏”，其词曰：

打花巴掌儿哎，正月正，小子放炮姑娘点灯；

打花巴掌儿哎，二月二，老龙抬头收雪花儿；

打花巴掌儿哎，三月三，王母娘娘庆寿诞；

打花巴掌儿哎，四月十八日，药王爷圣诞把香插；

打花巴掌儿哎，五月五，小枣儿粽子家家煮；

打花巴掌儿哎，六月六，骑驴城外看谷秀；

打花巴掌儿哎，七月七，鹊桥牛郎会织女；

打花巴掌儿哎，八月半，抬头夜看兔儿捣蒜；

打花巴掌儿哎，九月九，塔上登高瞅一瞅；

打花巴掌儿哎，十月一，别忘给鬼送寒衣；

打花巴掌儿哎，冬子月，老太太发愁哑巴爹（炉子）；

打花巴掌儿哎，腊月二十三，抓草抓料糖瓜儿黏。

长街叫卖声

幼时曾居西单牌楼之北，对门便是失火后重修之西单商场。身在小院，街头之叫卖声历历可闻。

每年春暖花开时，便可听到“卖小金鱼”之声。卖鱼小贩，挑着担子，一头是装小金鱼的扁圆小木盆，另一头笼筐内放着些玻璃鱼缸。

中午时分，便可听到隔壁小饭馆的卖包子声。饭馆小伙计一声“肉包子出屉，热啦——”清脆悦耳。随之端出一大铜盘热气腾腾的包子，行人为之注目。

夏天，一些人家院里搭起了遮阳的天棚。到了中午，竹帘低垂，大街小巷一片沉寂，只有树上的蝉叫个不停。这时，传来阵阵卖酸梅汤和雪花酪的冰盏声“叮叮当——”使人精神为之一振。冰盏声是用两个小铜碗夹在指上，互相叩击，发音清脆，颇为受听。小贩推着车子，除酸梅汤、红果酪、雪花酪、汽水外，还有凉粉。凉粉用小铜旋子旋成面条，加上酱油、醋、芝麻酱、辣椒油、蒜末儿、芥末等，食之，凉、辣、香、麻，亦为祛暑妙品。

到了黄昏时分，华灯初上，工作了一天的人们纷纷回家，街头小贩也越来越多。卖羊头肉和驴肉的都提着小木篮，吆喝着“羊头肉啊”“驴肉香”。羊头肉用快刀切得特薄，撒上细盐面儿，为下酒佳肴。卖驴肉的吆喝声则颇为别致，先喊一声“驴肉”，声音短促高昂，有时吓人一跳，然后才是一声低沉而委婉的长音“香”字。卖卤鸡的则吆喝“肥卤鸡”，所提篮内，有整只卤的鸡、成串的鸡胗肝和五香茶叶蛋。另有一个签筒，里面的竹签上刻着大天、小地、人牌、长三、长二等牌九点子，供顾客来抽。胜者可以少量的钱吃到更多的东西，形似赌博。门房老少，精于此道，他在门口一蹲，小贩均绕道而过，偶被他抓住，小贩只好满脸赔笑说:“你不用抽了，想吃什么你自己拿。”

秋末冬初，街上便出现卖烤白薯的，有的吆喝道:“栗子味的烤白薯——”散学归来，买上一块，既可果腹，又可温手，一举两得。

冬夜，人们围炉取暖，这时便传来“萝卜赛梨，辣了换”之声，在静谧的寒夜中，声闻数里。

旧京百业话绝技

旧京百业能人辈出，各怀绝技，观其技每令人诧为奇事。兹分别忆而述之，以飨诸君。

一曰接生姥姥断男女。妇女九月怀胎而一朝分娩，乃人生之大事。婴儿未曾呱呱坠地，常人不可断其男女。旧京以接生为业的姥姥，却有“隔皮断瓤”之神功。凡产前之孕妇，只要请接生姥姥观其面部肤色、腹部隆起形状与大小、行走之姿势，即可立断生男或生女，屡试屡验，迄今不知其奥妙何在。

二曰中医断生死。《论语》曰：“死生有命，富贵在天。”古之俗语又曰：“黄泉路上无老少。”无论怎么说，人皆不愿死，正如另一句俗话所说：“好死不如赖活。”暴病或久病之人，受痛苦折磨可谓是“赖活”，延医求药旨在祛病延年。医道精通的中医师，望病家之五官即可洞察五脏之病变，听其声闻其味即可判断其痊愈或病死日期。人将死，出诊费再高亦婉言辞谢，否则必落个“庸医杀人”的罪名。

三曰杠夫背棺。小户人家办丧事，因其屋门或街门狭窄，不能抬棺而出，遂有杠夫独身背棺之举。有此等绝技之杠夫力能扛鼎且腰腿灵活，背棺时必须弓其腰，弯其腿（如同京戏武丑走矮子），唯有不偏不倚、四平八稳地把极沉的棺木背出门外，才不致受到丧家的谴责，并可得到赏钱。

四曰撒纸钱高入云端。旧京之出殡，杠前必有撒纸钱者（丧仪执事之一种），将冥钱散与四方野鬼孤魂，以便家鬼畅行无阻。撒纸钱时，以扔得高、散得广为拿手。人称“一撮毛”（因脸上有一绺黑须而名）者，姓金名福，乃满族八旗落魄子弟，因其自幼常拉硬弓，臂力无穷，故所撒纸钱高可五六丈，散开后漫天皆白如雪片儿，飘忽不定，颇给丧家露脸。“一撮毛”靠此绝技所置房产颇多。

五曰窝脖儿负重疾行不歇脚。“窝脖儿”又称“扛肩儿的”，是旧京一种有特殊技能的搬运工人，能以颈部承受搬运之物，低头小步疾行，其所扛之物多为硬木家具或精细瓷器。上肩后无论行程远近均不能撂地歇脚，且进街门与屋门时必须蹲下身子方可进入，其耐力与技巧，实为一绝矣。

六曰棚匠搭架如兔起凫举。旧京操办红白喜事皆讲究请棚师高搭席棚，操此业者谓之棚铺，其伙计谓之棚匠。搭棚所用之杉篙或毛竹，高皆丈余，纵横交错以麻绳捆绑。棚匠手攀脚蹬如兔起凫举、猿猱上树，其动作之优美不亚于现代之体操运动员。

七曰瓦匠扔接瓦快而准。旧京之老式瓦房，无论新建还是翻盖，均需大量运送拱形瓦和瓦当。运送时，房上房下各站一人，五块一摞，一扔一接，动作优美而节奏鲜明。

八曰捶金薄如蝉翼。旧京匾额之金字，皆以金箔儿贴之，历久而光泽如初。生产金箔儿者曰捶金作，其技师能将一两黄金捶成一亩三分地面积，微风吹之亦可飘向空中。

旧京测字先生

老北京城里，测字先生比比皆是。这类人属于“术士”之一种。术士之本义，其一指儒生，其二指儒生中讲阴阳灾异的一派人。测字、相面、算卦这三种术士，统称为“巾行”。所以如此称呼，系因此业发端于头戴巾帻的一派儒生。

测字也称拆字、破字或相字，内行人称作“小黑行”。测字是自宋代以来就颇为盛行的一种占卜之法。术士令求占者任举一字，而后把字形拆开，阅其偏旁点画，并离合参互他字，随机附会人事，以占卜吉凶。

北京的测字先生分三种：在桌上测字的称为“桥梁”，其设备为一桌一椅，桌前围一块白布，上书斗大的“测字”二字，桌上或备纸条、笔墨，或备石笔、石板，以供求占者书写用之。在地下摆摊测字的称作“砚上巾”，最为寒酸。串茶馆测字者名“踏青”。

旧时北京测字最有名者为王梦曾。此公出身于七品小官僚家庭，自幼通习六艺经传，诗、词、赋俱佳，并宗黄山谷书法，擅写一手潇洒大方的蝇头小楷。青年时曾考入南堂（位于北京宣武门内路北的天主教堂）攻读法文。1932年9月，张学良在北京东城煤渣胡同路北行营办事处招考秘书，应考者三百余人，但只有刚过而立之年的王梦曾以一篇骈文考取。他任张学良将军府第二秘书未满三年，因与同僚政客不合而丢官。后为生活所迫而沦落天桥，化名为“负平生”，以测字兼写扇面儿谋生。

负平生骨瘦如柴，其貌不扬，尤其是头颅小得出奇。但因其每每向众人诉说在梦中见过曾子，又因其书底儿雄厚，并且精通《易经》，无论测什么字，也无论给什么样的人测字，均能自圆其说，无懈可击。于是，“负平生”三个字便披上了十分神秘的色彩，许多求占者对他崇拜得五体投地，以为是三生有幸遇上了一位“活神仙”。老北京流传一句歇后语，叫做“负平生测字——写得了不改”。民国时，文人金松涛在其所作的竹枝词《天桥即事》中曾赞负平生曰：

学柳学颜更学韩，
露天挥翰冒霜寒。
好凭一管江郎笔，
倚马千言未是难。

闲话北京“打鼓的”

北京买旧货打小鼓的，其历史根源虽然未能深考，但也是很久的了。康熙时柴桑《燕京杂记》记云：

> 有荷筐击小鼓以收物者，谓之“打鼓”，交错于道，鼓音不绝。贵家奴婢，每盗出器物以鬻之，打鼓旋得旋卖；路旁识者，辄以贱价值得宋元字画、秦汉器皿。

这里不但记到打鼓，而且说到了打鼓的货物的来源。当然贵家奴婢盗窃只不过是其中的一种，他们的货源还有哪些呢？大约不外乎这样几种：一是一般人家不用的旧货，这是大宗，但不甚值钱；二是在京住了一个时期后要回乡的人，如赶考举子，学校毕业的中学生、大学生，或是去其他地方上任的小京官，临走时把不能带的东西卖掉；三是全家离京回乡或他往的人家，这大都是官宦，每遇搬迁，要卖大批东西；四是旗人官宦的后代，家道衰落，靠卖旧货度日；五是大宅门佣工偷出来的东西。第一、二宗是打小鼓的日常的交易，都是一般的旧货，即使贱买贵卖，也都是较为正常的利润。打小鼓的最喜欢后面三种货源，因为这都是收旧货发财的机会。《清稗类钞》说："京师语云：'怕甚苦，且打鼓；怕甚饿，日捡货。'盖相传操此业者，岁必有一暴富者也。"可见打小鼓发财是屡见不鲜的。

封建官吏在京多年，都有很大的宅子，单是木器家具就很多。一旦因事离京，行期在即，都急于清理，常以极为便宜的价钱卖给打鼓的，而且数量很大。因而打鼓的遇到一户这样的人家，便可赚不少钱。

打小鼓的总喜欢在北城一带旗人多的胡同中兜生意。据说有一次一个打小鼓的，在一条小胡同里看见几个小孩玩弹球，一个小孩用的球是绿的，而且较大，他就要过来看。这个"球"中间还有一个洞，便同小孩商量，到小孩家中用几块钱买走了。小孩母亲不懂，以为一个小孩玩意儿，居然卖了几块银元，很合算。岂不知这是清代大朝珠上拆下来的一颗"翠珠"，而且还是很好的"玻璃翠"哩！打小鼓的转手之间，便赚了好几百元。类似这种故事，在旧时打小鼓的商人中，流传是很多的。

打小鼓的也有区别。普通小贩挑着两个筐子，沿街收买一些旧衣服、旧家具、旧报纸和旧瓶子等。更差一点儿的，则只能收些破烂、碎品之类。有一种资本较厚被称为“打硬鼓”的，则专门收购金银首饰、珠宝玉器、古玩字画、毛皮绸缎等。这些人要经过学徒或有相当经验才行，没有一定的眼力干不来。

王府井附近有一家古玩铺掌柜，就是打硬鼓的出身。有一次，他从一户家道中落的王府花五百多块大洋买了二百多个旧鼻烟壶。别人认为并无特殊之处，他却说：二百多个烟壶，只要一个有用，别的都是搭配。说着，从中拣出一个进到屋里洗（打磨）了一下，然后拿出来再看，只见是一块圆形蓝宝石，晶莹透亮，光芒四射，放进盛满凉水的碗里，水都给照蓝了。大家见果真是一件宝贝，都十分佩服这位打小鼓的眼力。他悄悄说：这块宝石可卖到一万多块钱，但当时我不能只买这一个，那样，卖主就会起疑，肯定不卖了。

打小鼓的都会摸卖主的心理。有些破落户急需用钱，但又很顾脸面，不肯走到街上来卖东西，打小鼓的就主动登门，而且不能一开口就问人家卖什么东西，而是说：您这儿有什么好玩意儿，赏给我们看看，开开眼。如果主人有意卖，再说价钱。对一些根底较厚的大户，起初还往往故意多出些钱，以取得对方的信任，放长线钓大鱼，“垄断”几个大户，便建立了固定的“进货基地”。

打小鼓的经常串哪条街，走哪几条胡同，习惯上也有一个大致地段的划分。例如，从前门外菜市口到虎坊桥一带，经常在那里窜的是一个姓刘的打小鼓的。他细高个儿，穿一件灰布长衫，外罩黑马褂，看上去斯斯文文。他很健谈，小鼓打得也很有节奏，人们一听就知道是“打鼓刘”到了。他很会做生意，常常在和人们的闲谈中，指着人家手上戴的戒指说：“这东西现在行市很不错，您这个能卖上二十块，等您想出手的时候，交给我办，也让我赚几块。”有时对方本无心卖，这么一说，一动心，买卖就成了。他和这一带的人都很熟，如果谁卖后又后悔了，他从不为难你，原价退还，所以信誉颇高。

更高些层次的打小鼓的，不但眼力好，会经营，而且还有其独到的技艺。比如过去有一种赤金笺纸，是用纯黄金的金箔捶制而成，可用来写字作画。20世纪30年代初，从荣宝斋买一副六尺长的赤金对联，要花上七八块大洋。有些喜对和寿联一类的东西，人们用后就当旧纸出售了。有的打小鼓的有一种绝招，买回去后，经过提炼，可以把上面的金子提取出来。要深问，却不肯细说，因为技术是保密的，否则，饭碗就让人夺走了。

茶馆·茶摊·大碗茶

北京旧时的小茶馆，生意实在小得可怜，比上海的“老虎灶”还不如。老虎灶以卖开水为主，摆桌子卖茶为辅，而北京小茶馆主要卖茶。穷茶客往往还自备茶叶，单买开水，坐上半天，也不过两三个铜子。几张破桌子、烂板凳，每天即使卖满堂，也不过几百个铜子儿。换银元，有时还换不到一块，还要除去煤钱、房钱、电钱、人工挑水费等开支，所剩能有几何呢？因而大小茶馆的生意在20世纪30年代前期就已无法经营了。

虽说小茶馆生意小得可怜，但好歹还有两间破房。还有比小茶馆更小的生意，那就是“茶摊”。在各大庙会上，如护国寺、隆福寺、白塔寺，在天桥、在鼓楼后头、在什刹海河沿上，常常看见支一副铺板，铺板上铺块白布，放着一些茶壶、茶碗，也弄得干干净净，边上还放着一两对老式的茶叶罐，罐中放着小包的茶叶，周围放着大板凳，旁边灶上烧着开水壶，这就是当年的茶摊。老爷爷带着孙子逛庙会，看完玩意儿，走累了，坐在茶摊上歇歇脚。孙子在一边吃糖豌豆，爷爷沏上壶三大枚的“高末”（沏半包，其余半包还要带回家去），坐下来安详地喝上两碗。这样的茶摊，这样的茶客，其生意比起小茶馆来又小得多了。

如果说茶摊生意小，那还有比茶摊更小的生意在，那就是“卖大碗茶的”了。在天桥也好，在各城门脸也好，在什刹海河沿也好，常常可以遇到上年纪的老头儿，或十二三岁的男孩子，挑着一副担子。担子前头是一个一尺多高、短嘴的绿色釉子的大茶壶，顶上三个“小鼻纽”穿着绳子，挂在担子上。担子后面是一个大篮子，篮子里一块布下面盖着几个粗瓷碗，有时还放一两个小板凳，这就是“卖大碗茶的”。一边蹒跚地走着，一边叫喊着：“谁喝茶水？”有人喝茶，就放下担子，取一个粗碗，从壶中倒一碗“酸枣叶子”泡的茶水，很有礼貌地捧给你，可能还拿出小板凳让你坐下来喝。

时过境迁，如今北京有个鼎鼎大名的尹盛喜，是靠在前门卖两分钱一碗的大碗茶起家的，后创建“老舍茶馆”。几年前茶馆发展成年营业额数千万之巨的大企业，实在令人佩服。这在过去的时代，是绝对不可能的。

井窝子与挑水的

历史上北京人吃水皆汲于井。彼时所凿之井，因缺乏科学常识与技术，其水大都苦咸且涩。以此水泡茶，即使是毛尖、雨前等名贵的茶叶，也喝不出什么香味儿。

北京的甜水井甚少，“甜水”自然就可贵了。而位于平则门（即阜成门）护城河畔的“蜜罐井”，则简直被视为宝贝。相传该井源于玉泉山之泉水，夏日饮之清爽宜人，凉可彻骨；冬日饮之，则略具暖性。慈禧太后曾饮此井水，欣悦之余，便随口封之曰“蜜罐井”。

小小的一口蜜罐井，不足以供大内所需，禁宫及显贵们吃水，便特备水车，间日至玉泉山汲取泉水。交通不便，所费亦属不赀。1900年，八国联军攻陷北京，不堪饮苦水，亦取水于玉泉山。终因交通不便，不久遂有一德国人在前门外樱桃斜街凿洋井一眼，以供饮用。翌年两宫回銮，德兵归驻东交民巷，洋井遂为一山东人所购，井水论桶出售。且渐渐有诸多以挑水为业的山东大汉来此趸水，遂开洋井业之先声。嗣后，商部为供应大内用水，乃聘请日本人先后在三贝子花园（今动物园）等处凿井四眼。入民国，自来水因售价昂贵，未能普及于民间，洋井业遂极兴旺。

洋井所在地，北京人称之为“井窝子”。20世纪30年代时，北京的井窝子遍及全城。大凡井窝子都有茅屋一间、辘轳一架、石雕水槽一具。这里一年四季是挑水的集散处，也是赶大车、拉骆驼等劳动者经常光顾饮牲口的地方。

北京的小康人家及铺户，大都雇佣挑水的。那些以挑水为业的山东人，其全部生产工具只有一辆独轮水车、一副水筲和一根扁担。水车的两侧各置一个长圆形的水箱，贮满水后有千儿百斤，推将起来须左右频繁地扭动着身子才能掌握平衡。而那木轮与轴瓦紧紧地摩擦着，不时地发出一阵阵“吱吱吱吱”的刺耳声响。

挑水者从水箱往水筲里放水以及将水倒进用户的缸里时，扁担一直不下肩，两只水筲也一直不着地，动作是那么麻利、协调、漂亮，给人以造型艺术的美感。

挑水的与用户彼此信任无疑。每挑一挑水，便用石笔在用户的门框上画一道儿，月底凭道数多少结算水费。挑水的绝不多画一道儿，用户也绝不偷着擦去一道儿，彼此讲究信义，颇为难得。

闯线 · 摸驴 · 拴娃娃

北京有句老话云:“有剩男，没剩女。”意思是，总有些男子汉面临打光棍儿的厄运，而女子即便是瘸麻聋瞎、歪瓜咧枣儿，也照样嫁得出去。

因为种种原因而打光棍儿的男子汉，本人心急火燎、叫苦不迭，外人则言“婚姻不动必有邪祟阻挠”，于是便有“闯线”之俗。

朝阳门外之东岳庙，其西南小院里有月老殿，闯线之光棍儿无不涉足其间。殿中系红线于两柱间，光棍儿前行数步以腿将线撞断，则大功告成。至于香火钱，必定是要破费的。而且必须趴在蒲团上，冲着月老的尊像连磕三个响头，以示对神灵之虔诚及求偶之心切。

光棍儿闯线后，无不欣欣然有喜色，并纷纷做起“洞房花烛夜”的美梦，有些最终仍落得形单影只。老光棍儿之悲惨结局者，犹不乏其人矣！嗟乎！古今国人之愚昧，岂止旷夫耶！

孔子曰："不孝有三，无后为大。"以农业为本的古老中国，世世代代把有无后嗣看得至关重要，甚至将其与"不孝"联系在一起，实在骇人听闻！此等封建腐朽思想之桎梏，迄今仍然束缚着千千万万的家庭与夫妇。于是专治不孕症的个体医生或国营大医院专家门诊部，求医者趋之若鹜，门庭若市。殊不知看破红尘的老北京人早有言曰："一儿一女一枝花，多儿多女多冤家，无儿无女活菩萨。"无儿无女者，除有悖于种族繁衍之自然规则外，倒也落得个生无拼命的付出，死无任何的后顾之忧。然而在几十年前，女人婚后不生养，便会受到公婆、丈夫乃至社会舆论的谴责，并被安上"窑姐儿转世""断香烟的丧门星""有苦劳无功劳"等罪名。因其不生养，于是成为丈夫名正言顺纳妾的理由。而一旦姨太太生下一儿半女，原配夫人即使捶胸顿足吵嚷"姑奶奶是坐八抬大轿过门的"，也丝毫改变不了被"打入冷宫"的厄运。有鉴于此，未得生养的妇女遂醉心于去庙中"摸驴"或"拴娃娃"，希冀神灵庇佑，赐以身孕。

东岳庙之文昌殿，旧有铜驴（实为偶蹄，名曰"特"）一匹，相传为文昌帝君之坐骑，抚之无子生子、有病祛病。求子心切之妇女，于每月朔望或农历三月初一至二十八日（是日为东岳大帝诞辰）开庙期间，三五相约纷至沓来。妇女每每因害臊而不敢公然抚摸，徘徊逗留良久俟殿中无生人时，方敢七手八脚尽情抚摸。盖因抚者众且日久天长，铜驴浑身乃至阴茎阴囊之部位，无不锃光瓦亮而人影可鉴矣。此神兽现藏于白云观，每逢春节庙会期间，少妇及黄花姑娘无不落落大方地抚摸之，不过是自寻开心罢了。

在东岳庙、白云观、蟠桃宫等庙宇梵宫的送子娘娘塑像前"拴娃娃"，更是旧时渴望生子的妇女的常见行为。娃娃者，即列于香案上之小泥人，高三寸许，五颜六色，栩栩如生。求子之妇女，择其一速以红头绳儿系之并揣入怀中。应验与否，拴之者自知也。

京都花轿

按中国旧俗，举凡嫁娶，则必用花轿，尤其在北京这个礼俗至重、传统色彩极浓的地方。即使是出身于一间屋子半间炕的寒门中的女子，出嫁时也必须坐八抬大轿。否则，日后稍有不慎就会被长舌妇以“带肚儿过门”等骇人听闻的谎言弄得痛不欲生。

中国妇女极为重视的轿子，已有上千年的历史。据典籍记载，唐代以前，轿子称为肩舆，五代时开始出现“轿子”这一名称。至宋代，以轿代车马，则已相当普遍。南宋绍兴年间，枢密院编修官王亹在其所撰《默记》中云：“艺祖（赵匡胤）初自陈桥推戴入城，周恭帝即衣白襕，乘轿子，出居天清寺。”

继宋之后，历代乘轿之风经久不衰，尤以清代日趋兴盛。不仅出现了区别品级的红呢、绿呢、蓝呢三种颜色的官轿，而且兴起了供新娘、娶亲太太、送亲太太乘坐的花轿。

花轿的主体名为轿厢，竹木所制，无须赘述。而关键的部位是供千人瞧万人看的轿围。这种奢华艳丽的装饰品，是以红绸或绿绸为底儿，外加平金刺绣精制而成的。其图案有如意头、祥云锦、柿蒂纹、团凤、舞鹤、子孙万代等，造型之美观、线条之流畅、色彩之艳丽、想象之丰富、寓意之隽永、格调之古朴，无一可挑剔，与其说是轿围，不如说是巧夺天工的艺术精品。然而，尚有比此等轿围更加华贵者，即除金线刺绣各种吉祥图案外，并镶嵌钻石及红蓝宝石，而此等价值连城之轿围，非贵族之家而莫敢问津。

按老规矩，喜轿前面的全部执事包括：开道锣一对，红牌两扇(上书“肃静”二字)，大号、歪脖号各一对，伞、扇各一对，大镜、二镜、筛镜各一对，令箭一对，金瓜、钺斧、朝天蹬各一对，喇叭四只，大鼓八面，横笛两管，铜钹两副。诸般执事沿街款步而行，一路吹吹打打，给古都增添了热闹和迷人的色彩。

轿围的新与旧、执事的多与少，以租用者穷富而有天壤之别。小户人家，一般只用八抬红轿一顶、两只喇叭、四面大鼓而已，以不让亲友、邻居笑话为度。殷实之家，则必用崭新轿围的红轿（新娘乘坐）一顶、绿轿（娶亲与送亲太太乘坐）两顶，并全部之执事，耗财买脸在所不惜也。

在旧北京人的生活中，轿子占有重要的地位。以出租花轿为业的轿子铺和以抬轿子为生的轿夫便随着京都逐年人烟稠密而与日俱增，并由此而成了一种独特的民俗文化。

家财万贯者办喜事租花轿，常常不惜花数百块大洋用崭新的高级轿围（租金相当于轿围的工本钱），而且要求全部执事油饰一新，就连轿夫、吹鼓手及执事人等所穿戴的驾衣靴帽乃至帽子上所插的翎毛，也是一律簇新无褶儿者。这种全部租金上千块的大买卖，唯有本钱雄厚的一流轿子铺才敢承办。

为讲究排场、显示富有，并增添喜庆气氛，婆家于迎娶新娘前一日下午，令轿夫把花轿及一切执事在门前展览出来，谓之“晾轿”。于是招来四面八方的围观者的啧啧称赞。

翌日“发轿”（起轿出发）时，新娘所乘红轿居中，娶亲太太与送亲太太所坐绿轿一前一后，执事高擎，锣鼓喧天，号角齐鸣，穿街过巷，故意绕道迤逦而行。娶亲太太和送亲太太的绿轿并无轿帘遮挡，其浓施粉黛、满头珠玑、怡然自得之情态一览无余。所到之处，观者如堵，指手画脚，评头论足，而自得其乐矣。这种喧腾的景象，正如《光绪都门纪略》中之《娶亲》诗所云：“鼓乐旌旗辇路开，大红官轿坐徘徊。门前车马阗如许，也学官家大样来。”

北京城里的所有轿夫亦是杠夫，其共同特点是年轻力壮、健步如飞。负重行走，上身不动，稳而且快，以人马赶不上者为能。但是，在给大户人家抬花轿时，为达到主人充分显示气派与阔绰之目的，则必须耐着性子以小碎步蹭着走。如此之情景，每每撩拨少女怀春之情思，亦往往勾起薄命少妇忌妒之心怀。

轿子铺又称喜轿局，其字号均取诸如“吉庆”“天顺”“仁和”“合兴”等喜庆之类的字眼，大都开设于内外城繁华地带。这种买卖在三百六十行当中，与杠房合称为“红白口”，以租赁和服务这两种形式作为主要经营手段。轿子铺虽说一年四季皆有营业，但以春秋为旺季，而且高度集中于“黄道吉日”。每应一号买卖，所派出的一拨轿夫、轿子、锣鼓、执事、红毡等谓之“一伙”。逢大吉大利的日子，小喜轿铺一天只能应一伙买卖，大喜轿铺则可应两伙甚至三伙。但对吹鼓手及打执事的杂役来说，由于时间的限制，每人每天只能参加一伙，故俗话说：“吹鼓手命穷——好日子重（崇）。”

“合兴”与“阜顺”两家轿子铺，在清末和民国期间，是饮誉京城的佼佼者。两家皆开设于崇文门外，实力旗鼓相当，竞争激烈。

合兴轿子铺开业于光绪末年，创办人系八旗落魄子弟，因其原在左安门内蓝旗大营房当差，头上盘着一条大辫子，人送绰号“大辫子兵”。营房撤销后，“大辫子兵”遂以全部积蓄开办了六间门面的大轿子铺，不惜血本地置办了簇新鲜艳的轿围子、全部执事，以及轿夫所穿戴的驾衣并靴帽。所用轿夫和吹鼓手，皆为出高价挑选来的年轻力壮且技艺娴熟者，故其生意日趋兴隆，客户遍及内外城。

与“合兴”抗衡者，乃后起之秀阜顺轿子铺。主人卢三，以善做驾衣闻名京华，人称“驾衣卢”。因看轿子铺生意兴隆、前景可观，遂于民国八年（1919）创办阜顺喜轿局，自任掌柜，自制驾衣，并以二子为左膀右臂，料理一切事务。父子同心同德，果然后来居上。

1929年初夏，北京某大户租用阜顺号的轿子，在前门外天寿堂饭庄大办红事。其“晾轿”场面十分浩大：红轿一顶，绿桥两顶，皆描龙绣凤，金碧辉煌；全部执事计有开道锣一对、弯脖号一对、大号一对、伞一对、扇一对、大镜一对、二镜一对、筛镜一对、令箭一对、金瓜一对、钺斧一对、朝天蹬一对；另有吹喇叭者四人、打大鼓者八人；轿夫与执事人身着绿驾衣，头戴黑毡帽，上插赤铜色雉羽。起轿之后，鸣锣开道，鼓号喧天，列队而行，俨然帝王出巡。路人见之，无不啧啧称羡。

两大轿子铺明争暗斗，互不相让。1930年春天的一个黄道吉日，“合兴”与“阜顺”两拨花轿仪仗队在东单牌楼大街迎面相遇。双方各抬红绿三乘轿子，伞扇等执事五彩缤纷，气派非凡，四顶绿轿皆高卷轿帘，内中端坐的娶亲太太和送亲太太均浓施粉黛、满头珠翠，眉开眼笑，左右顾盼。南行北去的两伙轿夫于交错时皆放慢了脚步，与其说是走，不如说是一寸一寸地往前蹭。六顶轿子四十八名轿夫的靴子底儿左右落地颇有节奏，但听一阵阵“沙沙”之声。轿子平稳至极，几乎静止不动。观者如堵，不禁为之喝彩。而观轿夫之神态，则意气扬扬，甚自得也。这种貌似文明实则激烈的角逐十年九不遇，称得上是一种形式特殊极为奏效的活广告，对提高并扩大轿子铺的声誉大有裨益。

京城澡堂子

中国人以盈利为目的的浴池业，明初才在北京出现。

元代时，北京的寺院始设澡堂，史料云：“凡内官皆于皇城外有堂子之佛寺内沐浴，并有专人为之擦澡讨赏。”寺庙内设澡堂，无疑是与礼佛有关——沐浴更衣以示虔诚。明代永乐年间，市井出现浴池业，至清代则日趋昌盛，凡人烟稠密、车马辐辏处，皆开设澡堂子。

明清时代北京的澡堂子，设备极其简陋，灰棚房屋，油纸糊窗，砖砌浴池，铁锅烧井水，井水以辘轳汲之，池四周设长凳与衣筐若干。浴巾乃农家土布，浴履则是剪去后半截鞋帮的旧布鞋，并备洗涤泥垢的碱面儿。

清末民初，开设于北京内外城的澡堂子有百余家，规模扩大，设备亦大有改善。其等级分为上、中、下三种档次，上等者如王府井北江的清华园，设有头等官塘、普通官塘、盆塘及池塘；中等者如前门外鲜鱼口内的兴华园，设有雅座儿盆塘和散座儿池塘；下等者，则仅设温、热、烫三种水温的大池塘。档次虽不同，但均附设搓澡、修脚、理发、代客洗衣、住宿五种服务项目。

头等官塘系由内外套间组成的豪华盆塘，外间摆设硬木桌、椅、茶几、橱柜、梳妆台、床及香水、香皂、发油、雪花膏等物，并装有电话，如同豪华宾馆的客房。官僚政客在此既可沐浴，又可会客、吃饭、打麻将牌、抽鸦片。常有官僚携好友在此寄居一旬或半月，北京土语称之为“澡堂腻子”。澡堂的伙计自然要充当仆人的角色，嘴里爷长爷短地叫着，一日三餐跑饭庄子为爷叫饭。而最后的赏赉，自然也是丰厚的。

普通官塘的服务对象，多为本地或外埠的商人。为做成一笔生意，他们往往借助澡堂的牌桌，在愉悦和谐的气氛中谈判，十有八九能拍板成交。至于一般的盆塘，则面向职员、公务员、教授或中学教师。

最有情趣者，当属面向大众的散座池塘。那些脱得赤条条的，分别浸泡在温、热、烫三池中的澡客们，无论相识与不相识，都能自由地交谈——民间的传说、社会的新闻、市井的现象以及家长里短儿这些永恒的话题。倘另花份儿搓澡钱，则可躺在宽大的木凳上，尽情地品味一下让别人伺候的滋味儿，过把“爷”瘾。浑身的滓泥儿被搓得一干二净，异常舒服。

令人欣慰的是，百姓涉足的池塘，充满着黄金难买的深情挚谊——走出浴池，即有伙计趋前用热毛巾为你擦背，并给你披上毛巾被，以防着凉；当你在床位上休息的时候，伙计会为你频频地续上茶水，频频地为你送来热得发烫的手巾把儿；甚至当你睡着的时候，为你轻轻盖严了毛巾被。如此周到而热情的服务感动得你不得不甩下菲薄的小费时，那账房先生的一声“谢谢”、满堂伙计无不高声应和，让你觉得有一股暖流，熨帖着你那颗或喜或忧的心。

街头棋摊

昔日京华，不乏象棋高手，一般小茶馆及天桥等处，都有棋手踪迹。有些心高气傲者，关心得失，每每为了一子的进退而脸红脖粗地计较。棋子打在棋盘上，俨然是州官问案时拍惊堂木的声音，旁观者亦不觉为之正襟危坐。

20世纪40年代，东西长安街、和平门内外，摆棋摊者甚多。靠此谋生的，大多已走入斯文末路。他们在地上仅铺一张旧白纸，随意拣一局棋谱上的旧套，以待主顾。一些不懂下棋奥妙或一知半解又想逞能的棋迷，必然落入圈套，自投罗网。胜的成分百不得一，碰到行家，也只下个平局而已。

通常，地上摆着一式残局，引人参战。摆摊人悠闲自得地坐着，口中不时喃喃细语。其旁早有与他一起的同谋者，状似与他不识。有的过路人如说：“此局红棋必胜。”同谋者则说：“黑棋必胜。”摆摊人始而笑言凑趣，继而与同谋者尖语挑衅，最终目的是引起过路人发火。摆摊人见火候已到，倡议说：“你们可以打个小赌，凑凑趣儿，多少出点小钱，交给我，谁胜了就归谁，我做个中间人。”同谋者即向过路人提出打赌，过路人如犹疑不决，摆摊人即说：“闹着玩玩，赢就赢，输就输，算得了什么？这和划拳行令一样，大家凑个趣儿，有何不可？”同谋者此时已掏出钞票，提出打赌数目，引得过路人乖乖落入套儿。

摆摊人和同谋者配合得天衣无缝，一言一语，一招一式，极尽讽刺挑拨之能事。过路人如出钱太少，则讽刺之；出钱多则鼓励之。谈到适当程度当即达成协议，过路人与同谋人把钱交给摆摊人，两人对弈。其实，这种残局谱中早有定招，过路人如是真正行家，也不过打成平手，不可能胜。反之，必败。一局既罢，摆摊人先将钱交给胜者，继而向双方索要中费，两人都出若干。实际上，过路人又出一份冤钱。如果真的下成平局，也要出一笔中钱。反正是设下圈套，请君入瓮。摆摊当中，如无过路人发言，则同谋人不时发出议论，以引起不同看法的过路人中计。

这种街头棋摊，是变相赌博。虽然赌注都很有限，多不过一两斤酒资，少则一两盒纸烟代价，然则动机卑劣，已谈不到什么雅趣。

乞丐王国种种

乞丐俗称“叫花子”。他们有严密的组织和森严的等级制度，而且人多势众，长期以来对北京的经济、交通、治安造成一定影响。

乞丐中的头目称“杆上的”，又名“扎铺的”。传说某朝一位皇帝，发迹前曾为乞丐，嗣后贵为天子，因不忌其贫贱时行乞的历史，遂恩准天下的叫花子逢门可乞、逢城设厂（厂者即大丐头，下设若干小头目）、逢镇设甲（甲者即丐头）。于是大丐头便成了叫花子王国中颇有威信的“国王”，终身受成千上万叫花子的供养，食美味而衣轻裘，娶娇妻而纳美妾，且有生杀予夺之大权。

旧时北京的店铺开张或民家办喜庆大事，首先要与“杆上的”接洽。喜庆之日，“杆上的”代表全体叫花子登门贺喜，账房先生笑脸迎送，并奉送大洋四角至一元两角不等（当年一般职员月薪为大洋六元）。“杆上的”得钱后，遂在门口贴一纸条，上写“宝号新张开幕，众兄弟不得骚扰”，或“贵府喜事，众兄弟不得骚扰”等字。众乞丐目睹字条如见圣旨，无不退避三舍。如若不然，众乞丐则采取“车轮战”法，接踵而来，或以“不给财，我不来，省下钱，买棺材”等语诅咒；或混入大门，伺机将宴席所用的铁锅砸漏；更有甚者则悄悄地放一把火，变喜庆为灾难。其破坏性由此可见一斑。

在乞丐王国里，丐头具有无上权威。乞丐们行乞的路线与地段，是由丐头划定的，彼此不能越雷池一步。乞丐间所发生的一切争端，均须由丐头出面调停。倘若不服，轻则受责罚，重则被打成残废，以至一命呜呼，或被驱除出帮。从外省市流入北京的叫花子必须先“拜杆儿”，否则就无立足之地。

丐头对其手下众多乞丐亦有应尽的一些义务——乞丐成家，丐头要为其张罗“份子”（礼金）；乞丐患病，丐头须为其请医购药并派人轮流服侍；乞丐死亡，丐头则为其集资埋葬或呈报官方处置。

丐头是终身的职业。老丐头死后，众乞丐才能举荐资格老、声望高的乞丐接任丐头的职务。新丐头上任后，照例要举行一次声势浩大的集体拜“杆儿”仪式，并经公议重新确定若干小头目。群丐则按年龄依次称老大、老二、老三……童丐统称为徒弟。

旧时北京的丐头所管辖的乞丐不下二十余种，其乞讨方式五花八门、各有特色。兹择其数种略述之。

以砖头频频拍打前胸或后背者，称为“勒砖”，此类乞丐皆有一定的气功基础。他们无论坐于市井还是走街串巷，总是手持青砖拼命猛击身躯，发出呼呼的声响，每击一下便高喊一声：“修好吧，老爷太太！”被击处由红而紫，由紫而青，而他们全然不顾疼痛。过往行人目睹此惨状，必发恻隐之心而舍以钱财。

手持一副竹板或两块牛肩胛骨，立于商店或宅门门前有节奏地敲打，伴随着“瓜吉瓜”的声响，唱出一段段合辙押韵的词句，其名曰“数来宝”。此种乞丐不仅口齿伶俐，而且头脑相当聪明，能够即兴编唱一套套的词句。例如：“竹板打来响叮当，眼前来到瑞蚨祥。宝号本是绸缎庄，锦绣绫罗闪金光。买卖做得真仁义，财源茂盛万年长。”又如：“竹板一打呱哒哒，转眼来到贵人家。老爷太太心眼好，子孙万代永发达。”无论铺户还是住户，听了如此吉祥而又极力奉承的词句，总不好意思一毛不拔。

北京的女乞丐，名之曰“女拨子”，别名“拍铺的”。她们聚居在天桥一带的小店里，个个衣衫褴褛，头裹青巾，手持竹板儿，每日成群结队前往各家店铺演唱快板儿。虽为女流之辈，而嬉笑怒骂竟无拘无束。因其人多势众且性格粗犷，故店铺掌柜与伙计从来不敢得罪她们。只要看她们一进店门，就立刻付之以钱，避免因其骚扰而影响了生意。

最令人目不忍睹的行乞方法是“钉头”和“穿腮”。

钉头行乞者，头顶上都有一个核桃大小的肉包，这是经长期磨炼而出现的头皮畸形。行乞时将大铁钉斜插肉包内，走进店铺以示要钱。倘若不给，便用砖头猛砸铁钉，鲜血随之而冒出。以此无赖手段将事态扩大后，往往达到迫使店铺多给钱之目的。

穿腮尤为惨烈，但不经常发生。20世纪30年代初期，大栅栏同仁堂药铺门口就曾发生过一起这类事件。行乞者侧脸贴于门框，将五寸长大铁钉自口中穿透腮颊，钉在门框上，围观者不计其数。药铺掌柜无奈，只得以重金遣之，方得解围。

漫话拉洋车

人力车据说最先出现于日本，开始被称为东洋车，后来说来说去，便叫作“洋车”了。那个年头，北京的火车站前、街头巷口，成排地放着洋车，好似今日之“的士”。车夫坐在车斗上等待主顾。冬天，盖着件破棉袍子晒太阳、打盹；夏天，把车放在树阴下面乘凉，也有的沏上一壶香片，几个车夫一起慢慢喝。

顾客一嗓子“洋车”，车夫们一下子围了上去：“上哪儿，您哪儿？”于是展开了讨价还价。顾客心理不一：有的顾客考虑车子干净与否；年岁大的顾客多半愿意找岁数大一些的车夫，拉起来稳当；青年人性子急，喜欢找年轻的车夫，跑起来一溜烟。而车夫呢？有的愿意拉短途，这大都是年岁大一些的。有的乐于跑长途，毕其功于一役，图个痛快。有的在琢磨来回脚，如打东四到西四或西单、前门，就愿意拉，讨价还价有商量，因到终点很快又可找到主顾；要是从东四到一个偏僻的地方，像什么崇内老钱局后身、广安门外白纸坊，那就有的不肯拉，有的多要价，因为到了那里，还得拉着空车走一大段路才能再搭上主顾。要是出城，到颐和园或清华、燕京，从市中心去，非两三元不拉。

有的车夫中间往往“倒一把”。这样的车夫，或是体力不济，拉不完全程；或是快到了收车时间，要回车厂交车。这种情况下，车夫边拉边和别的车搭讪，一经成交，便请你倒车，价钱还是开始谈的那些，你不用管，反正将你拉到目的地。

就像小说《骆驼祥子》里那样，多数的洋车是从车厂赁来的。有的按月，有的按天向车厂交“车份子”。从车厂赁的车看得出来，多数是陈旧不堪的，车身掉漆，车篷上打着补丁，车胎垫着皮子，车弓子缺少弹性，坐在上面硌屁股。要是车夫自家的车，车身漆得闪闪发光，车上的铜活通明瓦亮，雪白的垫子一尘不染。一些小姐、太太宁可多花几个钱，也愿意坐这样的洋车。

北京当年一些有钱人家多备有私家洋车。私家车有几种情况：一种是东家自己买车，雇车夫；一种是车夫自己的车，东家雇人又雇车；第三种是东家雇车夫，车夫又从车厂赁车。前一种自不用说，车夫有时吃住都在东家家里。后两种有的是全日包车，有的是只管接送东家上下衙门，余下时间则打打野食，当然是分等论价。

这三种车子也以第一种为上乘，崭新的车身，一色白铜活，大电石灯，一点倍儿亮。车斗上铺的是小块儿羊毛地毯，底下两只大脚铃，一脚下去，叮当作响。车旁插一根雪白的鸡毛掸子。人坐车上，洋洋得意，不亚于坐今日之劳斯莱斯一类豪华汽车。车夫的打扮也与众不同，夏天是白夏布或香云纱的对门蜈蚣扣小坎肩，下身一条青绸子扎腿裤，脚踩一双千层底“踢死牛”洒鞋，后腰别着一条羊肚毛巾；冬天则是一身青布或“海昌蓝”紧身小棉袄裤，头戴毡帽头，干净利索，分外精神。

这类私家车，夏天是漂白布的车篷遮阳，人坐车上，有一方绣着五蝠捧寿之类图案的白布，一端扣在扶手下方，另一头别在车头底下，遮住东家双腿。到了冬天，车子支上青布棉篷，四周严严实实，不透风。布篷两侧和迎面门帘上，各镶有一方玻璃。出车前，车夫先脱下棉袍子，卷好裹住东家双脚，再拿俄国毯子或狼皮、狐皮褥子盖住东家的双腿，才放下棉门帘，四周扣紧。皮褥子多用红布做里子，放时毛冲外。车把上也有棉或毛皮的手筒子，车夫拉车时将手伸到里面。街上的零散车虽也有棉布、油布车篷，但冬天灌风，雨天漏雨，和前者不可同日而语。

车夫的辛苦，自不待言。夏天，上有炎炎烈日，下有柏油马路的炙烤，一路跑下来，不仅是汗流浃背，就连车把也如同水洗的一样。冬天，车夫要顶着呼号的北风，拉着兜风的带棉篷的车子，一步一喘气地挣扎着前进。跑完一趟，小棉袄从里到外湿透，然后凭自己的体温将衣服焙干。年迈体衰、腹中无食的车夫，拉着拉着就倒地不起的，当年屡见不鲜。《骆驼祥子》中所描述的，毫不夸张。

1945年以后，北京的洋车渐渐为三轮车淘汰。虽然三轮车遇到过桥或上坡，仍需下来推，但毕竟省力多了。

北京的四轮大马车

北京旧时人们喜欢说绕口令玩，这是很不容易的一种游戏。绕口令中有一则云："门口有四辆四轮大马车，你爱拉哪两辆，你就拉哪两辆。"

我小时候常说这个绕口令玩，是很难四声咬清说好的。我想起这绕口令中的四轮大马车来，这玩意儿现在北京恐怕很难找到了吧？要注意，这四轮大马车，是西洋玩意儿。据说七十多年前此车曾出过风头。但不到二十年，便为汽车所代替。此后，更是身价大跌，只出现在出殡送葬的行列中了。

北京旧时畜力车辆，有三种叫法，即大车、轿车（也叫骡车）、马车。前两种是"国粹"，后一种是舶来品，专指西式马车。西方的华丽马车传到北京，那是很早的。乾隆五十八年（1793），英吉利使臣马戛尔尼入觐，其礼品中就有英王乔治三世送给乾隆皇帝的两辆华丽四轮马车，这是18世纪末的事。但是后来乾隆并未坐此车，一直陈列在圆明园正大光明殿上，直到咸丰十年（1860）火烧圆明园时，还光彩如新。后来大概也一齐化为灰烬了。

直到庚子（1900）之后，西式马车才在北京时兴起来。皇家亲贵如庆亲王奕䜣、贝勒载振，权臣大僚如袁世凯，名优名妓如谭叫天、赛金花等，都坐起西式大马车了。最出风头的是双马的，一般是单马的。坐双马的自然都是特别大的官了。

辛亥革命爆发后，袁世凯做了总统，入坐的是金漆、朱轮，饰以黄缎车垫的双马车。拉车的是两匹高大的阿拉伯种枣骝，北京习惯叫“大洋马”，不同于中国种的蒙古马、川马。大马车一定要洋马才能拉，中国马不够高，驾不起辕。

马车后来逐渐衰落，我看到过御医韩一斋家中还有辆破马车，有如落日余晖。其他的，就只能在送殡的行列中去找了。

驼铃断想

骆驼原是沙漠中人家豢养的大牲畜，人称“沙漠之舟”。而北京郊区，主要是西山一带，养骆驼的也很多。当年北京城里就常常有一队队的骆驼，响着驼铃，漫步于通衢之上。

北京西山一带为什么养骆驼的多呢？一是北京西山门头沟一带都是煤窑，北京城里烧的煤全是从门头沟运来的。门头沟一带多山路，不能走马拉的大车，运输工具就全靠骆驼了。北京有句歇后语：“门头沟的骆驼——捣煤。”这是谐“倒霉”两字的音，因为北京话把搬运东西叫做“捣腾”。从这一歇后语看出，在北京，骆驼基本上是运送煤炭的。这种情况从明朝就开始了。二是北京作为都城，几百年中土木营建不断，年年要用大量砖瓦石灰。北京旧时石灰窑都在北京西南的房山一带，这些笨东西，大车不能到的山路，也大多用骆驼运送。骆驼，实在可以说是几百年中经营皇都，供应细民，任重而致远的“功臣”。

一只骆驼能驮多少斤呢？八十多年前天津人华学澜《庚子日记》中十月十六日记云：“御煤十四骆驼，共五千六百十斤。”同月十九日又记云：“卸煤三骆驼，共净煤一千一百八十五斤，口袋亦按一个五斤算。”从这两条日记中可以看出，每个骆驼可驮四百斤。这在大牲畜中，负载力算是最大的了。当年南北各省行走山路的驮骡，即使十分好的健骡，驮物也不超过三百斤。比之骆驼，那要差多了。

在骆驼鼻孔中穿一个洞，可以挂一个环，拴一根绳子，再系在前面骆驼的鞍架上，这样一匹连接一匹。骆驼没有骡马灵活，骡马只在后面吆喝，它便会左右转弯，所以叫“赶驮子”“赶牲口”。而骆驼则只能拉着走，所以驾驭骆驼必须叫“拉”。京剧《苏三起解》中，苏三让崇公道问问旅客中有无去南京的客人，好给王三公子带封信。崇公道向后台一喊，台帘里答道：“去南京的客人前天都走了，现在就剩下去八沟喇嘛庙拉骆驼的了。”这里用的便是“拉”。

骡子叫“帮”，每五匹为一帮，由一个人来赶。骆驼或三或五连在一起，叫作“一把”，习惯叫“拴一把骆驼”。骆驼怕热，夏天一般都拉到口外去“放青”，就是拉到居庸关或古北口北面，甚至拉到张家口北面草原上去吃草。放青对牲口来说是一种很好的享受，一般要放一个来月。一个多月之后，骆驼蜕过毛，新毛滑软，膘肥力大，秋风一起，就拉回北京，为北京居民运送煤炭和石灰了。

骆驼老了往往被卖到“汤锅”（专门宰杀大牲畜卖熟肉的铺子）中宰杀。这从感情上说，未免是太残忍了。老舍先生写《骆驼祥子》，为了刻画祥子的淳朴善良，特地让他把三匹骆驼卖给老乡。在与刘四爷的谈话中，刘四爷还惋惜地说他为什么不拉进城来卖给汤锅，可多卖几十元现大洋。刘四爷的狠毒更衬托出祥子的朴厚。

在人们看起来，骆驼似乎走得很慢，但因其每步的距离大，实际还是很快的。蒙古人还对小骆驼加以训练，使之健步如飞，谓之“走驼”，一天能走五六百里路。不过北京没有这样的骆驼，只有一队队蹒跚于西风古道的骆驼，驮着煤缓缓地从西直门洞、阜成门洞走进来，驼铃叮当地响着，为城里人送来了温暖。如今驼铃为卡车的鸣笛声取代，不过我仍怀思着叮当的驼铃声。

旧京三次大出殡

所谓“死后哀荣”，丧葬大礼，是两千年来封建社会形成的习俗。20世纪30年代末40年代初，一代京剧大师杨小楼、北洋直系军阀吴佩孚和广济寺住持现明和尚的出殡仪式，殊为隆重，迥异于“寻常百姓家”。

1938年，著名京剧武生杨小楼在京病逝。出殡之日，看热闹的人一早伫立街头，有钱人家则租临街楼上茶社或饭庄凭窗座位，居高临下，边饮边看。据说西单的“宾来香”“王强豆乳社”头一天就座无虚席了。大殡为全套执事，金瓜钺斧，“回避”“肃静”的虎头牌，以及香炉、雪柳、引魂幡皆系簇新之物。六十四杠高抬着用金线绣满“百寿图”花样棺罩的灵柩，鼓乐喧天，满街缟素，风光极矣！灵柩后，紧随着孝子孝孙以及全体梨园子弟，有的亲手执绋，有的捧香，浩浩荡荡，好不威仪！更值得一提的是，当日抛纸钱的是鼎鼎大名的“一撮毛”。他的绝招儿是能将四五十张一叠的纸钱直线般地抛五六米高，中间绝无旁逸斜出，达顶端后，又如伞盖般向四面八方飘落而下，真是精彩纷呈，技艺绝伦。

越二年冬，北洋军阀首领、直系头子吴佩孚病故于北京东四杂锦花园住宅。

吴氏出殡，除与杨小楼大致相仿外，另有三大特色：讣告、行状编印得既大且多，遍发诸亲贵友、要员闻人，一也。送殡者按品级、亲疏一律发孝服。上等发白绸子大褂，中等为白布大褂，末等发孝帽一顶、孝带一条。仅此一项，即耗资达千元以上，此二也。送殡者每人给一枚以治丧委员会名义监制的蓝边、中间有一个凸起的铜版印成的吴佩孚半身戎装像的特制纪念章，蓝边上还有“吴佩孚将军治丧委员会”字样，三也。

上述二人仪式虽如此，到底不如僧。广济寺原住持现明大师，生前鲜为人知，圆寂后因其出殡场面空前，反倒名满京都。

现明死于1942年。道场设在寺内千手千眼观音殿。殿内高悬幢幡宝盖，广列花罐鱼肠，绣工精美，色彩斑斓，令人目眩。加之香烟缭绕，钟磬悠扬，扑朔迷离，令人如入仙境。尤其所焚之香，有芸香、檀香、降香、龙涎香，还有长二尺、直径为四分左右的深棕色大藏香。每天晨钟暮鼓，早晚两课，午间、子夜亦要诵经。一百零八众佛门弟子身披锦斓袈裟，高诵佛经，和谐一致，音韵悠扬。

现明的出殡规模之大，远超过杨、吴。其殡列自西四广济寺始，绕道缸瓦市、甘石桥至西单折回，然后经白塔寺出阜成门直至八里庄白堆子毗卢火葬塔火化。送丧队伍三四华里长，有的手执法器，有的高奏梵乐，有的默诵佛经，热闹非凡。

白堆子有一座高约五米的石座砖身毗卢塔，内堆木柴并浇上了油。灵柩放妥，一声“举火”，顿时烈焰熊熊，黑烟滚滚升空而去。

平湖西瓜灯

浙江的平湖西瓜历史上有“江南第一瓜”之称，与它相关连的还有那丰富多彩、玲珑剔透的平湖西瓜灯。

西瓜灯在平湖地区家喻户晓，男女老少皆参与。每逢西瓜上市，当地的瓜农、居民大多喜欢刻灯、制灯、赏灯、品灯。人们只要随手取一西瓜，根据其体形、大小、皮色，先打画稿，接着用毛笔蘸上墨水在瓜皮上勾画出图案轮廓，然后用“Y”形小刀，依线阴剔阳刻。等到画（字）面刻毕，就将西瓜蒂头切去一小块，俗称给瓜儿“开顶”。后小心翼翼地挖去瓜肉，再在瓜口边装上绳子，绳子的另一头系在一根短竹竿上，瓜内点上蜡烛，即成一盏西瓜灯了。

入夜，若将西瓜灯置放暗处，那忽闪忽闪的烛光，把瓜灯上的图案映照得分外明亮。若提西瓜灯上街，晚风轻拂，烛光摇曳，那瓜灯上的龙、凤、鱼、鸟等宛如活了起来，可以说达到了集雕刻、灯彩、绘画于一体，融色、光、动三者于和谐统一。这里真如桃源仙境一般，那一盏盏、一串串西瓜灯，大的、小的、长的、圆的，不时漂动在凉风习习的河道上，或流动在月光融融的小路间，充满诗情画意。近观，那碧绿碧绿的瓜皮，透着柔和、嫩黄的微光，朦朦胧胧，若隐若现；远看，则碧映冷月，冰雕玉镂，频送清凉，别有一种神爽的惬意。正如清代康熙年间进士黄之隽在《西瓜灯十八韵》中所云：

瓣少瓤多方脱手，绿深碧浅但存皮。
铁锋剖出玲珑雪，薄质雕成宛转丝。
小篆曲蟠萦未了，回文层累积多时。
斜斜整整冰千迭，锁锁钩钩月一规。
苍壁镂为高士佩，湘波剪作丽人帷。
淡浓有色非烘染，窳突无痕恰蔽亏。
佛火八楞青琥珀，鬼工四方碧琉璃。

平湖西瓜灯历经数百年沧桑，至今仍久盛不衰。特别是近年来，平湖的瓜事越来越兴旺，刻瓜制灯的传统也进一步发扬光大了。每次举办西瓜灯比赛，数百盏瓜灯悬挂一堂，媲美争辉，别具风采。那渔舟小巷，那水乡风情，那如诗如画如梦一般的场面，在层层绿色的衬托下，怎不让人遐思联翩呢？

晋南民居地窨院

地窨院，是山西黄土高原上特有的民居形式，多分布在晋南濒临黄河的平陆县境内。

地窨院是深入地下的院室。这种院室的构造是，在地上挖一个方形的几十平方米的平底大坑，坑的深度一般在十米左右，然后在坑底的四壁挖窑洞。为了解决人畜的上下、出入问题，就在四方大坑的一侧旁，挖一条向下的斜坡通道。地窨院内，院子四周的墙壁上用砖砌起了崖面，用瓦挂起了窑檐，并修建了窑柱，窑洞的门上还装有天窗，便于通风。窑洞内用石灰抹平，刷成雪白的墙壁，风格颇为独特。

地窨院内，为解决出水和浇地种植树木、菜蔬的水源，以及牲畜的吃水问题，一般都挖一口深达十米左右的渗水井，雨水自然地流入井中，避免造成地窨院内的水灾。同时，这些储存起来的水还可以调节院里的气温，并用来浇灌院内种植的果树、花卉、蔬菜等。地窨院中的植被由于小气候所致，发芽早，落叶迟，郁郁葱葱，院中的空气也颇为清爽。

窑洞房本来就具有冬暖夏凉的特点，挖到地下，就更是冬暖夏凉了。窑洞内四季温差小，窑内温度一般保持在摄氏十度至二十度之间。夏季赤日炎炎，晚上睡觉还得盖被子。严冬，外面冰天雪地，地窨院的窑洞内却温暖如春。

地窨院的另一个特点，就是受到外界的噪声和大气层中的放射性物质影响极小，人的情绪能经常处于自然平稳的状态之中。

更有趣的是，人住在地下，地气养人。居住地窨院的人，不论男女老幼很少有患气管炎、关节炎、风湿症之类的疾病。

地窨院所以能在黄土高原上产生，并延续下来，与黄土高原的高原特色不无关系。黄土高原的土层厚，气候较干燥，常年降水量少，适宜挖洞并长期居住。从另一个角度看，经济上的不发达，也可以被认为是造成这种穴居方式的主要原因之一。

据说，晋南地窨院，近几年来受到了中外旅游者的欢迎。有的国外旅游者甚至在看到地窨院后，要求在这种地下窑洞内过夜，以体验这种地窨院的独特之处。

满族风俗拉杂

起源于白山黑水之间，进关后统治中国长达二百六十八年的满族，就其风俗而论，自有独特之处，且在历久的民族融合中对汉族产生了深远的影响。

满族人好客的风俗，有口皆碑。早在清初，大凡过往满族故乡的行人，皆不必为食宿问题而发愁。路经满族人家，即可直入其室，主人会尽其所有招待，绝不吝啬；日暮则让出南炕宿客，而自卧北炕；客人的马匹，主人亦煮豆麦铡草以饲之；客辞行，主人拒绝任何报酬，只需与主人行"擦肩大礼"表示谢意即可。更为新奇的是，倘客人入室而主人不在家，可自行动手做饭吃。饭后收拾干净，物放原处，临行时拿束草放门前，草稍朝客人所去方向，主人回来时会备感荣幸。

满族人素有敬老的礼俗。呼年老者为"马法"，即汉语中老者、祖辈之意。出行遇老者于途，必鞠躬垂手问声"赛音"(汉语中"好"之意)，如乘马亦必下，让老者先行。

家中幼辈对老人朝夕问安，三天请小安，五天请大安，违者视为不敬不孝。幼辈在尊长面前皆侍立，不命之不敢坐，亦不敢退。对老人吩咐恭谨听从，不敢懈怠。儿媳须侍奉公婆起居洗漱，饭后装烟倒茶，凡有使令必迅速应答执行。

满族取名习俗别具一格。为新生儿取名多在满月之后，俗传小儿满月之前常有鬼怪来家，恐取名后被鬼怪所知于小儿不利。满月时一般要设宴请客，由婴儿祖父、父亲或请有才学、有地位者为其取名。清中叶以前，取名方式多依旧俗，对男孩则以与之出生时辰相对应的动物名称、季节气候、婴儿习性、相貌、排行及生时采猎所获动植物名称等满语词汇命名，或以其出生时祖父年岁为名（如“五一子”“七六儿”等）。如纯以汉语取名，则选择带有吉祥、高贵含义之字，多为二字名，前不冠姓。对女孩多用与花有关的满、汉字词命名（如慈禧即名玉兰）。许多男子有两个名，即大名（学名）和小名（乳名），或以满、汉语分别命之，满名用于本旗之内，汉名则用于社会交往。

满族人忌坐西炕。满族住宅以西为上，恰与汉族相反。因所供奉的“祖宗板”安设于西墙正中，下为摆供祭品之处，除礼待贵客和摆放祭品、祭器外，不得随意坐卧蹬踏或放置杂物，以示对祖先的尊重。

满族人不仅忌食狗肉，而且忌服狗皮。清代以来满族人不以狗皮做衣、帽、袖头、护耳及皮褥。外人入满人之家亦须将所着之狗皮衣帽脱去，否则不受欢迎乃至被逐出。据说其原因有三：一说狗为满族早期狩猎生活中之得力助手，不忍杀之而食其肉用其皮，相沿成俗；二是民间相传，狗曾救老罕王（努尔哈赤）脱险，其后命满族人不得杀狗食肉用其皮，以示报答；三是认为狗是满族的图腾，故部人不得伤害之。

旗人吃喝习惯

北京旗人家庭，极重视吃喝，俗云“三点儿”：吃一点儿，喝一点儿，乐一点儿。

清晨梳洗之后，皆喝小叶茶，然后吃早点心。普通人家多为烧饼、油条、粳米粥。旗人家皆有“捧盒”（圆形木盒，外涂朱红火漆并饰金钱图案），常年用它装满各种精细饽饽（旗人对糕点的称谓）。早点饽饽，由主妇分散，每人两三块，谓之“人头份儿”。

旗人吃饭，分早晚两餐。普通家庭每天皆吃煮饭一顿，酒、肉、菜蔬必不可少，而且每日一换。菜之佳者，谓之“可以下饭”，总期能够“顺口儿”。另一顿，或饼或面，以调换新鲜为准则。至夜，则瓜果罗列。下等旗家，菜肴虽不丰，但亦备红果罐儿，以供老人享用。早年有“肝鸡大肉紫老米”之语，喻旗家吃喝之丰足也。

旧京俗例，时令节日，旗人必应时而吃。立春时，烙薄饼，炒合菜（即菠菜、韭菜、豆芽菜及粉丝）；夏天，讲究“头伏饺子二伏面，三伏烙饼摊鸡蛋”；冬天，又有“冬至馄饨夏至面”之说，等等。

至清末时，普通旗家每宴来客，除自备酒饭外，多喜在盒子铺叫猪肉火锅子，摆在餐桌的中心。其实不在吃肉，纯属为排场。普通旗家过春节时，除了大鱼大肉，特别讲究做豆儿酱、玫瑰枣儿、炒咸什等下酒的小菜。

赛画眉

哪个青年不连伴？
哪个人家不养鸟（画眉鸟）？
结伴成双求白头，
养鸟玩耍乐悠悠。

这是湘、桂、黔界的侗族地区流传的一首民谣。这民谣告诉人们，养画眉鸟是侗族地区人民的一种娱乐活动。

相传侗族养画眉鸟已有近千年的历史了。养画眉，一是为了听画眉鸟的叫声，二是为了玩画眉。玩画眉中最有趣的就是赛画眉，这在侗族地区几百年前就很流行了。

为了在比赛中取胜，人们得挑选好的画眉鸟进行喂养。挑选喂养画眉鸟，侗族人民是很有研究的，特别是老年人，有丰富的经验。他们说，挑选画眉鸟，除选羽毛光泽、鸣叫声洪亮的外，还得精心观察，注意看画眉鸟的眼、嘴、头、脚、胸、须、眉、身、毛等，这样才能选出自己满意的能歌（叫）善舞（斗）的好画眉鸟来。

侗族人尤其是老年人只要发现山上有好画眉鸟，便不畏茫茫林海，不怕悬崖陡岭，不惜洒汗水苦跋涉，身背饭盒带着马尾套，提着鸟笼上山去追捕。从早撵到日头下山，直到抓住鸟之后才罢休。只要听说哪个村寨喂有好画眉鸟，不怕远道走访，不惜花费钱财买来。过去有用一头水牛换一笼（一笼一只）好画眉鸟的故事。如今，也有耗费几百、上千元买一只好画眉鸟的。

赛画眉一开始，大家都把笼放在赛场上，将鸟笼上的围帕揭开，每个笼相距一二寸，人们围在四周观看。先是画眉鸟练习“砍”铃、码子，这时各个画眉鸟扇动双翅，边“砍”铃、码子边叫，寻找对手。比赛相斗时它们的“武艺”各有不同，打斗的门路、花样也很多，有的专抓“凤头”（啄对方的头顶），有的会纳“合嘴”（用嘴夹住对方的下巴），有的会“抓”，有的会“扯”，有的会“捆”（用嘴将对方的脚扯过来，用爪捆在笼上），有的专“放拐”（啄对方的腿拐子）。有时打得羽毛纷飞，头破血流，脚爪脱落，仍相持不退，有的相持个多小时难分上下。赛斗激烈之时，鸟的主人也时缓时急，时喜时忧，呼唤不断，指教鸟如何斗打。观众目不转睛，既看胜负，更看斗技的精巧。斗胜的画眉鸟在笼中跳跃，朗声鸣叫，鼓大眼睛虎视前方，迎斗下一个来战者。一连斗胜了几只、几十只，最后斗胜所有的画眉鸟后，主人兴高采烈，把鸟挂在树中央炫耀。人们围集四周，赞美声、恭贺声伴着鞭炮声响彻山坳。这时由赛雀（鸟）会的主持部门给获胜鸟的主人发放奖金或奖品，从此鸟和主人扬名四乡。

比赛过后，鸟主们把自己的鸟笼提起，放下围帕，一一挂在四周树枝上，开始买鸟、换鸟的活动。凭每个人的眼力，互相斟换、买卖。一般价钱是几十、上百元，也有高达千元以上的。要是遇到能叫善斗可以“坐坳”（比赛获胜的鸟）的“鸟王”，人们则不惜重金去买，认为可以为村寨和个人赢得荣誉。

渔民婚俗情趣

婚俗历来因国家、民族、地域不同而千差万别。在山东微山湖渔村，渔家儿女的婚俗是别有情趣的。

记得是一个风和日丽的阳春，笔者与友人驾一叶扁舟，荡漾在万顷湖波之中。突然，悠扬的唢呐声随风飘来，抬眼望去，原来是两簇挂彩的渔船。友人说，那是渔家儿女在举行湖上婚礼呢。受好奇心驱使，我们摇橹向彩船驶去。

在两簇披红挂彩的渔船中间，有一只竖着两把火炬的新船。船头上，并肩而立着一男一女，新装着身，披红戴花，显然是一对新人，船上还载着两位抱大红鸡的渔家姑娘。他们随着缓缓稳进的船儿，向挂着两条红彩带的新船移动。友人告诉我，装载新郎新娘的船，名曰迎亲船；挂红彩带的船，名曰洞房船。船上的火炬，象征着烈火驱邪，日子火红；船上的红鸡，意寓着新婚大吉，吉星高照。迎亲船的后面是送亲船，船上载着打扮漂亮的渔家姑娘；

紧跟送亲船的，是新娘的嫁妆船，足有四五只。唢呐越吹越响，锣鼓愈敲愈紧，劈里啪啦的爆竹响起来了，迎亲船队在渔民的欢声笑语中，渐渐靠近了洞房船。待两船并排，新娘手持火炬，踏上洞房船，将火炬送进船上的灶膛内，然后走进喜气洋洋装饰一新的洞房。新郎新娘的喜床上，早已放了红枣、麸子、钱币等吉祥物。据说红枣、麸子，寓意“早生贵子”；崭新的钱币，象征年年有钱。性格开朗、爱说爱笑的嫂子（亲嫂、姑嫂、表嫂均可）手持床用扫帚，一边轻轻扫床，一边笑吟吟地哼唱：“扫呀扫，扫新床，明年生个胖儿郎。”或唱道：“一把麸子两把枣，一年生个宝贝小。”美好的祝愿、欢快的歌声，更增添了渔家婚礼的喜庆气氛。

结婚喜宴使渔家婚礼达到高潮。丰盛的婚宴，醇香的美酒，凑热闹的亲朋好友都要开怀痛饮几杯。其饮酒规矩极多：有新郎新娘的交杯酒、亲朋好友的祝福酒、对长辈的孝敬酒等。渔民宴会，菜肴多用盆盛，而且一次仅上一两盆。一场宴会下来，几十盆菜都光了。另外，渔家宴会上言谈话语还有一些忌讳。如禁忌说“翻”字、“浅”字、“无”字等，因为“翻船”“搁浅”“无鱼”都是渔民的倒霉之事，万万不可出现。

“同帮通婚”是渔村儿女历代恪守的婚习。原来，微山湖渔民是分帮生活的。所谓帮，其实是一种生产组织形式，说到底，是职业的行会组织。不同的帮，意味着有不同的职能、特点和技巧。虽然渔民被统称为“船帮”，但是仔细观察，船帮之内差别甚大。有的玩枪，以渔猎为生，称做“枪帮”；有的玩网，以捕鱼为生，称为“网帮”；有的以篮为生，靠篮捞鱼，称为“篮帮”；有的用船经商，称为“大船帮”。渔家的婚姻制度，就是建立在这船帮区别的基础之上的。不同的帮，男女之间是不能随意通婚的，这虽无明文规定，但千百年来已约定成俗。

同帮通婚的制度，在现代大都市的人看来似乎有点悖于情理。其实，只要历史地、现实地分析一下，就会明白，这种制度天然合理，基础稳固。渔民的显著特点是以船为生，漂泊而存。不管哪种船帮，总是以船为家，漂泊而居。如是，同一船帮，必然漂泊在一起，捕捞在一起，生活在一起。在共同劳动中紧密连接在一起的渔家儿女，其志趣、爱好、技能、性格、语言等必然有更多的相同之处。渔家青年男女到了婚嫁的年龄，选择意中人自然要在本帮本群的圈子里搜寻目标。因为这样挑选的恋人，彼此相互了解，双方十分熟悉，无形中存在着一种天然的凝聚力。一旦结成伴侣，可以亲密无间，无陌生之忧，免分居之苦。

据说直到今天，在微山湖地区，异帮通婚的现象尚未出现。也有个别枪帮的小伙爱上了网帮的姑娘，但到头来总是以告吹而终结。试想，枪帮的渔民习惯于驾窄条小船，手执长楫和渔枪，夜间作业，白天休息；而网帮渔民，习惯于撒渔网、布箔阵、下漫篮，白天捕捞，夜间休息。二者皆为专业性、技术性很强的职业，两种不同职业的青年男女硬结合在一起，而又必须在同一条船上生活，不顶牛才怪呢！因此，异帮通婚被认作违反常规，同帮通婚，被视作天然合理。

微山湖地处孔孟故乡，故孔子“不孝有三，无后为大”的信条根深蒂固。

渔民婚前的门联，皆与生子有关，如“红梅多结子，绿竹又生孙”“忠厚之家多贵子，善良门第福临门”等。婚礼中有两件求子心切的礼仪：一是新娘走进新郎的家门口，婆母要向新娘撒迎面麸子，以求有福有子；二是在新娘的床上放置大红枣、栗子、花生，还要找一个男孩子“滚床”，其寓意是早生贵子。

婴儿的满月庆典，产妇必须到娘家去过。妻子抱着婴儿，丈夫拿着桃树枝，带着礼品，到娘家去吃“喜面”。为什么手拿桃树枝呢？此地渔民认为，桃树枝是辟邪之物，能驱鬼免灾。夫妻二人返回时，娘家人还要在桃树枝上用红线拴上花生和大红枣。用意是，祝福婴儿长生不老，因花生又称“长生果”，祝福产妇再生贵子。

产妇回娘家带礼物，娘家方面也要回礼。大多数渔民的回赠品是一只染红脊背的大白山羊，经济条件较差者回赠一对鸡。按风俗，回赠品是绝不能自家享用的，必须送友人或者卖掉，否则，便被视为不吉利。如果回赠品被人偷去，主人家绝不能咒骂。若咒骂偷者，便被人笑话，众人会认为这产妇家快要有灾了。这叫“破财免灾”。

另外，这里渔民还有“留鸭尾”“剪鸭尾”的习俗。当男孩满月后第一次剃头或剪发时，要按照“七剪伶俐八剪巧”的风俗，在男孩头发上前面剪七剪，后面剪八剪，再在男孩的后脑勺上留下一小撮头发，祝愿孩子将来能活到八十岁（人生七十古来稀）。内陆俗称“八十毛”，而渔民称作“鸭尾”。“鸭尾”一直留到孩子六七岁，娇贵者要留到十二岁。这时则需要剪“鸭尾”。

“剪鸭尾”礼仪相当隆重。操剪者最佳人选是男孩的舅父。舅父把外甥领到大街十字路口，当着众人面，把鸭尾一剪剪下，放到早已准备好的木质盘子之内，让外甥的家人珍藏，直到男孩长大成婚为止。剪鸭尾后要举行盛大宴会，亲朋好友都赶来凑热闹。操剪者既然是舅父，当然不能空手去给甥儿剪鸭尾——一只大绵羊，脊背腥红血染，就是舅父的贺礼了。

渔民给男孩留“鸭尾”带有显著的地方色彩。在微山湖区，养鸭鹅多寡向来是衡量渔民财富多少的重要标志。

苗族儿女的自由恋爱

“父母之命，媒妁之言”，这是过去汉人的婚习。而广西、云南、贵州等边远区域的苗人，他们的婚姻多是经过自由恋爱，而后才结合的。

正月元宵节与八月中秋节，是苗族青年集体结婚的佳期。这时，在山岭间宽敞地方特意搭一座“座坛”，作为头领的临时驻跸之所。晚间，皎洁的月光笼罩着山林，一对对的未婚男女分别站立，等候着他们的头领——土王的到来。土王到后，男与女开始比赛唱歌，持续三四个小时以上。接着由土王颁布命令：开始跳舞。于是青年男女便各找舞伴，大跳其舞。如果双方同意，等到兴高采烈的时候，寻个僻静的草地，谈情说爱。此时，男女青年都把腰间系着的条带解开，互相比较长短。假如某一对男女的条带恰好长短相等，便双双走到土王座前，表示同意结为终身伴侣，请土王证婚。得到土王的祝福后，男子便携带姑娘愉快地跑回家去。过了几日，再行通知女方家长。结为伴侣后，男方把一些兽皮或食品（如广西的土红糖）赠给女方，作为纪念，女方也用土布做的手帕还赠酬答。

除了这种自由恋爱、土王证婚的方式外，还有自选对象，而后取得父母同意的办法。女孩到了十四岁，父母便认为她已发育成熟，到了适宜结婚的年龄，于是每天晚上，在门外特意给她设置一架草床，令她在那里歇息。习惯上，这是她的征婚表示，表明她正期待着心目中满意的男人到来。当然，会有许多未婚男青年来应征，他们会多方献殷勤、献媚。被姑娘特别垂青、允许同榻的男人，即是中选的人儿。次日姑娘偕同男子去拜见父母。父母如满意，即由男方择吉日纳聘。聘礼非常简单，只是糯米数百斤和少量土产。有些地方，除上述聘礼外，还须送大猪头一个，叫作“红花”。女方收下“红花”，应该煮熟，宴请同宗长者，当席介绍这位乘龙快婿。席后将猪头骨从中劈为两半，男女两家各留一半，作为订婚的凭证。订婚以后，女方仍睡在门外草床上，未婚夫每晚必去同房，待确定她已经受孕，才能举行结婚典礼。

苗族青年的结婚仪式别致而简单，男方要送给女方一些牲畜和兽皮，作为喜礼。再预备几桌筵席，请客人饱吃一餐，畅饮几杯，并当众并合双方分执的猪头骨，然后由一群女子陪伴新娘到男家去。新娘头上插满鲜艳的野花，披一块红布，同新郎尽情地欢唱。至此大礼告成。

畲族人的婚恋习俗

祖辈居住在惠东县北部莲花山一带的畲族人，旧时男女有“对歌求婚”“八仙唱佳期”等颇有趣味的婚俗。

畲族人由于长期隐居高山，咸与汉人接触，故规定：“四代子孙定与本族六姓内为婚，不得与外百姓交婚。”否则，被视为违背族规。这种“族内婚”习俗一直沿袭至20世纪40年代末。

畲族人能歌善舞，因而“对歌求婚”是他们恋爱的主要方式。男青年向女子求婚，往往先以山歌撩拨女方。如果女方以歌和之，则表明她尚未婚配。男方拣个月色溶溶之夜，在女方的门楣上悄悄挂上圆镜、剪刀、尺子、桃枝等物。三日过后，男方便可暗里窥视，若那些“探情物”仍高挂门楣，则说明女方应允，便可托媒说亲；若它被扔在地上，则表示女方拒绝，“自作多情”的小伙子只好知趣而返。

求婚成功者，还要将男女双方的生辰八字写在红帖上，在女方家的灶君前停放七天七夜。此间，如果双方家中未见不吉，则说明“合缘”。男方即可择黄道吉日，定下迎娶婚期。出嫁时，新娘头戴红色巾帕，坐在花轿内，由四位轿夫抬着走。不管途中道路如何崎岖，不管路程有多远，轿夫都不得停轿歇息，要一鼓作气抬到新郎家。

洞房花烛夜，则更具诗情画意。男家请眷属喝酒，不是大摆宴席，而是只请八个人参加，故谓之“八仙唱佳期”。此“八仙”分别冠予莲花、菊花、萍花、柚花、松花、梅花、茶花和烛花的雅号，由新郎把盏，依次斟酒。“八仙”之间相互叫唤着各人的代号，若错唤雅号者，则被罚酒一杯，多错多罚。如此反复嬉戏，直至“八仙”酩酊大醉，新郎方可道谢走入洞房。

已婚的女子不得再与男子对歌，以示“贞洁”。不论男女，婚后不满四十天绝不准到庙庵堂所拜佛，以免污秽神明。

女子婚后，发式须由原来的长辫改为“螺髻”盘于脑后，并插上三支银光闪闪的簪子。相传明末清初，一位畲族姑娘途遇好色之徒，急中生智将色徒诱入竹园，悄悄折下竹枝，用嘴剖削成三支锋利的竹簪，待色徒神魂颠倒之时，迅速将竹尖插入色徒眼内，致使色徒一命呜呼，那女子亦因不甘凌辱而撞石殉身。打那以后，畲族妇女的发髻上都插上三支锋利的簪子。

广西盘瑶入赘婚俗

地处广西金秀大瑶山余脉中的桂平、金秀、武宣、平南等县市的盘瑶人，以耕山为业，民风古朴，至今仍沿袭着母系氏族招郎入赘的婚俗，颇具情趣。

广西盘瑶人是从广东乐昌县千家洞迁来的。盘瑶人是瑶族中的一个小支系，为了防止女子外流，保持本民族的人口繁衍，特别盛行原始母系氏族社会的遗风——男嫁女娶，即“招郎入赘”。

招郎入赘前，盘瑶青年男女通过对歌、饮婚嫁喜酒等社交活动，寻找意中人，谈情说爱。当男女双方一见钟情时，女方则主动邀男方上门帮工。在帮工劳动中，加深相互了解，增进感情。若帮工者人品好，吃苦耐劳，生活俭朴，尊老爱幼，姑娘与他情投意合，发展到山盟海誓的时候，便选为入赘的“定婚”人，反之则辞退。定婚后，女方备好槟榔、猪肉、酒、米等礼物送到男家，并择定吉日成亲。

入赘结婚，酒席由女方主办。男方之兄弟姐妹亲戚朋友，以至全族全村均被宴请。故送嫁饮酒者有时多达数百人。

结婚之日，新郎在送嫁者陪同下至女方村寨边时，先鸣放鸟枪报信。若女方家认为吉时已到，一切准备就绪，即以鸣放鸟枪为号，表示欢迎。此时双方鸣枪一刻多钟，女方列队门前迎接。新郎进门，送嫁队伍放鞭炮，并高呼："恭贺！"乐队吹唢呐者代主人答话："辛苦行路！"然后迎接客人入座，一一敬烟、敬茶，鼓乐队奏起《安位曲》。新郎进屋前，新娘离家躲于山上，待新郎入厅堂后，才从山上回来，以免新郎新娘"相克"。

入赘婚俗要举行拜堂仪式。新郎新娘一要拜天地，二要拜祖宗，三要拜父母和长辈。拜长辈时，要按辈分大小，上下尊卑，一一敬烟、敬酒。辈分长、威信高，在族中名望较大的，受拜要多些，一般少则三十六拜，多者七十二拜，最多者一百二十拜。受拜者，每人要给新郎新娘一个红包或一件礼物，钱物不拘多少。

拜堂后便开筵席饮喜酒。盘瑶人喜欢把几张长桌拼在一起，组成一个大长桌，名曰"拉长桌饮"，此为最高之礼仪。主宾客人团团围坐，表示天长地久，和睦相好。此时，乐队奏起《慢贺杯曲》，以助喜庆。开宴后当晚，村寨便有"踩歌堂"，男女青年可以尽情对歌。

入赘结婚的第二天，男女双方还要签订"婚姻合同书”，对双方今后奉养两家父母及婚后子女姓氏之安排等，均在合同书上写清楚。双方各有两名证人，在合同书上画押签字做证，各执一份。婚后子女，俗话叫“谷牙（子女）两边顶”“一点灯两边亮”，即单数随母姓，双数随父姓。

浙东生育风俗

结橘树下夜三更，女伴相约去“打生”。
不管旁人来偷听，“会生”自己叫连声。

这是流传于宁（波）绍（兴）台（州）地区的一首民间“打生”歌。

当年每当金秋十月，蜜橘刚刚开摘时节，台州一些婚后多年没有生育的妇女，就相邀到结橘最多的橘林中去“打生”。一妇女手拿橘枝，去追打另一个妇女，边打边问：“会生吗？会生吗？”受打的妇女则满脸笑容连声答道：“会生的，会生的。”也有的妇女成婚后未怀孕，就结伴到城隍庙求子。求子者脱去粉红上衣，露出白嫩肩膀，跪在神前，其女伴则用细竹丝轻轻鞭之，女则喃喃向神虔诚祈求赐子：“愿神鉴我忱，赐我玉麒麟。”故清人石方洛亦有《且瓯歌·打生》诗云：“打生、打生，打尔何不把孩生。跪神前，袒而鞭之呼声声。”

浙东民间每当新生儿呱呱坠地，女婿就要去岳母家“报喜”，也叫“报生”。报喜时，除了带“喜蛋”（一种蛋壳外涂红的鸡蛋），还须提装酒的锡壶一把，俗称“报生壶”。壶内装陈年“花雕”绍兴黄酒，壶嘴上插柏树枝或万年青。柏树与“百岁”谐音，取其吉兆耳。如生男孩，则系红头绳于壶嘴；生女孩，则扎红头绳于壶把。娘家倒取壶里的绍兴黄酒后，要将米倒入壶内，给女儿烧粥吃。绍兴有的地方报生时要备酒一担送岳母家，名为“报生担”。岳母则回以糯米、粳米、红蛋、扎面等物。而后，由岳母给邻居分报生酒喝。

婴儿出生后三日开奶时，家人要给其品尝黄连。事前，请一善言的妇女，将黄连汤蘸数滴滴于婴儿嘴上，边滴边说：“好乖乖，三朝吃得黄连苦，来日天天吃蜜糖；好宝宝，今日吃得苦中苦，来日方成栋梁材。”然后，再将用肥肉、状元糕、元红酒、鲤鱼、蜜糖等食品制成的汤水，用手指蘸少许涂于婴儿嘴唇上，并一边唱吉语：“吃了肉，长得胖；吃了糕，长得高；吃了酒，福禄寿；吃了糖和鱼，日日有富余。”最后让婴儿尝一口从一健壮哺乳妇女处讨来的乳汁，开奶典礼也就算结束了。

婴儿出生满一个月，要办“满月酒”，设祭敬神祀祖，并宴请亲友。这一天婴儿还要剃“满月头”。剃头时，请一福寿双全之老太抱着，坐在堂前请剃头师傅剃去胎发，俗称“落胎发”。剃发时脑门上的头发不能剃，有的还在后脑下部留一块头发，称做“孝顺发”。满月这天宾客告辞后，“出窠娘”（即亲生娘）还要撑着纸伞抱着儿郎去逛街，说是这样孩儿长大后有胆有识，走南闯北，风雨无阻。并将一本书置于婴儿怀抱之中，以示小孩长大后读书知礼。

浙东民间婴儿出生满一岁，要举行“抓周”仪式，也叫“试周”。即在小孩儿面前罗列百玩，任其拿取以测其性情爱好和志趣。“抓周”在传奇《聚宝盆》第十出中也有所载：“大公子右手擎剑，左手持一金冠戏看；二公子持书嬉笑，手弄乌纱，后未必定是文武状元。”《红楼梦》第二回“贾夫人仙逝扬州城，冷子兴演说荣国府”中有一段落说的也是“抓周”：

> 子兴冷笑道：“……那（指贾宝玉）周岁时，政老爷试他将来的志向，便将世上所有的东西，摆了无数叫他抓，谁知他一概不取，伸手只把些脂粉钗环抓来玩弄。那政老爷便不喜欢，说将来不过酒色之徒，因此不甚爱惜……”

抓周习俗在我国古代由来已久。北齐时颜之推的《颜氏家训》中即有如下记载：“江南风俗，儿生一期，为制新衣，盥浴装饰，男则用弓、矢、纸、笔，女则用刀、尺、针、缕，并加之饮食之物及珍宝服丸，置之儿前，观其发意所取，以验贪廉、愚智，名之为‘示儿’。亲表聚集，致燕享焉。”文中所云“示儿”，即抓周。

越过南北朝，至唐宋，抓周习俗更为盛行。据宋代吴自牧《梦粱录·育子》载：“……其家罗列锦席于中堂，烧香炳烛，顿果儿饮食，及父祖诰敕、金银七宝玩具、文房书籍、道释经卷、秤尺刀剪、升斗戥子、彩缎花朵、宫楮钱陌、女工针线应用物件，并儿戏物，却置得周小儿于中座，观其先指者何物，以为佳谶，谓之‘拈周试晬’。”所谓“晬”，即婴儿周岁，“试晬”即为抓周。

至近代，抓周在我国许多地区仍流行，只是各地区形式略有差异。据胡朴安《中华全国风俗志》载，北京是将文具置于桌上，给小儿梳洗完毕，穿上新衣，抱至桌前，任其随意抓取。若抓取的是笔，则说将来定是文人；若抓取的是算盘，则说将来一定是商人。上海一带是把书放在小儿的枕头下面，意为小儿长大后喜读书识字。还将花、布、钱、笔、泥人之类摆在小儿面前，小儿抓取什么就说小儿将来喜欢什么。江西地区是在桌上摆书籍、算盘、刀剪之类，若小儿抓取书，全家人必欢声雷动，认为孩子将来必能专心学问；若抓取算盘则为商；抓取剪刀则为工。在前清时，小儿所择器物又加上朝珠，一旦小儿抓取此物，家人尤为高兴，外人也必祝贺，说这孩子长大能做官。不一而足。

抓周果然有如此预见性吗？实际上，一周左右的孩子对周围一切都会感兴趣，在人们为他摆放的各种象征物件中选取什么纯属偶然。人们依小儿偶然之举占卜孩子未来的职业选择，显系荒唐。早在宋代，一名为楼钥者即作《阿虞试晬戏作》以讥诮抓周，诗云：

阿虞匍匐晬盘中，
事事都拿要学翁。
最是传家清白处，
不将双手向顽铜。

如今，抓周在大城市和发达地区已销声匿迹，唯在偏远落后省份尚有不同形式出现。

绍兴小儿“寄名”或“偷名”

绍兴小儿起名有一个独特的习俗，叫作“寄名”。孩子出生后，父母怕其多病，或夭亡，就将孩子在文武财神、阎罗包拯或僧道前“寄名”为弟子，但不剃度出家，以求长命。

旧时，绍兴城乡独多“土谷祠”，祠内所奉土地神，绍兴民间俗呼“土地菩萨”。这“土地爷”，绍兴人又都塑的是文财神范蠡。春秋战国时，范蠡为越国上将军，事越王勾践，苦身戮力，深谋二十余年，最后灭吴。范蠡在越国首都绍兴所筑山阴小城（亦称蠡城），至今遗址尚存。勾践称霸，范蠡以为大名之下难以久居，于是乘舟浮海远行，终不返。相传他化名“鸱夷子皮”，又改名“陶朱公”。他精于理财，又肯于散财，三次致富，每次押千金之产以施舍贫民，所以他是绍兴人心中最崇敬的文财神。

绍兴人去土谷祠“寄名”时，其父母常携小儿到范蠡大夫像前烧香。先将小儿生辰八字具文书奏名于神前，并用红布制成一袋，置小儿年庚于其中，悬在佛橱上，俗名“过寄袋”。祠庙内僧人为小儿取名，唤作“范生”“范郎”，或取别的吉利之名。寺僧并将道髻、道衣以及刻着“金玉满堂”或“长命百岁”的银项圈，或锁形饰物、符录，赐给小儿，小儿呼神为“寄爷”。以后每逢年终，寺僧必备饭菜，送至小儿家中，其亲亦必回赠僧人以钱物，三年始毕。直至小儿成年完婚后，才将红布袋取回，谓之“拔袋”。

绍兴人也特别崇拜武财神关羽。千百年来，百姓敬慕其义气，官府厚爱其忠勇，故绍兴的大街小巷亦多建有关帝庙。绍兴小儿寄名于“义炳乾坤”“万世人极”的“关圣帝君”，便取名为“关宝”“关根”“关兴”等。

在绍兴水乡的河埠、桥堍和路口，也多建有“包公殿”，内塑包拯的神像。相传包拯是“立朝刚毅，执法不阿”的“四大阎罗”之一。民间有“关节不到，有阎罗老包”，及包公“日断阳，夜断阴”的说法。故绍兴人也最乐意抱小儿去铁面无私的“包爷爷”神像前，寄名为“包德”“包盛”“包贵”“包富”“包荣”“包灿”“包发”“包寿”等。

旧时，绍兴小儿除“寄名”于神佛外，起名还有一个独特的风俗，叫做“偷名”。其方法是，先探知某家人丁兴旺、福寿双全，便请人向其家“偷”一碗饭和一双筷子，并从其家长者的名字中“偷”一个字，用以取小儿之名。譬如其长者名叫“贵荣”，便取名为“荣华”，长者名叫“金福”，便取名为“福庆”。偷名者返时，母亲抱小儿于门前迎接，称为“接名”。偷名者即呼刚才偷来的名字，儿母便代为应之。

绍兴人为小儿“寄名”、“偷名”，目的均是一个，即为孩子求福、求吉，攘祸息灾，使之平安过日，健康长大。虽属迷信，实也无可非议，都是“天下父母心”。

代后记

——我所认识的周简段先生

老报人周简段先生，曾是我的同事，因长我十多岁，而且知识渊博、采编经验丰富，所以我一直把他奉若长辈。

周简段先生是个“老北京”，青少年时代在北京读书、工作、生活，对北京的名人轶事、名胜古迹、文物珍宝、文史掌故、艺苑趣闻，以及民情风俗都了如指掌。他曾和我谈起早年间与张恨水一起办报的时候，常常逛天桥，游故宫，访名胜；还谈到抗战末期到香港去办《星岛日报》；当闻讯共和国诞生，欣喜若狂，马上回到祖国的怀抱，返回朝夕思念的北京，又干起了轻车熟路的老本行——新闻工作。孰料，1957年反右时他被打成“右派”，“文化大革命”中，他又蹲了“牛棚”。凭着一个老知识分子的一颗正直、善良、爱国的心，他总是充满信心地说：“祖国将来肯定会繁荣富强的！”

1976年以后，周先生到香港去继承遗产，便在那里定居了。从1980年1月起，他在香港《华侨日报》副刊开辟了“京华感旧录”专栏，每日一篇，千字左右，一直到1992年该报易主改版方罢。一人主持一个专栏能持续十多年不辍，这在中外新闻史上实属罕见。

中间，他经常回北京，每次见面，我们总是畅饮畅聊。他拿出香港报刊对他文章的评介给我看：有的报章称赞他“知识渊博，文笔优美，是写老北京的权威”；有的刊物评介他“以古都北京为经，短小精炼的文字为纬，系统地缕述京华旧日，细说当年，使昔日事像重现读者眼前，又具探源究始之功，兼且披露不少鲜为人知的重要史事，对保存历史文化贡献殊大”；还说，读了周先生的文章，“备觉亲切，似与周氏把臂遨游，细诉从前，令人低徊不已”。

他还拿出不少读者的来信。尤其是三四十年代著名明星夏霞女士在读了他写的《夏霞演〈人之初〉》之后，给他写的一封上千字热情洋溢的信，对文章中提到她结婚四十周年的纪念照非常感动。信中说：“由于这段旧闻，把我的思潮又带回四十年前的上海去了。”接着她回顾了20世纪40年代演《赛金花》和《人之初》话剧的详细情况。最后她感慨地写道：“人年纪大起来，总喜欢怀旧、回忆，如果能找个对象谈谈往事，温温旧梦，实在是人生一大乐事。”另外，周先生的不少文章，如《宋哲元及其大刀队》《抗战殉国的张自忠将军》等，被马来西亚、新加坡、美国以及中国台湾等国家和地区的报纸转载，在华人中影响很大。

周先生的专栏文章，1986年曾由香港南粤出版社结集出版，书名《京华感旧录》，由溥杰先生题签，梁漱溟先生作序，分《艺文篇》《风土篇》《人情篇》《掌故篇》和《名胜篇》五卷，附历史照片多帧，印刷精美，弥足珍贵。书中文章短小精练，兴味盎然，于茶余饭后，品读一番，实是美不胜收的艺术享受。该书成为当时香港十大畅销书之一，周先生由此一跃成为香港著名的文史作家。

此后，周先生越写思路越宽，逐渐取材已不限于京城一隅，而是遍及神州大地。内容也不再是单纯的感旧，而是忆旧述新，加上一些现实的见闻和感受，使台、港、澳和海外读者更感亲切和感慨。

1992年，北京的华文出版社要将周先生十几年的专栏文章辑录成书，周先生找我来选编。因全部文章有4000篇之多，我只好精选一下，分成六卷出版，定名“神州轶闻录”。请冰心先生写了总序，请萧乾、季羡林、侯仁之、胡絜青、于若木诸先生为各分册作序，封面请启功先生题签。

书出版后，社会效益颇佳。《文汇报》《新闻出版报》《人民政协报》《中国艺术报》等竞相转载其中的文章，影响愈大。周先生也接到大量读者来信，有赞扬，有鼓励，更多的是希望周先生笔耕不辍，给读者更多的精神食粮。此后，周先生又先后以周彬、周续端、司马庵等笔名在香港的《大公报》开辟了“神州拾趣”专栏，在《港人日报》开辟了“京华内外”专栏，在台湾的《世界论坛报》开辟了“神州感旧”专栏等。

1997年香港回归，周先生更是精神振奋，壮心不已，笔耕愈勤。先生之作与日俱增，影响愈大。今将其二十多年来之全部著作，重新进行分类精选，按十卷出版，书名分别为《字里乾坤》《朝野遗事》《民俗话旧》《文坛忆往》《大戏台》《画坛旧事》《故都文化趣闻》《美食妙谈》《名胜游记》《武林拾趣》。除保留冰心、萧乾、季羡林、胡絜青、侯仁之和于若木诸先生的序文外，又请了著名作家钱世明、赵云声、昌沧、书画家米景扬、民俗学家成善卿等先生分别为新增书作序。从整体看，比之前的版本更全面地展现了周先生二十多年来文史专栏写作的成绩。从内容看，蕴涵的民族韵味和时代精神更丰富、更有深度。

《神州轶闻录》中的文章，虽然篇幅不长，内容也都是轶闻琐事，看似细碎平淡，然皆韵味悠长。现在引当代哲人季羡林先生在原《文化篇》序言中的一段话作为本文的结尾吧：

“哲学家们常说：于一滴水中见大海，于一粒沙中见宇宙。难道在我们这些小的文章中不能见到大的文化吗？所有这些戏曲、文玩、学府逸事等等，又哪一个与文化无关呢？只不过在这里谈文化，不是峨冠博带，威仪俨然，不是高头讲章，而是涉笔成趣，理路天成，于琐细中见精神，微末处见全面，让你读了以后，如食橄榄，回味无穷，陶冶性灵，增长见识。”

冯大彪
2017年6月修订于北京

图书在版编目（CIP）数据

民俗话旧／周简段著．--北京：新星出版社，2017.6

（神州轶闻录）ISBN 978-7-5133-2637-7

Ⅰ.①民… Ⅱ.①周… Ⅲ.①随笔－作品集－中国－当代 Ⅳ.①I267.1

中国版本图书馆CIP数据核字（2017）第129007号

民俗话旧

周简段 著

冯大彪 主编

责任编辑： 简以宁

责任印制： 李珊珊

装帧设计： 几木艺创

出版发行： 新星出版社

出 版 人： 谢 刚

社　　址： 北京市西城区车公庄大街丙3号楼　100044

网　　址： www.newstarpress.com

电　　话： 010-88310888

传　　真： 010-65270449

法律顾问： 北京市大成律师事务所

读者服务： 010-88310811　service@newstarpress.com

邮购地址： 北京市西城区车公庄大街丙3号楼　100044

印　　刷： 三河市兴达印务有限公司

开　　本： 787mm×1092mm　1/32

印　　张： 12.25

字　　数： 230千字

版　　次： 2017年7月第一版　2017年7月第一次印刷

书　　号： ISBN 978-7-5133-2637-7

定　　价： 36.00元